U0840639

北京外国语大学国家翻译能力研究中心 策划

A Study on National Translation Capacity: Theory and Practice

国家翻译能力研究

任文 等 著

图书在版编目（CIP）数据

国家翻译能力研究 / 任文等著．—北京：商务印书馆，2023
ISBN 978-7-100-23157-2

Ⅰ．①国…　Ⅱ．①任…　Ⅲ．①翻译学—研究—中国
Ⅳ．① H059

中国国家版本馆 CIP 数据核字（2023）第 192882 号

权利保留，侵权必究。

本书受到北京外国语大学“双一流”重大（点）标志性项目
“国家翻译能力理论框架与国际比较”（项目批准号：2022 SYLA002）项目资助

国家翻译能力研究
任文　等　著

商　务　印　书　馆　出　版
（北京王府井大街 36 号　邮政编码 100710）
商　务　印　书　馆　发　行
北京虎彩文化传播有限公司印刷
ISBN 978 - 7 - 100 - 23157 - 2

2023 年 10 月第 1 版　　　开本 880 × 1230　1/32
2023 年 10 月北京第 1 次印刷　　　印张 $12\frac{1}{4}$

定价：88.00 元

目　录

序一……………………………………………………黄友义　iii

序二……………………………………………………许　钧　vi

绪论　国家翻译能力：概念建构与实践应用……………………1

第一章　国家翻译能力核心要素研究……………………………19

第一节　国家翻译实践能力……………………………………19

第二节　国家口译实践能力……………………………………34

第三节　国家翻译传播能力……………………………………48

第四节　国家翻译管理能力……………………………………69

第五节　国家翻译发展能力……………………………………82

第二章　国家翻译能力多维拓展研究……………………………99

第一节　国家产业翻译能力……………………………………99

第二节　国家机构翻译能力……………………………………115

第三节　国家应急翻译能力……………………………………129

第四节　国家翻译教育能力……………………………………143

第五节　国家翻译研究能力……………………………………160

第六节　国家翻译技术能力……………………………………178

第三章　国家翻译能力细分领域研究……200
第一节　国家法律翻译能力……200
第二节　国家外宣翻译能力……217
第三节　国家商务翻译能力……233
第四节　国家科技翻译能力……251
第五节　国家影视翻译能力……268
第六节　国家文学翻译能力……280
第七节　国家军事翻译能力……296
第八节　国家医学翻译能力……314

结语……332

参考文献……337
后记……371

序一

《国家翻译能力研究》是一部关键时刻出版的关键学术著作。一方面，我国积极推进中国式现代化进程，不仅需要提高科技和教育水平，还需要更高层次的对外开放。无论是从营造有利于中国发展的国际舆论环境角度，还是从扩大交流开放，提高中国国际竞争力的角度看，毋庸置疑，中国需要更多更好的翻译。另一方面，智能语言工具技术水平迅速提高，新的软件层出不穷，大语言模型展示着强大的模仿和再生能力，智能语言翻译似乎大有取代人工翻译的势头。在这个大背景下，国家翻译能力是个重要话题，国家翻译能力研究的重要性更加凸显。

本书有三个特点。第一个特点是首创性。我国的翻译理论研究远的不说，仅就改革开放这40多年来，走过了从小到大，从弱到强的历程。我国翻译研究者积极吸收国外研究成果，消化转化，增加中国元素，推出了一大批研究作品，对翻译教育和翻译人才培养发挥了巨大的推动力和指导作用。任文教授和团队首次对国家翻译能力进行了较为全面的定义，并从多层次、多维度搭建了这一概念的要素框架，是由中国学者建构的具有原创性质的译学话语。

长期实践告诉我们，翻译强，则国家强。对于拥有5000年文明传统、文化特色突出的中国，无论过去的快速发展还是当今的中国式现代化进程，翻译的重要性不言而喻。经过百年屈辱，如今中国已经成为一个世界大国，而中国语言和其背后的文化国际传播远没有达到与中国地位相称的程度，有鉴于此，国家翻译能力这个话题更具有现实意义。《国家翻译能力研究》全面、系统、深入地介绍和讨论了国家翻译能力建设这一时代话题，成为这个领域最新的创见和研究成果，将国家翻译能力建设的研究提高到了一个新的层次。

该书第二个特点是权威性。这体现在专业人士谈论专业问题上。任文教授邀请了全国30多位活跃在翻译教育和翻译研究领域的高端学者，根据每一个人长期从事研究的领域，提炼各自多年的研究成果精华撰写不同的篇章。尤其是他们都具有丰富的教学和实践经验，所谈话题均言之有物，言之有理。平时，在学术刊物和研究论坛上也经常能看到和听到他们的观点，但往往是分散的和零散的，达不到融会贯通的效果。如今，这本书就像一个万花筒，把这些权威学者的观点放在一个平台上呈现给大家，让人们得以从表面到深层，从单一侧面到全面贯通，完整系统地了解我国翻译能力研究最新成果，从而畅快淋漓地获取全貌。用心的读者会有如获至宝之感，并利用书中散发的火花激发自己的灵感，拓宽各自的思路，从而构建自己新的理念。

该书第三个特点是时效性。中国的翻译走过了光辉的历程，对思想启蒙、共产主义学说的传播、高科技的引进和发展发挥了不可替代的作用。面对在百年未有之大变局背景下实现中国式现代化的宏伟目标，中国翻译面临着新的历史重任和时代使命。中国翻译要在继续“翻译世界”成果的基础上，更多地关注国家兴旺发达所急需的“翻译中国”，向听不懂中国话、看不懂中国文字的66亿外国人讲好中国故事。

说到“翻译中国”，国家翻译能力如何，直接关系着我们国家的发展目标。尤其是以ChatGPT为代表的新型智能语言工具的出现，对翻译的传统模式产生了颠覆性的影响。翻译教育界、翻译研究者和翻译实践者无一不在深刻思考，探讨我们如何应变，如何改变，如何走好下一步。这不仅关系到一个学科和一个行业的走向，更是关系到中国国际话语构建和中国国际竞争力的大问题。当前，问题、困惑、迷茫、坚守、希望，各种心态交织，大有To be or not to be的局面。无论今后是to be 还是 not to be，都离不开深入的探讨和冷静的思考。这种现实的需求就成为了这本书的最大时效价值。

国家翻译能力是个十分庞大和高度包容的题目。翻译过程离不开语言、思维、文化三个领域。我从自己近年来参与的三个翻译出版项目《习近平谈治国理政》、《大中华文库》和“中华思想文化术语对外传播工程”获得的一个体会就是，翻译国家能力建设需要一支包含东西南北中、老中青男女的翻译大军。这支队伍需要具备中外两种语言能力，掌握两种思维模式，熟悉两种文化内涵，具有坚韧刻苦的工作精神、高度负责的使命感、永不停息的学习冲动以及善于与人合作的作风。

可以肯定，其他学者译者还有更加全面深刻的体会，也许还有其他许多许多。要想谈深谈透这个话题，就让我们一起来阅读《国家翻译能力研究》这部新著。

黄友义

中国翻译协会常务副会长

2023年6月12日

序二

当前，在各国文化软实力和国际话语权竞争日趋激烈的形势下，构建与我国不断提升的大国地位和新时代国际传播需要相适应的国家翻译能力，已经成为一项日益紧迫的战略任务。国家翻译能力的提升，离不开对翻译实践的经验总结和翻译理论的探索创新。面对新时代的新形势和新要求，译学界同人积极回应国家发展需求，以国家意识为引领，开展了诸多以国家为行为主体的翻译研究，不断拓展翻译研究的视野和对象域。

我特别关注到，在相关的研究进程中，任文教授领衔的国家翻译能力研究中心团队首次较为科学系统地定义了"国家翻译能力"概念，积极为国家翻译能力研究搭建高端交流平台，促进译界各方交流探讨，以跨学科的原创性研究，取得了值得关注的重要成果。如从2021年开始每年发布全球193个国家的翻译能力指数，在国内核心期刊组稿发表国家翻译能力研究系列论文，并在国际学术会议和高水平国际学术期刊上发声，以中国译学原创话语丰富翻译研究的内涵，拓宽传统译学研究路径，开辟国内外翻译研究新走向，令人振奋，展示了我国译学界踔厉奋发、笃行不怠、回应新时代国家发展战略需求的国家意识和责任担当。

以我的观察，相较于任东升教授等学者将国家翻译实践的主体定位于代表国家的机构和个人，任文教授团队提出的"国家翻译能力”概念则将一国翻译的主体加以扩大，揭示其多元性，认为一国的机构和个人，只要其从事的翻译实践与传播以及翻译管理与发展等活动，推动了国内外不同语言间开展符合国家利益的对话交流与知识互鉴，都是国家翻译能力建设的主体。两位任教授从不同视角、不同维度，沿着不同路径，丰富了具有“国家意识”的翻译研究，我鼓励并乐见这样的百花齐放，多声和鸣。

国家翻译能力研究是译学研究的崭新课题。在近期探索中，学界主要聚焦“国家翻译能力”总体概念的讨论和相关主题研究的宏观探索，但针对国家翻译能力核心要素、不同产品模态、不同领域以及各细分主题的中观和微观研究并不多见，且对于宏观概念框架与各细分领域国家翻译能力（如国家法律翻译能力、国家影视翻译能力）建设的适用性尚未展开。可以说，“国家翻译能力概念”的整体研究和话语构建，应该是国家翻译能力研究领域亟待开疆拓土的新方向。

近日，我意外地收到了由任文教授率领国内译学界重要学者撰写的《国家翻译能力研究》书稿，感到欣喜。这部著作酝酿已久，汇集了来自北京、上海、武汉、广州、青岛等地的高校著名翻译学者的智慧和探索。初读此著，我觉得该著在对既有理论和实践成果进行思考与总结的基础上，又展开了新的探索，拓展了多维度、多领域的国家翻译能力理论研究，令人耳目一新，是新时代新形势下国家翻译能力研究具有代表性的精品力作，标志着国家翻译能力研究系统知识图谱和学术共同体的初步形成，可喜可贺。

纵览全书，该著研究视域宏阔，路径清晰，主要分为五部分：绪论部分聚焦国家翻译能力概念建构与实践应用，也可视为国家翻译能力元研究，提纲挈领，通过对国家语言能力、个体翻译能力、国家翻译实践等概念的厘清、思辨与推演，结合各类主体的行为特征和价值旨归，对先前提出的“国家翻译能力概念”进行了再思考，从宏观层面界定了国家翻译能力的概念内涵和外延要素，为中观和微观国家翻译能力建构与分析提供了总体框架和方向指引。第一章为国家翻译能力核心要素研究，具体包括国家翻译实践、国家口译实践、国家翻译传播、国家翻译管理和国家翻译发展等子能力的研究，既与国家翻译能力宏观概念框架一脉相承，又各有侧重，从不同方面对国家翻译能力宏观概念和核心要素进行拓展和延伸。国家口笔译实践能力和翻译传播能力是国家翻译能力的核心和显性能力，管理能力和发展能力属外围能力和隐形能力，但对推动和支撑国家翻译能力可持续发展必不可少。第二章关注国家翻译能力多维拓展，涉及国家产业翻译能力、机构翻译能力、应急翻译能力、翻译教育能力、翻译研究能力和翻译技术能力，属中观层面的探讨，拓宽了国家翻译能力的研究域，钩深致远。第三章为国家翻译能力细分领域研究，发微探幽，首次对法律、外宣、商务、科技、影视、文学、军事、医学等专业垂直领域的国家翻译能力进行了理论建构与实践探讨，实现了将国家翻译能力总体框架与各垂直细分领域翻译能力研究的有机结合。结语总结陈词，通前至后，却并未封刀挂剑，尘埃落定，为未来可能的研究领域埋下伏笔，也为对此领域感兴趣的研究者提出新的可能的指向。以上各部分逻辑紧密，既相互呼应，又自成一体，初步形成了一套新兴的国家翻译能力概念体系和知识体系框架，有助于推动国家总体翻译能力与多面向、多领域、多主题的国家翻译能力协同发展。更加难能可贵的是，该著主要章节都围绕国家翻译能力的不同方面开展案例分析，并提出未来发展洞见，可看出以任文教授为代表的专家学者们不仅致力于建构更加系统性的国家翻译能力体系，同时亦重视从实践角度关注国家翻译能力现状和未来发展，这对于推进国家翻译能力建设、翻译学科发展和翻译专业教育无疑具有重要的参照意义。

概言之，该著紧密围绕国家翻译能力研究，立意高远、结构严密、主题多元、内涵丰富、案例新颖，凝结了翻译学界专家学者对于国家翻译能力建设与提升的思考，具有重要的理论与实践价值。作为一名多年投身于翻译实践、教学和研究的探索者，我始终支持鼓励中国翻译学者既别出机杼、大胆创新，又虑周藻密、严谨求证，为国际译学话语贡献中国智慧。因此，当初任文教授邀请我参与国家翻译能力研究前期论证工作时，我欣然应允，并乐见此项工作的持续进展。此次任文教授嘱我为本书作序，我更觉难辞其责。本书是国内外第一部以国家翻译能力为研究对象的系统著述，在此郑重推荐给国家翻译能力建设涉及的各方机构以及对国家翻译能力感兴趣的业界和学界人士，相信大家一定开卷有益，收获良多。

许钧
浙江大学文科资深教授、中国翻译协会原常务副会长
2023年6月2日

绪论 国家翻译能力：概念建构与实践应用

过去十余年，在“中国文化走出去”、“讲好中国故事、传播好中国声音、展示好中国形象”等意在传播中国文化精髓、提升国际话语权、建构国家形象等战略背景下，翻译（尤其是中译外）作为促使这一战略落地的关键手段之一，重要性也在不断提升。与此同时，我国翻译活动正逐步从持续了千年之久的“翻译世界”为主走向“翻译中国”与“翻译世界”并重。在此过程中，国家作为翻译活动的倡导者、推动者和赞助人的角色愈发凸显。译界学者也开始思考这样一些问题：我们可以从哪些角度来考察国家作为翻译活动推动者/促进者的角色？这种角色在多大程度上会影响一个国家翻译事业的发展？如何更客观地衡量评估翻译对一个国家文化软实力和经济硬实力的贡献？正是在这种背景下，我们尝试对“国家翻译能力”这一概念进行定义，并探索建立一个包含若干构成要素及其相互关系的框架，以帮助我们更好地回答上述问题。

迄今，有关翻译能力的研究主要集中于个体翻译能力（如，Campbell，1991；Neubert，2000；PACTE Group，2003，2005，2011；王斌华，2012；Hurtado Albir，2017）而非群体翻译能力。这些研究对于从微观角度理解翻译作为一种认知和语言现象十分有益。另一方面，如果我们把镜头拉远，从宏观视角对同一时代、同一文化系统的译者和翻译行为展开聚合式、整体性考察，或许就会发现他们“很多时候是在不同程度上以不一定相同的方式回应着（接近甚至相同）的文化元素、现象或问题”（王宏志，2021：91），回应时代的政治诉求与社会经济需要，从而构成集体性的文化、政治乃至经济现象，而这些现象仅从微观视角无法看清，或易被忽视，但可以通过建构一个厘清了其内涵外延、构成要素及要素间关系的国家翻译能力概念框架来做到。

我们在文献综述和理论思辨的基础上，尝试构建“国家翻译能力”这一概念和框架。需要指出的是，尽管这一概念的提出得益于中国近年来支持翻译发展、促进国际传播的国家战略，但我们的研究范围并不局限于中国，而是希望提出一个适用于更广泛场景的国别翻译能力框架。同时，概念中的“翻译”包括笔译、口译、手语传译、口述影像、机辅/机器翻译、人工智能翻译等不同形式。

一、文献综述及相关概念辨析

目前关涉国家翻译能力的相关论述主要有两条路径：一是从社会语言学角度出发，将翻译能力作为国家语言能力的一部分；一是在翻译学框架内探讨国家翻译实践时提及国家翻译能力。我们将对这两条路径涉及的相关概念一一进行梳理，在此基础上尝试提出“国家翻译能力”的概念，并搭建要素框架。

（一）语言学路径

1.国家语言能力

1993年，美国学者率先提出“国家语言能力”概念，（Brecht & Walton，1993）并陆续展开相关研究。（Brecht & Rivers，2005，2012；Jackson & Malone，2009）2011年李宇明、文秋芳等学者将

“国家语言能力”这一概念引入中国学界，相关话题即成为社会语言学领域十分关注的研究对象，中国学者的探索大大丰富了这一概念的内涵外延。李宇明（2011a）提出的构成国家语言能力的五要素中虽未见翻译能力，但其中的“语种能力”、“拥有现代语言技术的能力”必然与翻译能力有关。赵世举（2015）提出的六种构成要素中同样未将翻译能力单列，但其中的“语言资源拥有能力”、“语言使用与服务能力”、“语言资源开发利用能力”、“语言人才储备能力”，都应暗含翻译元素。魏晖（2015）明确提出一国翻译能力属于语言能力，不过他采用了机器翻译能力代替翻译能力。文秋芳（2016）在国家语言能力构成元素及评价指标里将应急翻译服务作为国家语言管理能力的二级指标，将机器翻译力作为国家语言开发能力的二级指标；文秋芳（2017）又将国家语言能力细分为语言资源能力（内在能力）和话语能力（外化能力），而话语外译能力则是后者分项能力之一。戴曼纯（2019）提出了以人才为核心的国家语言能力基本属性，认为翻译人才也是国家语言能力建设的重要语言人才资源。概言之，国家翻译能力被认为是国家语言能力的组成部分。

2.国家外语能力

文秋芳最初引介美国学者国家语言能力概念时将其命名为国家外语能力。[①]事实上，后者最初提出国家语言能力概念时，就是指向外语能力或非通用语种能力，关注美国外语战略。在对美国等国家的外语战略进行深入研究的基础上，文秋芳（2011）[②]、文秋芳与

① 见文秋芳（2011）关于提升我国国家外语能力的思考与建议，载《教育部咨询报告》。

② 同上。

张天伟（2013）提出，中国外语/语言能力的重点应放在国家战略层面，通过译介美国国家外语能力建设模式和成效，阐释其对我国国家外语能力建设的启示和借鉴意义，强调国家主导作用与顶层设计，着力点落在高端人才储备的精英战略上。沈骑（2015）也论及国家外语能力是国家语言能力的重要组成部分，在全球竞争中有着不容忽视的作用，应加强多语和非通用语种人才培养，服务中国“走出去”大局。

3.国家话语能力

文秋芳（2017）基于索绪尔社会语言学概念langue/parole（“语言”和“言语”）以及乔姆斯基从心理学视角提出的competence/performance（“语言能力”和“语言行为”），认为自己前期对国家语言能力内涵的界定只停留在langue/competence层面，未涉及parole/performance层面的内容。但国家战略利益要得到有效维护，“关键是国家话语的有效应用”（文秋芳，2017：68）。于是，她把“国家语言能力”分为“语言资源能力”和“话语能力”两部分，前者是后者必要基础与前提，后者是前者得以外化和实现的终极能力。她进一步将国家话语能力分为五个子能力，“国家话语外译能力”是其中之一，但将其限定在对国家领导人、国家机构和国家媒体话语的翻译上，（文秋芳，2017：69）体现出研究者的“国家主体”视角。

4.国家语言实力

实力通常既包括软实力，也包括硬实力。一国之语言能力既是软实力，也是硬实力，这已成为越来越多语言学家的共识。例如，李宇明（2011b）认为，语言不仅是文化资源，也是经济资源，因此语言也是硬实力。他还明确提出语言翻译是能赚取红利的重要语言产业。魏晖（2015：37）明确区分了国家语言能力和语言实力，认为前者突出内部要素禀赋，后者强调对外影响力和吸引力，但前者是后者的重要基础，二者多呈正相关。赵世举（2015）同样认为国家语言能力既是软实力，也正在成为硬实力，并成为国家综合实力的重要组成部分。

5.述评

上述语言学路径的四个概念对我们构建国家翻译能力的概念和框架颇有启发，但国家语言能力和国家翻译能力是两个不同的概念。第一,一国外语能力是其翻译能力的重要基础，但外语能力不等同于翻译能力；而且从理论上讲，当一国外语能力极其强大，其国民通晓一门以上外语的比例非常之高，或者其官方语言在全球通行程度极高，该国对某些语种的翻译需求反而可能下降。同时，一国之内官方语言与非官方语言（民族语言、移民语言、方言）之间、非官方语言相互之间的翻译并不涉及外语能力。第二，文秋芳（2017）把国家语言能力细化为“资源能力”和“话语能力”很有意义，但将“国家话语外译能力”界定在对国家领导人、国家机构和国家媒体话语的翻译上似有局限。国家翻译能力既包括译出译入能力，还涵盖一国之内不同语言/方言之间的翻译能力。第三，多数研究者或显或隐地在国家语言能力框架里包含了翻译能力，但均未对国家翻译能力进行定义，且往往对其在子能力的归属方面观点不一。第四，强大的国家语言能力并不会自动转化为强大的翻译能力，除非存在对翻译的巨大市场需求，或国家采取政策支持翻译行业发展，积极开展翻译教育和译员培训，或兼而有之。同时，我们赞同国家语言能力既助力文化软实力，又贡献于经济硬实力的观点，认为国家翻译能力的外化同样服务于软硬实力的提升。

（二）翻译学路径

1.翻译/译者翻译能力

西方翻译/译者能力研究起步较早且研究热情一直未减，但始终聚焦个人翻译能力，尤以巴塞罗那自由大学PACTE（2003，2005，2011）和Hurtado Albir（2017）的翻译能力构成模型、Göpferich（2009）的TransComp翻译能力发展追踪模型、欧洲翻译硕士（EMT，2009/2017）翻译服务能力模型影响最大。这些研究能够促进我们从认知视角了解译者能力，为翻译教学提供指导，但迄今未见国家翻译能力的提法。中国学者近年开始关注翻译人才培养和翻译能力构念研究，包括通用型翻译能力构成要素（如钱春花，2012）、文化外译背景下译者能力构成要素及人才培养模式（杨仕章，2013；吴赟，2015；任文、蒋莉华，2022）等，同样聚焦个体翻译能力。诚然，国家翻译能力（capacity）最终主要通过个体和机器翻译能力（competence）体现出来，但并非后者的简单叠加；两者的构成要素并不相同，前者要复杂宏观得多。

2.翻译机构与机构翻译

Mossop（1988，2006）首提“翻译机构”（translating institution）和“机构翻译”（institutional translation）概念。他将翻译规划、实施、调控和评估等活动得以发生其中的“机构”视为“领域”（sphere），包括组织与实践，如新闻媒体、法律体系，或加拿大联邦政府等具体机构，并讨论了这些翻译机构的架构和运作方式。Koskinen（2008：17）则将“机构”理解为“由角色期待、规范、价值观和信仰体系支配的一种统一行动方式”，进而对欧盟这一超国家多语言机构里的译者和翻译活动进行民族志考察。Schäffner et al.（2014）考察了三种政治机构——国家机构、超国家机构以及非政府组织里的翻译活动，发现这些机构里的翻译实践与机构类型及组织结构之间存在互动关系。总之，翻译研究学者对“机构”这一概念的理解十分宽泛，尚需进一步厘清（Kang，2020：257），但既有研究对我们探讨国家和机构翻译能力之间的关系颇有启发。

3.国家翻译实践

尽管国家翻译实践古已有之，如中国汉唐时期的佛经翻译、明清时期的科技翻译，以及世界上不少国家的圣经翻译活动，但对这一概念的学理思考和提炼却始于中国学者，是具有原创性质的译学理论话语。任东升、高玉霞（2015a），任东升、张玉凌（2016），任东升（2019）等受到西方译学界“翻译机构”、“机构翻译”、“翻译政策”等概念启发，但又超越了西方相关理论话语的构囿。他们基于对中西翻译史以及国家推动文化外译的当代中国翻译现实的思考，创造性地提出国家翻译实践论。他们聚焦主权国家作为主体的翻译实践，或者上升为国家行为的翻译活动，提出国家翻译实践的本质是对文化资本和话语权的争夺。吴赟与顾忆青（2019）提出“国家翻译规划”的概念，并将其视为国家形象自我建构的需要。之后，吴赟（2020）又将话语的生成、翻译、传播和接受视为中国特色对外话语体系译介与传播的具体步骤。蓝红军（2020）在讨论国家翻译实践理论建构时提出，国家翻译实践是现代性国家能力、国家语言服务能力以及国家翻译能力建设的重要部分，但未对国家翻译能力进行定义。高雷（2019：298）尝试性提出国家翻译能力是指“国家在话语传播、外事活动或展示力量时所具备的翻译能力”，并指出这一能力有广义和狭义之分，这是难能可贵的。不过总体而言，这一定义仍然主要指向国家为主体发起的翻译活动。

4.述评

从翻译学路径看，“国家翻译实践”和“国家翻译规划”等概念的提出和阐释极具创见，对于我们认识国家发起或推动的翻译行为服务于国家形象建构以及国际话语权提升的功能和意义启示很大。不过，相关理论将翻译主体局限于国家或代表国家的机构/个人，且主要关注中国的国家翻译实践，尤其是中译外活动。如果我们希望建构一个适用于更大范围的国别翻译能力的概念及构成要素时，还需考虑如下因素：（1）国家为主体的话语外译能力构成国家翻译能力的重要组成部分，但行业、非政府组织、其他社会机构和个人的翻译能力，官方语言与非官方语言之间、非官方语言相互之间的互译能力同属一国拥有的翻译能力。在不少国家，后者的占比还更大。（2）除外译能力之外，译介他国文化产品和先进技术以丰富本国物质和精神生活的能力，也属国家翻译能力。（3）国家翻译能力不应只局限于翻译服务提供能力。如果不将推动翻译服务得以繁荣发展的翻译相关政策法规的编制和实施能力、翻译产品的传播能力、翻译人才的培养能力、翻译技术的研发能力等纳入考虑，国家翻译能力的概念要素就不完整。（4）一国之翻译能力离不开个体翻译能力，但国家翻译能力作为一个由复杂要素构成的整体，并不等于个体翻译能力之和，因为整体往往大于个体之和。

（三）构建国家翻译能力概念及框架的理据

在定义和构建国家语言能力的概念和框架时，语言政策学者要么没有明确地将翻译能力作为其组成部分，要么只提到了有限的翻译类型，如机器（辅助）翻译或政府话语外译。换言之，国家翻译能力并非语言政策研究者的关注重点；在国家语言能力框架里，翻译对一国社会、经济和文化发展的重要影响无法凸显。

另一方面，虽然有关（个体）译者能力、机构翻译/翻译机构和国家翻译实践的研究极富洞见，但这些研究似乎难以全景化展示翻译以何种方式、在多大程度上为一国经济和技术进步，以及语言和文化多样性做出贡献，而这恰恰可以通过构建一国翻译能力综合框架和基于该框架的指标系统来观察和衡量。此外，构建这一框架还有助于我们考察整个场景中不同主体/行动者之间的互动关系。例如，一国政府如何以翻译赞助人的角色发挥作用？这一角色如何影响翻译行业发展和翻译产品及服务的传播？为何一些国家制定了翻译相关规划、政策和法律而有些国家却几乎没有？这些差异如何影响相关国家的社会、经济、文化和政治活动？在某个特定国家，行业和大学是如何互动的？他们应该如何协作以使后者能够更好适应市场变化？为什么某些翻译产品的传播和接受效果比其他产品更好？这些信息如何更好地反馈给整个框架中的其他主体？如此等等。

诚然，提出国家翻译能力的概念和框架，并不能消解翻译与国家之间可能存在的“复杂而矛盾的”（Baer，2020：361）关系。现代主义者认为，国家的概念是建构的、流动的，而非原生的、固定的。（Baer，2020：361）由此，无论是在现实还是隐喻的层面，国界都可以通过翻译来连通和跨越，也可以通过翻译来设定和固化。然而，这并不意味着翻译和翻译能力的问题不能在一国边界之内展开讨论。同时，国家翻译能力框架并不会忽略全球化和多语主义的影响。正如前文所述，与文化及其他软实力要素一样，语言和翻译并不总是局限于一国边界以内，但这并不妨碍我们讨论一国之内的这些元素。国际经济/金融、国际传播、国际政治等领域的学者，也常常探讨评价特定国家的“软实力”。例如，由Brand Finance开发的全球软实力指数就是以国家为单位进行国别软实力指标的测量。

二、国家翻译能力概念构建

基于前述相关概念，特别是受到国家语言能力定义（赵世举，2015：105）以及相关评价指标（魏晖，2015；赵世举，2015；文秋芳，2016, 2017）的启发，我们尝试提出国家翻译能力概念的定义：国家翻译能力是指一国依靠机构、个人、“人工智能”等多元主体，通过翻译实践与传播，以及翻译管理与发展等活动，推动国内外不同语言间开展对话交流与知识互鉴，服务一国软硬实力建设的能力。当然，语言翻译使用并不总是局限于一国边界之内。不同国家可能会利用同样的语言服务，一国的翻译服务可能来自别国，而一国公民也可能在另一国家提供翻译服务。我们所定义的国家翻译能力主要指某个特定国家的行业、机构和个人在本国或国外提供的翻译（相关）产品和服务的总和。但是，当某个机构在国外开设的分支机构雇用了当地员工，则当地员工的翻译能力不计入机构总部所在国的翻译能力。此外，就职于超国家机构、但不属于机构所在国公民的译员所提供的翻译（相关）产品与服务也不应计入该国的国家翻译能力。例如，非比利时公民为欧盟总部提供的翻译（相关）产品与服务虽然属于欧盟这一机构的翻译能力，却不属于比利时的国家翻译能力。

国家翻译能力包括翻译管理能力、翻译实践能力、翻译传播能力和翻译发展能力等四个子能力（图0-1）。每个子能力（一级指标）都包含若干二级指标（图0-2），每个二级指标还可进一步细化为三级指标。开展上述翻译相关活动的主体包括但不限于国家机构，只要相关活动以某种方式体现或服务于国家利益，就应被纳入考量。下面我们将对各要素的内涵进行阐释，并质性分析各要素之间的关系，为进一步建立可操作、可量化的评价指标体系打下基础。

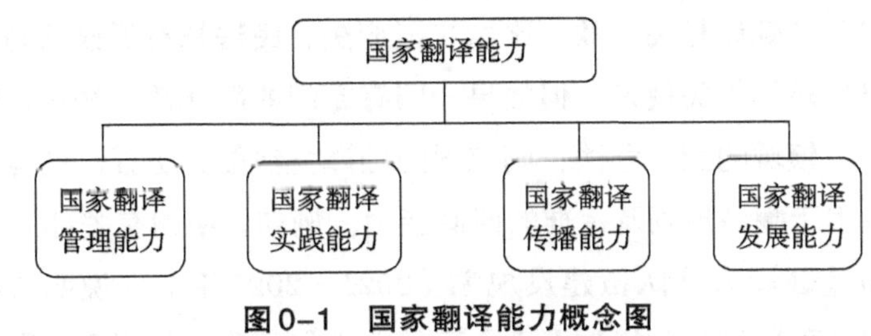

图0-1　国家翻译能力概念图

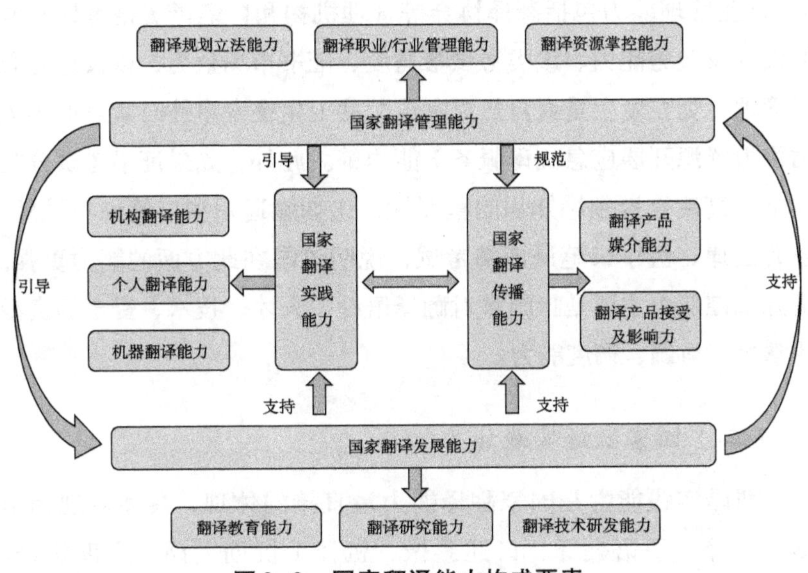

图0-2　国家翻译能力构成要素

（一）国家翻译管理能力

翻译管理能力为翻译事业提供宏观软环境，通过顶层设计、法规制定、资源配置、行业管理等途径引导规范翻译活动，并为人才培养、发展规模等提供规划设计，具体可从翻译立法规划（相关法律、政策、规划、标准等）的制定和执行、翻译职业/行业管理、相关资源掌控等方面的能力来衡量。一般而言，一国法律法规中多少都纳入了翻译相关条款，比如我国刑法、民法都有诉讼参与人有权使用翻译的相关规定。但如果一国有专门的翻译政策法规，特别是有专门领域的翻译立法，则该国的翻译立法能力更强。同样的逻辑也适用于翻译规划及标准的研制能力。例如，中国有关部门2021年发布《翻译人才队伍建设规划（2021—2025年）》，说明我国在翻译领域顶层设计和规划管理方面的能力得到进一步提升。翻译职业/行业管理能力包括翻译协会等管理机构和口笔译资格考评机制的设立及实施能力、该类考试参与度、证书市场效力，以及应急翻译管理（如在发生重大自然灾害或公共卫生突发事件时紧急调用人力物力资源开展应急翻译服务）能力等。此外，如果证书考试分类较细、高度重视领域知识的重要性，比如除通用型口笔译考试外，还有法律、医学口笔译证书考试，说明该国在此方面的能力更强。资源掌控能力主要是指国家对翻译语种、人才、技术、资金等资源的掌控、协调、调度能力。

（二）国家翻译实践能力

翻译实践能力是国家翻译能力最直接的体现，具体表现为笔译、口译、手语翻译、口述影像、机译（机助人译、人助机译、

AI/机器翻译）的产出能力。此处的“国家”包含一国之内的各种主体，如机构、个人、“人工智能”等。机构翻译能力主要是指语言服务行业、政府机构、非政府组织、学校和其他社会团体提供翻译和本地化服务的能力。个体翻译能力主要通过自由职业者、语言服务志愿者等的翻译能力体现出来。一般而言，机器翻译能力通常已经包括在机构和个人翻译能力中，因为当今翻译职业或翻译任务中翻译技术的使用已经不是“一种选择”，而是“一种必需”（Dos Santos，2016：45），此处将其单列出来，一方面是因为如今有相当一部分翻译已经实现全机器交付，无须进行人工译前或译后干预，另一方面也是为了凸显技术作为非人类行动者（non-human actor，参见Latour，2005）日益重要的作用以及技术赋能后可能呈现出的不同的翻译形态。

（三）国家翻译传播能力

这一能力突出体现一国翻译实践成果的接受效果与影响力。翻译实践产生的产品最终要通过其传播效力才能体现其应有价值，具体包含翻译产品媒介能力、翻译产品与服务的接受和影响力。媒介能力指翻译产品能以何种或多少媒介发布，包括印刷媒介、电子媒介、互联网媒介，或是多种媒介融合。此处的“翻译产品”既包括一国所有语言与国外语言之间的译入和译出产品，也包括一国之内官方与非官方语言，以及非官方语言相互之间的互译。对内译介不仅可以引入先进技术与服务和多样化产品，还可在“国民基本价值引领”和“意识形态建设”（蓝红军，2020：115）等方面发挥作用。对外译介则可发挥翻译塑造国家形象、建构对外话语体系、彰显国家文化软实力的功能。影响力的表现方式往往是多元化的。比如，译著可通过销量、图书馆藏量、阅读人次数、评论、著述引用、进入课堂等方式得以体现，译制影视作品则可通过票房、观看人次数、影评、媒体关注度、周边产品开发及销售等方式得以呈现。

（四）国家翻译发展能力

翻译发展能力虽不能直接产出翻译产品，却是可持续翻译能力的重要保障和支持，也可称为翻译资源培育、储备和开发能力，包括翻译教育、翻译研究、翻译技术研发等方面的能力。翻译教育能力强调翻译人才培养能力，可通过翻译相关专业开设、语种储备等形式得以体现。一般而言，储备的语种越多、“板凳深度”越扎实，翻译发展能力就越强。人才储备既与语种数量有关，也与翻译人员数量和水平有关。同理，开设翻译相关专业的数量越多、语种越全、层次越高，一般来说教育能力就越强。翻译研究能力可以通过研究成果助力翻译实践与教学、技术研发和资源库建设等方式体现出来。技术研发能力指翻译相关技术及产品（如语音识别、自然语言处理）的研究开发能力。

（五）四种子能力之间的关系

国家翻译能力四种子能力之间相辅相成，形成互动。国家翻译实践能力直接产出翻译产品，国家翻译传播能力凸显翻译产品的价值实现，两者同属核心能力和显性能力，且相互影响：翻译产品的质量影响传播效果，来自传播渠道的反馈也会对今后原文本和翻译策略选择、翻译产品质量等产生作用。国家翻译管理能力为翻译实践、翻译传播和翻译发展提供基础设施的支持及政策法规的引导与规范，从而对这三种能力的现状和发展产生影响。国家翻译发展能力则为翻译实践、翻译传播和翻译管理能力的可持续性提供语种、人才、技术及其他资源的保障。翻译管理能力引导翻译发展能力，后者又支持前者，两者均可视为外围能力和隐性能力。

三、开展国家翻译能力研究的价值与意义

如前所述，国家翻译能力的概念和框架，以及在此基础上建构的指标体系可以提供一种宏观视角和有用的工具，帮助我们考察翻译对不同国家社会、文化、经济、政治等各个领域的影响和贡献，开展相关研究具有较大的理论和实践意义。

（一）学术价值

20世纪末以来，翻译学研究对象日益丰富，研究视角与研究路径日渐多元，跨学科趋势也愈加明显，“几乎所有与翻译行为有关的领域，如语言、政治、文化、诗学、意识形态、哲学等，都纳入翻译研究的版图”（袁辉、徐剑，2011：13）。特别是2000年以后，社会学视角的翻译研究蓬勃兴起，进一步拓展了翻译研究的主体内涵和视角维度。

首先，翻译主体研究内涵更为丰富。社会学视角的翻译研究关注翻译活动中的行动者以及行动者主体性（agency）。Latour“行动者网络理论”认为，社会实践中的行动者不仅包括人，而且包括参与其中的机器、组织等“非人”；判断某个主体（人或“非人”）是否属于“行动者”，关键要看其是否给其他主体的行动过程带来变化，是否有某种方式对这种变化进行测查，（Latour，2005：71）这就从社会学角度赋予了国家翻译能力研究中多元主体研究的学理依据。国家翻译能力研究将翻译行为主体/行动者范围进一步扩大，

不仅包括作为具体翻译行为实施者的个体译者，还包括作为重要翻译活动发起人、赞助人、推动者、传播者的国家，以及代表国家利益和形象的翻译相关行业、机构、政策、机制等，他们都可被作为整个网络系统中的行动者来考察，从而丰富了翻译研究的主体维度。

其次，与翻译主体相关的问题域也得以扩大。国家翻译能力研究可以探讨的问题域包括但不限于：国家翻译能力一级二级子能力分别由不同实践主体承载，这些主体之间存在怎样的关联与互动？这些关系如何体现？国家翻译能力显然不是个体翻译能力的简单叠加，那么它与个体翻译能力的区别与联系是什么？如蓝红军（2020：116）所言，主体的社会行为都有其伦理维度，那么国家翻译能力视域下的伦理有何类别和层次？当不同类别、不同层次的伦理价值发生冲突时，其优先性如何确定？具体行为主体如何进行伦理行为的决策和协调？对这些问题的进一步探索必然会丰厚翻译研究的主体内涵维度。

同时，国家翻译能力研究还将进一步拓增翻译研究的跨学科维度。国家翻译能力研究可考察一国如何通过“自译”或“他译”方式向其他国家大量输送本国影视作品、文学作品、学术著述及其他文化产品，不断改善传播效果，持续输出自己的国家形象、文化价值观、知识体系，提升文化影响力，这样的研究必将拓展传播学、政治学和文化学等视角的翻译研究。同时，国家翻译能力研究还可搭建指标体系、采集数据，计算翻译产品、技术与服务的价值，考察翻译及相关活动对国家经济的贡献度，从而丰富经济学视角的翻译研究。

（二）实践意义

国家翻译能力研究有助于更清楚地认识并持续推动翻译对文

化软实力的贡献。Nye认为，软实力是指通过自身在文化、意识形态、体制政策等方面的吸引力，让他人主动选择同化而非被胁迫的方式，达到自己期待结果的能力。（1990：167，2004：5）软实力主要通过三种资源发挥作用：文化魅力、国内外始终坚守的政治价值观，以及被视为合法且具道德威力的外交政策，（Nye，2004：7）从而吸引他人主动效仿、接近和加入。“只有当一种文化广泛传播时，软权力才会产生强大的力量”（王沪宁，1993：91），而“翻译作为文化传播的重要途径，当然是软实力基础建设中核心的一部分”（张佩瑶，2007：37）。国家可通过自身能力或借助他国力量“柔性”译介其核心价值观、政治理念与国策，服务其文化影响力的提升。而国家翻译能力研究有助于一国探讨通过采取怎样的翻译事业支持和发展政策、翻译实践策略、对外传播战略促进自身文化的广泛传播以及文化软实力建设，进而更好地服务于文化强国建设目标的实现。

国家翻译能力研究还有利于更准确地衡量并继续提升翻译对经济硬实力的贡献。翻译相关产品及服务构成语言服务业的主体，而语言服务业在经贸合作与跨文化交流等方面发挥着愈加重要的作用；语音识别、自然语言处理等语言与翻译技术处于当今信息科技前沿。国家翻译能力研究关注各类语言翻译相关产品的生产发行、技术研发、相关产品和服务的国内外销售，乃至整个翻译和本地化行业的运作和发展，量化考察翻译对经济实力的贡献；还可通过倡导最佳实践、建立行业标准规范等方式，促进行业健康可持续发展。

开展国别翻译能力研究还有助于更全面地分析翻译与区域和全球语言文化生态多样性之间的关系。翻译说到底是一个民族用自己的语言了解世界，用他者的语言表征自己，与世界对话、交流和共存的方式。（任文，2021）通过开展全球约200个主权国家的国别翻译能力研究，以及其中代表性国家的翻译能力比较研究，可以让我们透视国家翻译能力的强弱与该国该地区语言文化多样性和丰富性程度之间的关系，并通过合理有效的政策建议和舆论干预等手段，促进区域和世界语言文化多样性的保护。

我们在批判性综述国家语言能力、国家翻译实践、机构翻译/翻译机构等概念以及理论思辨的基础上，推导、阐释、定义了国家翻译能力的概念，并搭建了希望能适用于大多数国家的要素框架，是中国学者对国际译学研究的原创性贡献。我们有理由相信，国家翻译能力研究必然会创新翻译研究命题，厚实翻译研究内涵，拓展翻译研究外延，丰富翻译研究维度；不仅会继续扩展翻译研究自身的跨学科视角与路径，也可为传播学、经济学、管理学、政治学等其他关联学科提供来自翻译学科的分析工具、理论话语及实证支持。同时，通过建构国家翻译能力指标体系，考察细分（如法律、影视、商务、外宣等）领域国家翻译能力，将量化考察与质性分析相结合，可更好地认识国家翻译能力对文化软实力和经济硬实力的贡献，进而深入探究翻译行为与能力如何助力一国国际形象和话语权建构、中外文明交流互鉴、区域与全球语言文化多样性保护。当然，我们也清楚地意识到，我们提出的定义和框架只是对国家翻译能力这一复杂概念的初步探索，有待更多探讨和实证检验；也希望更多学者加入我们这一学术共同体，对其丰富内涵和弹性外延展开进一步挖掘探讨，将相关研究推向深广。

第一章　国家翻译能力核心要素研究

第一节　国家翻译实践能力

习近平总书记在中共中央政治局第三十次集体学习时强调，要下大气力加强国际传播能力建设，形成同我国综合国力和国际地位相匹配的国际话语权。国际传播能力和国际话语权建设离不开国家翻译实践。国家翻译实践是推动中国道路、中国方案、中国话语全球化构建与传播的战略途径，其经典案例是《习近平谈治国理政》多语本的翻译与国际发行。截至2021年年底，该书以30多种语言在160多个国家和地区发行超过2,000万册，（任东升，2022a：35）翻译语种之多、发行数量之巨、影响范围之广，无不彰显新时代国家翻译实践能力。国家翻译实践能力是国家翻译能力的核心要素，（任文、李娟娟，2021：10）事关国家翻译水平，影响国家的形象塑造、文化传播和全球治理能力的发展。鉴于此，研究国家翻译实践能力具有重要的学术价值和现实意义。

一、国家翻译实践能力的概念界定

国家翻译实践能力是国家翻译能力最直接的体现，具体表现为笔译、口译、手语翻译、口述影像、机译（机助人译、人助机译、AI/机器翻译）的产出能力。（任文、李娟娟，2021：10）蓝红军（2021：25）认为“国家翻译实践能力是国家规划、策动、管理和实施翻译，使之化为国家建设、国家治理、国家安全力量的能力，体现为国家运行和管理翻译机构、调动资源的机制和效率，按照战略需求进行语言符号转换的数、量、质、速度、效率等”，强调其本质是一种以翻译服务国家的能力，表现为国家翻译实践的产能、效能与影响力。“翻译能力具有主体具身性和实践依存性，即翻译能力不可能脱离主体而存在，且需要通过主体的翻译实践显现出来”（蓝红军，2021：20）。任东升（2019）也曾构建了“三位一体”的国家翻译实践主体结构序列：高位主体是作为国家翻译行业、翻译事业规制者并代表国家的权力机构、行政机构；中位主体是翻译机构；低位主体是执行具体翻译项目的个体。但这样的划分是基于任东升一直以来立足中国语境对国家翻译实践的定义。在本专著和本节中，国家翻译实践能力是指一国实施翻译实践、开展翻译活动能力的总和，包括但不限于中国国情。因此，根据绪论中的框架，本节将国家翻译实践能力定义为一国之内机构翻译能力、个人翻译能力和机器翻译能力的总和。机构的译者角色体现为其翻译项目的管理者身份，其翻译实践能力表现为翻译项目的管理能力。个体译者是翻译活动的具体实施者，其翻译实践能力表现为翻译专业能力，包括使用翻译技术开展翻译工作的能力。“机器翻译”在此以“主体”的身份出现，是因为当前机器翻译在语言服务行业中发挥着日益重要的作用。根据美国卡门森斯咨询公司的全球语言服务市场报告，机器翻译的译后编辑成为全球语言服务企业占比第三的服务收入，次于笔译和现场口译；（崔启亮，2019：81）中国翻译协会发布的《2022中国翻译及语言服务行业发展报告》显示，超九成语言服务企业表示采用“机器翻译+译后编辑”模式能提高翻译效率、改善翻译质量和降低翻译成本；表明机器翻译已深度融入翻译行业。在新型人工智能技术的支持下，智能化翻译机器已具有独立翻译能力，可无须人工进行译前译后干预，可自动完成全机器交付翻译任务，具有较强的主体性，因此在国家翻译实践主体序列中是广义上的译者。综上，可将国家翻译实践能力定义为：一国翻译实践主体履行上述涉译职能过程中应具备的能力总和。

二、国家翻译实践能力的要素构成与发展路径

依照“主体+行为”逻辑理路，结合翻译主体的涉译活动，推衍出国家翻译实践能力结构体系，包括翻译机构的项目管理能力和个体译者开展翻译实践的翻译专业能力，以及机器（人工智能）翻译能力。

（一）翻译机构的项目管理能力

翻译机构以翻译项目承包者、组织者、管理者身份组织译者执行翻译项目，其翻译实践能力表现为项目管理能力，如图1-1所示，详解如下。

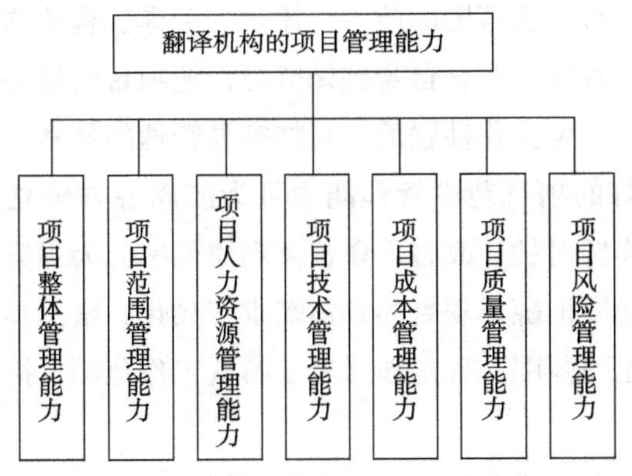

图1-1　翻译机构项目管理能力结构图

1.项目整体管理能力。即在翻译项目生命周期内，利用项目管理机制、平台、知识、方法，对所有涉译项目进行整体规划、执行，确保项目各要素相互协调的能力，体现为翻译机构的全局把控能力，即能综合利用项目内外环境和资源，统筹协调翻译资源配置、翻译质量管理、翻译成本管理等单项项目管理的所有方面，消除项目单个要素、单项过程的局限性，最大化实现翻译项目的总体目标。可采取以下方法提升项目整体管理能力：合理编制项目整体管理计划，根据翻译项目实施总体规划，编制翻译进度管理计划、翻译成本管理计划、翻译技术管理计划、翻译质量管理计划、翻译风险管理计划等；严格执行项目整体管理计划和各单项计划所规划的内容；加强项目整体运行监控，对翻译项目所涉的各项工作施行督查和控制，采取适切措施进行纠偏；控制项目整体变更情况，协调翻译项目生命周期内发生的变更，确保项目按预期进行。

2.项目范围管理能力。项目范围指为了完成项目所必须完成的全部且最少的工作。项目范围管理是对翻译项目所要完成的工作范围进行界定、分解、分配、管理的过程和活动。项目范围管理能力是定义翻译项目工作范围的能力，体现为翻译机构依据翻译项目的需求、特征、目标，结合自身翻译资源，把项目的最终可交付成果分解为更小的、可操作性强的、更加容易管理的任务，适切地分派给译者。良好的项目范围管理能力可为涉译各方确立工作范围框架，提高工作针对性，改善翻译资源利用效率。为提升项目范围管理能力，有必要把翻译项目的具体需求产品化；根据项目目标，划定翻译项目工作范围；确定涉译者了解其工作范围、岗位职责、工作条件。

3.项目人力资源管理能力。即管理翻译项目团队的能力，通过对项目人力资源的科学规划、培训、配置、评估和激励，提升翻译团队的工作水平。项目人力资源管理能力由以下四项子能力构成：交往合作能力，目的是服务高位主体，领会翻译项目意图、目标和需求，处理好团队内部关系，形成协作和谐的工作氛围，协调好对外公共关系，为项目争取外部人力、知识、技术等资源支持；人力资源规划能力，即根据翻译项目的目标分析、工作分解结构、进度计划等，规划人力资源需求、合理配置人员使用的能力；人力资源开发能力，即以翻译项目为载体，通过教育培训、业务实践等方式提升团队及其成员工作绩效、专业技能与素养的能力；团队建设能力，即通过科学的绩效考核体系，激发团队工作积极性，达到人尽其用效果的能力。强化以上子能力可有效提升项目人力资源管理能力。

4.项目技术管理能力。国家翻译实践工程技术可分为工程管理技术和工程生产技术两类，（任东升、高玉霞，2022）前者涉及成本控制、人力资源建设、项目监理、质量评价等制度性"软技术"，后者是翻译项目实施中使用的"硬技术"，包括自动化翻译平台、翻译术语库、翻译语料库等工具性技术和翻译经验、技巧、方法、策略等知识性技术。项目技术管理能力是翻译机构有效管理项目所涉翻译技术的能力。在人工智能时代，翻译的业态、模式、技术已发生根本性变革。国家的翻译项目需求已日益转向多媒体翻译、多模态翻译、远程协同翻译等。云计算、大数据、人工智能、术语库已广泛应用于翻译实践，技术对翻译效能的影响日益显著。翻译机构须具备良好的技术开发、应用能力，根据翻译项目的需求和特点，科学配置翻译技术资源，提高翻译技术使用效能，规避"技术利维坦"，以提升技术管理能力。

5.项目成本管理能力。任何翻译项目都必然产生经济成本，因此受到翻译机构的重视。项目成本管理指为保证项目实际发生的成本不超过预算成本所进行的项目资源计划编制、项目成本估算、项目成本预算和项目成本控制等活动。项目成本管理能力是翻译机构以最少的投入最大化实现翻译目标的能力。成本管理有全生命周期成本管理和全要素成本管理两种类型。提升项目成本管理能力的关键，在于创新翻译项目成本管理观念，设置科学的成本控制指标体系，构建合理的成本控制模型，优化成本管理流程。

6.项目质量管理能力。即为保证项目翻译成果能够满足用户需求所表现出的质量保障能力，表现为实施“二全管理”的能力：全员管理，即依赖项目全体成员的参与，提升翻译、译审、编审的质量意识；全过程管理，即对翻译质量形成过程中的各项工作进行全面管理，把可能影响翻译质量的因素消灭在质量形成过程之中。翻译质量管理的主体包括翻译项目委托方、翻译机构自身的质量管理人员、执行翻译任务的译者、受委托的第三方评估机构。不同主体具有不同的质量管理能力要求。翻译机构为保障项目翻译质量，通常需要实施质量审计和质量控制。质量审计是依据翻译业务流程对译本质量进行结构化审查，例如，项目经理对核心政治话语的译文进行统一和规范，译审对译文语言的地道性、信息的准确性、风格的适切性进行检视。质量控制是一个纠偏把关过程，直接对译文的语言、专业、文化、政治问题进行督查，分析问题产生的原因，采取针对性措施确保翻译质量得以持续改进。提升项目质量管理能力，需强化“二全管理”，优化质控流程，提高质保主体的专业素养。

7.项目风险管理能力。风险管理就是使用科学的方法、技术和手段控制项目风险，妥善处理风险事件的不利后果，以最少的成本实现项目总体目标。翻译项目主要有两类风险：项目业务风险，即项目本身存在的各种冲突，如项目人力资源冲突、技术应用冲突、管理程序冲突、工作思路冲突等，这些冲突如未能合理解决，会影响项目的顺利进行；项目政治文化风险，即因翻译不当导致的政治、文化、意识形态、价值观方面的风险，如将“中国大陆”翻译成“mainland China”，暗含“两个中国”之义，有损国家主权安全。翻译机构的项目风险管理能力表现为能有效解决项目冲突，引导冲突结果向积极性而非破坏性的方向发展；准确识别项目风险的类型、形式、表现、原因，并提出合理解决方案，确保项目顺利进行，保障翻译安全。为提升项目风险管理能力，可建立风险管理模板，明确风险管理程序、风险控制机制、风险管理责任归属等，推动风险管理的标准化、科学化。

（二）译者的翻译专业能力

译者负责翻译项目的文本转换工作，因此专业能力至关重要。Neubert（2000：3）认为译者能力由语言能力、文本能力、学科能力、文化能力、转换能力构成。PACTE（2005：612）认为译者能力构成要素包括双语能力、语言外能力、翻译知识能力、工具能力、策略能力和心理生理能力。钱春花（2011）构建了由内驱力、认知能力、语言能力和操作能力构成的翻译能力金字塔模型。刘晓峰、马会娟（2020）认为，当前研究对译者的政治、社会、文化及自身身份意识方面的能力重视不够，认为应引入社会翻译学视域界定译者能力，主张译者能力结构应由译者“识”的能力和译者职业能力两大模块构成，并搭建了译者能力要素体系。翻译不是在真空中进行的。翻译实践具有政治性（陈勇，2022）、社会性（傅敬民、张开植，2022）、国家性（任东升、高玉霞，2023：78）。因此译者能力的构建，在“识”的能力模块中不可缺乏政治意识、社会意识和国家意识。翻译是一种关涉资本、权力、知识的跨文化话语实践行为（任东升、曲畅，2022），因此具备自觉的身份意识和场域意识是译者的基本专业素养。本节整合上述研究成果和研究结论，以中国的国家翻译实践为例，分析译者能力结构体系（图1–2）及发展路径，详解如下。

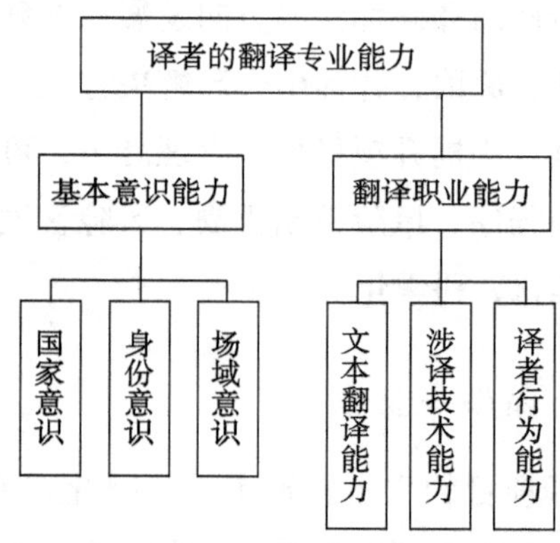

图1–2　译者的翻译专业能力结构图

1. 译者的基本意识能力

（1）国家意识。国家意识涉及国家认同，即在价值观和认识论层面对国家政治、文化身份和价值体系的认同，以及对国家利益、国家安全的自觉维护。以中国为例，译者的国家意识，指译者清晰认识到国家翻译实践具有“of the state”、“for the state”、“by the state”属性，是一种以国家为行为主体的翻译活动（国家译），目的是中国性知识与话语的对外传播（译国家），译者的职责在于顺应国家翻译意图，实现国家的翻译目的（为国译）。译者的国家意识表现为在翻译过程中“胸怀国家”，将服务国家利益作为价值追求，衍生出坚定的政治立场，自觉采取行动维护国家的文化安全、政治安全、意识形态安全、话语安全、形象安全。

（2）身份意识。身份是人在社会活动中的标识、位置及其社会属性，具有政治性、社会性和文化性，是人对自身政治、社会角色的认知和自觉。在国家翻译实践语境下，译者身份意识是译者对自身职业角色所蕴含的国家性的文化认知、价值定位和政治自觉。“国家译者”的身份意识有助于译者实现身份角色的“国家化”转变，自觉遵循“为国译”的翻译伦理，以服务国家为价值依归和目标追求，调整自身翻译行为、策略、方法。

（3）场域意识。场域是在特定社会空间中的特定行动者以特定目的为纽带联结而成的关系网络，具有独特的运作规则、社会资本、权力体系。（Bourdieu，1993：162）国家翻译实践场景中的场域意识，就是译者对国家翻译实践社会生态的清晰认知：理解翻译项目的政治文化意图、功能；明白翻译项目的具体作业标准；熟悉翻译项目管理机制、运行逻辑；具有国家翻译规范意识，自觉遵循国家翻译伦理；具有场域资本意识，懂得有效利用国家翻译项目的政治、文化、社会、象征资本提升翻译绩效和翻译能力；具有译者惯习意识，形成“为国译”的伦理自觉，主动构建适应国家翻译的惯习资本；懂得国家翻译机构的场域、资本、惯习与译者场域、资本、惯习的内在关系及对译者能力的影响。

需要特别指出的是，此处国家意识、身份意识和场域意识的定义都是在中国语境下提出的。在不同国家、不同文化系统下，其表现方式与强度并不一致，甚至可能差异很大。比如在欧美等国，译者多供职于非国有商业机构（如私有或股份制企业）、超国家机构（如欧盟、联合国等），或属自由职业者或兼职者，他们开展翻译实践时的“国家意识”以及“国家译者”的身份意识通常可能并不强烈，译者也较少存在“为国译”的伦理自觉。因此此处的相关定义或许并不具有普遍适用性，往往需要针对不同国家的具体情况进行具体分析。

2. 译者的职业能力

（1）文本翻译能力。即与文本翻译相关的语言转换、信息表达、内容处理能力，包括三种：语言运用能力，即译者运用双语进行翻译的能力，包括语言本体能力如词汇能力、语法能力、语篇能力、语用能力、修辞能力等，以及语言运用能力如语言理解能力、语言表达能力、语言转换能力、语言逻辑能力等；翻译策略能力，即译者基于具体翻译场景恰当使用翻译策略的能力，涉及翻译方法的应用、翻译风格的转换、翻译视角的调整、翻译工具的运用、原作语气的再现、原文意图的传达、异质文化的沟通等；专业翻译能力，指译者在特定领域的翻译专长，如政治翻译、外交翻译、军事翻译、科技翻译等，要求译者在某一领域具有完整的知识体系。

（2）涉译技术能力。即与翻译相关的技术能力，主要包括三种：翻译技术能力，是译者使用翻译技术提升翻译质量的能力，表现为译者能使用计算机辅助翻译、本地化、大数据、语料库等技术进行文本转换，开展翻译质量评估，实施翻译项目管理等；信息利用能力，即译者以翻译问题求解为目的，综合利用信息工具与资源，开展有效信息实践的能力，涉及译者的信息检索、信息整合、信息评价和信息应用能力，与译者信息素养密切相关；其他涉译技术能力，指帮助译者完成翻译任务的支撑性、辅助性技术能力，如文字编辑软件使用能力、专业文件写作能力等。

（3）译者行为能力。主要体现为译者在翻译过程中表现出的自我管理和对外交流合作能力，自我管理能力关涉译者对翻译实践工作纪律、规范、制度的自我规制和自觉维护的意识与行为，对外交流合作能力是译者配合项目团队，通过团队合作获取翻译知识、工具、资源的能力。

提升译者的翻译实践能力是一个系统工程，需要国家、机构和个人协同努力。在国家层面，制定优化国家翻译政策、制度，强化国家翻译规划，加强国家翻译基础设施建设，推动翻译行业建设和翻译人才培养体制机制改革等国家翻译发展能力，加大对国家翻译事业的支持力度，为译者发展专业能力提供有利的宏观环境。在机构层面，优化管理流程，强化团队建设，丰富翻译资源，推动翻译技术创新与应用，为译者提供良好的发展平台。在译者个人层面，应培养国家意识和职业道德素养，在此基础上提升语言转换能力、翻译策略能力、翻译技术能力等翻译专业能力，构建适应国家翻译需要的译者能力体系。

（三）机器翻译能力

机器翻译能力指计算机和人工智能系统实现自动翻译的能力。在人工智能技术的推动下，机器翻译技术实现了以下三方面变革：从基于规则，到基于统计模型，到基于神经网络；从基于词，到基于短语，到基于整句；从必须使用大规模平行语料库，到可以使用单语语料库，到实现零数据翻译。机器翻译系统的智能化水平也获得极大跃升，从单纯的文本输入，到语音输入，到OCR识别；从

PC端的个人用电子词典，到移动终端的面对面交流用翻译APP，到大型会议上“云+端”模式的实时翻译系统；从字词翻译，到自然语言意译，到满足文化、情感和专业领域需求的交流翻译。（马万钟等，2020：21）机器翻译能力得到极大提升，机器翻译应用场景更加丰富多元。

机器翻译的产出能力是国家翻译实践能力的重要因素（任文、李娟娟，2021：10），因此提升机器翻译能力是发展国家翻译能力的应有之义。目前国内尚未出台针对机器翻译的国家、行业标准，不利于国家机器翻译能力建设。马万钟等（2020：24—25）基于机器翻译系统通用模型，构建了机器翻译能力评价体系。本节结合国家翻译能力概念和机器翻译特点，对上述评价体系相关要素进行了调整，形成机器翻译能力结构体系，如图1–3所示，详解如下。

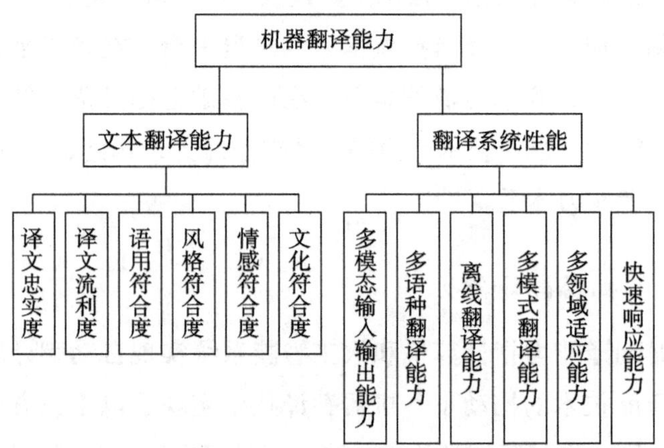

图1–3　机器翻译能力结构图

1. 文本翻译能力

（1）译文忠实度。即译文内容与源文本之间的一致性程度，判断标准是翻译结果是否准确、完整地传达了源文本的内容和信息，是否存在漏译或误译。

（2）译文流利度。即译文在目标语言中的可读性，判断标准是译文语言是否具有地道性、流畅性、透明性，是否符合目标读者的语言规范、习惯。

（3）语用符合度。即译文再现原文语用功能的准确程度，判断标准是译文是否在目标语中准确实现了原文的语用目的、效果，是否符合目标读者的社会、文化和语言环境的要求。

（4）风格符合度。即译文是否再现了原文的语言风格，判断标准是译文是否再现了原文的文体、语气、口吻、修辞等方面的特征，是否再现了原文的语言美学面相。

（5）情感符合度。即译文是否忠实再现了原文蕴含的情感内涵，判断标准是译文所传递的情感是否与原意相一致，目标读者是否能通过译文获得与原文读者相似的情感体验。

（6）文化符合度。即译文是否准确地传达了原文的文化异质性，如习俗、观念、社会背景等文化层面的差异，判断标准是译文是否实现翻译的文化交流意图、目标。

2.翻译系统性能

（1）多模态输入输出能力。即支持除文本以外的多种语言模态输入输出的能力，包括语音、图像、视频或文档（网页、PDF）等，翻译的源语言和目标语言可通过语音、图像、视频或文档等形式输入和输出。随着人工智能技术的发展和翻译需求的变化，翻译语言的多模态化是未来机器翻译发展的重要趋势。

（2）多语种翻译能力。即支持两个以上语种之间互译的能力，可翻译的语种越多，翻译的准确性越高，机器翻译系统的翻译能力就越强。

（3）离线翻译能力。即在没有网络连接的情况下为用户提供翻译服务的能力。离线翻译能力与机器翻译系统应用能力、产出能力成正比。

（4）多模式翻译能力。即支持不同翻译模式的能力。例如，支持不同的源语输入模式，如语音输入、拍照输入等；支持同声传译、电话口译、多模态翻译、语符翻译、手语翻译等。多模式翻译能力可使机器翻译系统满足用户不同情境的翻译需求。

（5）多领域适应能力。即具备良好的跨领域适应性和泛化能力，能克服专业领域限制，适应不同的专业性翻译场景，准确翻译政治、经济、文化、军事、法律、医药、生物、能源、化工等广泛领域的文本，译本的术语、文体风格具有行业特征，符合专业文献写作要求。

（6）快速响应能力。即机器翻译系统对用户翻译需求的响应效率，可由单位翻译量的翻译时间或单位时间的翻译量来衡量。响应能力与翻译效率成正比。机器翻译的响应速度及其稳定性极大影响翻译效率，因此是机器翻译能力建设的重要目标。

机器翻译的底层逻辑是通过计算机程序模拟人类翻译过程，基于一定规则和统计方法对源语句子进行分析、理解和转换，最终生成目标语的翻译结果。机器翻译可以分为基于规则的翻译和基于统计的翻译两种主要类型。前者的工作原理是，先建立一个包含源语言和目标语言之间语法、词汇、语义等多方面知识的翻译模型和语言规则库，然后根据规则进行翻译。常用的规则包括短语结构文法、依存语法、语义角色标注等，因此需要依赖大量人工编写和维护的规则库，对语言环境限制较大。后者的工作原理是，利用大规模双语平行语料库，通过计算概率模型估计在源语句子和目标语句子之间的翻译概率，基于概率进行翻译。常用的统计模型包括N-gram模型、最大熵模型、隐马尔可夫模型等，翻译机器可以自动学习句子间或单词间的潜在规律，不需要手工编写规则，可以适应多种语言环境。

根据机器翻译的底层逻辑和运行机制，可从两方面入手提升机器翻译能力。一方面，扩大预训练语料规模。机器翻译的质量与数据量密切相关。机器翻译需要依靠大量双语数据进行训练。预训练的语料数量规模越大，涵盖的范围越广，题材越丰富，就越能提高机器翻译系统的语言处理能力。因此有必要扩大训练数据集的规模，使机器能更好地了解并学习不同语言之间的差异，从而提高译文的准确性、地道性。另一方面，合理应用深度学习技术。近年来，随着深度学习技术的发展和机器翻译任务需求的不断升级，深度学习模型已成为机器翻译的主流方法。例如，神经机器翻译（NMT）是一种基于神经网络的机器翻译方法。相比传统的基于统计模型的机器翻译方法，NMT可直接利用源语言和目标语言之间的对应关系进行端到端的训练，避免了传统训练方法中的特征设计和处理过程，提高了翻译质量。注意力机制（attention mechanism）是一种基于神经网络的机制，能够从输入数据中选择性地"关注"对于当前任务更重要的信息。在机器翻译任务中，注意力机制可以帮助模型更加有效地处理句子中长距离的依存关系，提高翻译的准确性。预训练模型（pre-trained model）是一种使用大量无标记数据进行预训练的深度学习模型，可通过迁移学习的方法应用到各个具体的翻译任务中。在机器翻译任务中，预训练语言模型（如BERT、GPT系列、ELMo等）可以提高模型的语言理解能力和表达能力，使机器翻译质量得到显著提升。

国家翻译实践能力是国家翻译能力的重要指标，对国家话语的全球化构建、国家形象的国际塑造、国家文化的域外传播、国家全球治理能力的提升，具有重要影响。作为一个新的译学论题，国家翻译实践能力研究仍有许多重点议题尚待厘清，包括国家翻译实践能力认知架构的构建、国家翻译实践能力概念体系的建设、国家翻译实践能力评价指标的研制、国家翻译实践能力发展机制和路径的揭示与构建、国家翻译实践能力的国别化研究与对比等。“国家翻译能力建设是国家事权，必须从国家意识和国家意志出发。”（杨枫，2021：17）因此有必要基于国家翻译事业的现实需求与发展愿景，创新研究视角、方法、思路，揭示国家翻译实践能力的本质、特征、发展机制，为我国的国家翻译实践能力建设提供借鉴。

第二节　国家口译实践能力

翻译实践能力是国家翻译能力最直接的体现。在国家翻译实践能力框架之内，对翻译实践能力的探讨实际上包含了口译和笔译两种不同的实践形态。作为翻译的一种类型，口译与笔译在双语加工和语言转换方面固然有许多共性，但由于口译实践涉及即时双语信息处理、多模态认知加工以及动态人际交互等复杂技能组合，决定了口译在过程和产品方面均不同于笔译，在能力要求和表现上也与笔译有显著差异。本书对于各细分领域国家翻译能力的探讨多聚焦笔译，本节基于行动者网络理论，尝试在国家翻译实践能力这个总概念之下，对“国家口译实践能力”的概念单独进行界定和讨论。

一、国家口译实践能力的概念界定

行动者网络理论（actor-network theory）认为，社会是行动者行动的产物，无论人还是非人，都可以成为具有能动性（agency）的行动者，发挥与其本身相关的作用，改变相互之间的关系。（Latour，2005）国家口译实践能力本身作为行动者，可通过实践行动影响口译的管理、开发和传播能力，成为国家翻译能力之网的重要行动者。同样，国家口译实践能力也依托于多个主体和各项能力要素的协同合作，输出口译产品。国家口译实践能力的外部维度和内部要素以国家口译实践的行为、现象、经验和机制为表征。多元实践主体与能力要素发挥主体性及主体间性，行动者网络理论的社会学视角为此提供了学理依据，并体现出国家口译实践能力区别于其他口译能力的独特性、系统性和复杂性。

口译实践的核心在于调动双语认知处理、信息加工和人际协调，这种行为需发挥个体的专业技能。各实践主体的口译活动归属国家口译实践范畴，体现了整体和部分的关系。建构国家口译实践能力，需要以充分的口译实践为基础，并落实到真实具体的口译能力。

探究国家口译实践能力需围绕口译实践主体，关注到不同主体的实践能力。依照口译活动主体履行翻译职能的具体内容，可将国家口译实践做以下分类。

机构口译实践——机构主体的口译实践，可以包含“制度化口译”和“市场化口译”两个维度，前者一般是由国家权力机构和统治者当局发起和推动的有组织、有计划、有规模、有监控的翻译活动，（任东升、高玉霞，2015b）是指以国家名义发起、服务于一国国际话语权建构的口译实践；后者是以市场机制为调控方式，以翻译服务换取货币商品，实现译内效益最大化的“市场劳务型”翻译阶段。（任东升、高玉霞，2016）市场化口译实践是口译行业及语言服务产业的重要产值来源，发轫于市场机制，由社会经济发展的客观需求滋生。

个体口译实践——译员是口译活动的具体实施者，任何类型或场域的口译实践均需依托个体口译实践。译员以口语或手语形式，运用掌握的语言能力和翻译技巧，准确传达源语言中以文本、口语、手语表达的内容所包含的信息，进行即时的跨文化交际行为。除语言转换本身外，个体口译实践还应包含如身心健康、职业道德、终身学习、服务意识等非智力性行为的履行。执行口译活动的个体包括自由译员、内部译员及语言志愿者等，在不同场域中进行口译实践。

机器口译实践——指通过自然语言处理、语音识别、语音合成等人工智能技术，实现人与计算机之间用自然语言有效沟通的口译实践，包括机器同传、AI同传、自动口译等。（王华树、杨承淑，2019）长期以来，对口译实践的探讨往往主要关注人的主体性，忽视了口译生产过程中积累的非人力量。机器口译作为非人行动者与人类行动者同样重要，作用于机构和个体口译实践。机器或人工智能亦可发挥能动性，改变机构与译员的行为，影响口译生产。

上述机构口译实践、个体口译实践及机器口译实践构成了国家口译实践的主要行动主体范畴，对口译能力形成不同的要求。自

“国家翻译能力”及其组成部分“国家翻译实践能力”的概念提出，将翻译实践活动的整体作为研究对象，具有更大的包容性和开放性。因而，国家范围内的不同范畴的口译实践均可视为国家口译实践的表现形式和组成部分，使国家口译实践成为一个由多元要素构成的开放的复杂巨系统。要更好地认识不同主体的口译实践，须以国家口译实践作为元范畴；要更深入地理解国家口译实践能力，也须以不同主体的口译实践能力作为考察参数。

二、国家口译实践能力的构成要素

本节将国家口译实践能力定义为国家从事口译实践活动的能力总和，体现为由机构、个体、机器作为口译活动主体的实践能力。机构口译实践能力体现在通过组织与管理提供口译产品的能力；个体口译实践能力体现在通过“口译能力”与“译员能力”等实施口译行为的专业能力；机器口译实践能力体现为口译技术辅助或独立完成口译生产的能力。上述三种能力范畴动态融合，共同推动国家口译实践，服务于国家建设和社会发展。以行动者网络理论的视角分析，国家口译实践能力形成的根本原因在于转译（translation）[①]，即行动者经过努力将自己的问题转化为其他行动者的问题和利益，是网络得以稳固维系的动态机制，（郭荣茂，2016）其过程包括问题呈现（problematization）、利益赋予（interessement）、征召（enrollment）与动员（mobilization）。（Callon，1986）

国家口译实践能力在能力主体和能力要素两个维度上展开转

① 国内学者对于ANT理论中的“translation”译法多为“转译”，亦有少数学者译为“翻译”。为避免与翻译活动本身混淆，本节按照术语的通用译法，采用“转译”。

译，共同建构国家口译实践能力网络。在问题化阶段，包括机构、个人、机器等在内的国家口译实践各主体面对不同的目标诉求，以如何实现自身能力的发展为表征。国家作为口译实践的宏观调控者和最终受益人，可视为实践网络中的关键行动者，管理与发展口译实践，规约和凝聚其他行动者。关键行动者将不同的能力表现和诉求转化为发展国家口译实践的共同诉求，汇聚到“强制通过点（obligatory passage point）”（Callon，1986：6）。经由此点，行动者获取国家赋予的利益，满足各自的发展需求。任何口译实践的行动主体都需调用多样化的国家口译实践能力，征召所涉利益攸关方，动员各能力要素，完成转译行为。国家口译实践能力网络中的各行动主体和构成要素以及它们之间的关系如图1–4所示。

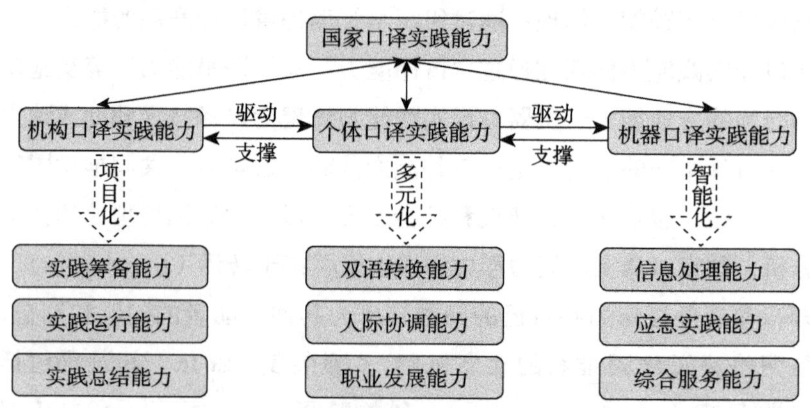

图1–4 国家口译实践能力构成要素

实现机构、个体和机器口译实践的能力诉求，往往会有一系列现实障碍。国家作为关键行动者，利用绝对权力和资源，将实现个体实践主体的良性发展需求，聚集到强制通过点进行赋能，通过符合各发展自诉求的利益赋予将其角色锚定、资源整合。各行动主体只有通过实践合力，以完善和发展国家口译实践能力的建设为共同目标，才能最终实现各自诉求。这给予了行动者参与转译过程的动机和起点，是实践主体参与建设国家口译能力的逻辑机制。在此基础上，各实践能力主体受国家征召与动员，构建起国家口译实践能力的行动之网。

（一）机构口译实践能力

口译实践对国家对外开放大局和对外交往工作起到了重要支撑作用。国家通过制度化和市场化的征召方式使机构主体在组织规制、人才培养、生产流程和伦理规范方面具有制度属性，动员了不同属性的口译机构进行实践。中央各部委如外交部、商务部、中共中央对外联络部等，均设立了翻译司、翻译处或相关司局，各级政府部门也设置了专门口译岗位，具备对外话语传播的口译能力。语言服务企业作为口译活动的重要承接方，具备管理口译实践的阶段、财务、质量、客户、译员和风险等能力，满足市场需求，并兼顾社会利益。制度化与市场化涉译机构均通过提供口译服务的能力秉持机构宗旨，维护机构利益。

机构口译实践在设定目标、调配资源、组织协同等方面的实践流程比较复杂，因此具有项目化和工程化的特征。口译项目的最终形成是项目筹备、运行和总结能力等因素共同作用的结果和体现。机构口译实践具体征召的是实践筹备能力、实践运行能力和实践总结能力。

1.实践筹备能力

在项目规划与启动阶段，首先需根据用户需求制定计划。通过与口译需求方的沟通，分析结果，预判潜在需求类型和需求周期，做好进度规划。其次，在明确口译需求的基础之上，组建口译项目团队，调配相应的人力物力资源，主要涉及管理团队（如项目经理或总负责人）、口译团队（现场口译员）和辅助团队（设备管理人员），并视项目难度与专业度对口译工作人员进行培训。最后，制定口译项目的实施方案和应急预案，并对风险做出预判。

2.实践运行能力

在实践交付阶段，项目的顺利运行依托机构口译相关行动者间的协同能力。如管理团队负责调度口译人员、开展现场沟通、协调口译需求。辅助团队需具有设备管理的能力，包括会议场地布局和同传设备调试等。译员则需具备收集资料、与主办方或讲者沟通、按照排班计划进行口译实践的能力，有些大型口译项目会制定译员工作手册或口译规范等指导性规章，译员须在口译实践中遵循相关政策。

3.实践总结能力

口译项目结束后，机构需完成项目的评价、总结和结算工作。首先从口译需求方获得译后反馈，对译员团队进行有针对性的积累和建设。根据口译实践的表现形成人才库，保持译员信息动态更新。其次对于项目执行过程中出现的问题，进行整改和反思，形成案例资源，指导日后的口译实践。最后，对于机构内部的项目管理流程、岗位设定、职责划分、考评激励办法进行调整和改造，（王华树、李智，2019）充分利用口译实践所产生的有效信息。

（二）个体口译实践能力

个体口译实践能力是发挥机构口译实践能力的基础和前提。译员个人具备口译专业技能，接受实践任务，积累和获取各类资本，需要遵守口译实践的伦理规范。不同场域的口译实践涉及不同的能力要素，如：具有战略意义的制度化口译实践要求译员具备敏锐的政治意识、求真务实的翻译规范和忠于国家的翻译伦理；市场化口译实践更需要执行规范、解决问题和完成口译任务的能力，（苏伟，2011）以及具备市场意识、掌握市场经营和提升市场价值的能力；（封一函、方之，2022）社区化口译实践因交际场域特殊，译员成为对话的实际参与者与建构者，则应突出掌握译前、译中策略和相关场域中的口译员角色等能力。（朱珠、张威，2021）因此，口译个体在口译实践中以多元能力表征履行译员职能，达成交际目标，最终实现个体价值，服务社会。

任何形式的口译实践均不同程度地依托个体口译实践。口译实践中所涉及的复杂多元能力组合征召动员双语转换能力、人际协调能力和职业发展能力。

1.双语转换能力

就个体口译实践而言，口译实践能力的核心是信息的认知加工能力，要求译员对源语信息进行分析整合，在双语转换中进行信息重构，并运用口译策略和技巧组织译语产出，是多任务的实时在线加工。首先，译员通过语音知觉、视觉识别等认知过程，将外部输入的信息与其大脑中的已备知识存储接通，解码源语信息获取意义。其次对提取与保持的意义进行加工，以译语重新编码，在有限的时间内以目标语语言表达形式外化的语音信号为主，同时结合发言人传递的副语言信息（如语速、音量、重音、语调）和非语言信息（如面部表情、手势、幻灯片），为受众构建完整的信息来源。

2.人际协调能力

口译实践涉及即时的人际互动和多方合作，尤其是在带有社会权力预设关系的实践场域中，译员必须具备良好的人际协调能力。以维护所属机构利益和完成交际目标为出发点，译员要识别和分析交际场合的人际元素与潜在的交际影响。可通过对参与者副语言与身势语等具身资源的捕捉，来避免隐性信息的遗漏；同时增强自身对于交际进程的调控能力和交际现场的解读能力，如对参与方进行话语轮换的管理，从而提高口译决策的质量。

3.职业发展能力

口译是一种社会职业实践，从事口译实践的个体应具备职业发展的意识和能力。首先，译员需重视行业声誉，遵守“职业规范和操守”，如“守时”、“保密”等；（封一函、方之，2022）其次，译员在与各类口译需求方往来时，可以有意识地进行客户教育，引导社会了解口译职业，维护口译行业的秩序。最后，译员应具有“传帮带”能力，可指导专业口译人员完成各项口译实践，并就口译实践规律总结等方面向业内同行传授经验。①

（三）机器口译实践能力

机器技术或人工智能近年来发展迅速，引发了口译对象、主体、模式的改变。无论机助口译，还是自动口译，在现代口译活动中，口译技术都发挥着使能、助能、赋能的多重作用。（王华树、杨承淑，2019）机器作为口译实践的行动主体，改变了口译生产方式，在某些口译场景下，智能口译产品可替代人工译员，更高效地应对复杂多变的口译活动，口译机器强大的学习能力亦可使其实践能力不断升级。机器口译快速发展和应用的同时，也可能会形成弱

① 参见《中国翻译能力测评等级标准》（2022）。

化口译价值、危及口译职业发展等问题。要更好地发挥机器或技术的能动作用，需提升机器口译技术性能，保证口译质量；并实现与其他行动者的良性互动与配合，使其有机地服务于口译实践。

机器口译经历了从直接翻译到深度学习的神经机器翻译的发展，呈现出智能化的特征，深度学习技术的大规模应用征召动员机器口译的信息处理能力、应急实践能力和综合服务能力。

1.信息处理能力

机器口译欲实现言语信息的自动编码、输出、传递、输入、解码、贮存等处理，需后台大规模的语音库、语料库和先进的数据处理算法提供技术支撑。（王华树、杨承淑，2019）现有的机器口译产品仍存在因语音识别错误和断句/切分错误导致的信息损耗和误译，在线信息处理能力受口音、语言规范性和复杂度、发布流畅性和清晰性以及韵律自然性等影响均显著。（卢信朝，2022）因此，机器口译实践的认知机制需进一步探索，以提高口译的准确性。

2.应急实践能力

在灾害响应救援过程中，由于应急语言服务专业性强，任务强度大，对心理素质要求较高，（滕延江，2021）对个体和机构的口译实践能力构成了挑战。在应急译员匮乏的情况下，发挥机器口译实践能力提供即时的应急语言服务十分必要。机器口译的泛在性、智能性可克服上述问题，为灾害或其他紧急事务提供即时口译服务，有助于应急语言服务基础设施建设。

3.综合服务能力

机器口译是实践口译需求和口译应用的综合体，要充分发挥机器口译的附加价值，需建立机器口译产学研协同机制。如提升个体口译行动者的技术素养，改善人机交互的效度；提升机构口译行动者的研发与应用能力，如建设集需求响应、自动口译、语料管理等为一体的口译平台，解决机构的口译实践需求。同时探索人机协作的信息化口译教学模式，提升为不同范畴口译主体提供综合服务的能力。

可见，在国家口译实践网络中，机构、个体和机器构成了国家口译实践的行动主体，相互补充，而机构、个体与机器的各项具体能力则形成国家口译实践能力的构成要素。其中个体口译实践能力可转译机构与机器口译实践能力，使口译组织管理与人工智能实践以口译专业能力为轴心和基础，实现保障口译实践质量的共同诉求。机构口译实践能力为个体口译实践能力提供组织管理保障；个体口译实践能力为机构口译实践能力提供专业支撑；机器口译能力则受机构与个体口译实践能力驱动，并对其赋能。国家口译实践能力主体和能力要素经不断转译最终实现国家口译实践能力的发展。

三、国家口译实践能力现状

前文指出，国家口译实践能力贯穿于具体实践行动之中，每次行动可被视为国家口译实践能力网络运行的过程。要构成利益一致的异质性网络，挖掘与调动资源生产物质、实践和知识，必须依赖于各范畴的口译实践能力才能实现。而实践中体现的能力水平，则直接指向主体实践能力的发展现状。我们围绕机构、个体和机器/人工智能维度的口译实践，选取典型案例，对国家口译实践能力现状略做分析。

（一）机构口译实践能力服务国家项目

随着行业标准化、规范化建设稳步推进，语言服务企业的口译实践能力呈现高质量发展的趋势，制度化与市场化口译实践的互动愈发成为常态。2022年北京冬奥会和冬残奥会的语言服务就是一项典型的不同机构主体进行合作的口译实践活动。该赛事口译服务采用项目外包形式，由中译语通公司承接，共完成了670多场会议的口译和技术保障工作。（中译语通，2022）口译项目团队对实践项目的各环节进行全方位的管理。在项目筹备阶段，所有译员于冬奥会开始的一个月前进入闭环管理，并选取赛事较为密集的一天，演练当日口译工作；项目执行阶段，比赛日的前一晚会发布由项目管理组排好的次日译员排班表，注明会议时间段、持续时长、会议主体、负责译员和工作场地等信息。（王春梅，2022）由于冬奥会口译服务涉及会议类型庞杂，包括每日新闻发布会、团长例会、赛后新闻发布会等，译员需尽可能掌握会议议程、语言组合、接传情况等信息，并在赛后及时总结，完善后续口译实践。可见，机构主体有能力对各个环节进行组织管控，全方位保障实践效果。同传译员和技术保障人员的专业素养、职业精神和应对突发状况的能力受到中外方一致好评。（中译语通，2022）因此，机构口译主体具备执行交付规格高、规模大、覆盖广、操作复杂的口译实践能力。

（二）个体口译实践能力助力国际传播

制度化口译是国家实现对外话语体系建构的重要战略手段，以制度化译员的口译实践能力为例，每年两会后的总理记者会口译极具代表性。两会总理记者会的话语实践兼有政治话语与新闻话语的双重属性，是国家口译实践的重要场合。负责口译任务的外交部译员接受来源于组织机构、人才培养、生产流程到伦理规范的制度化征召，在任务执行中集中体现着个体口译实践能力。制度化译员在服从国家意志的前提下，可发挥主体性，构建国家对外话语。例如，译员对于总理话语中的情态资源，选择“强化”偏移，凸显中国政府的坚定立场和自信态度；“弱化”偏移使中国领导人和记者之间的交流更加和谐、友好，（李鑫，2018）建构了务实进取、敢于担当的政府形象。在处理富有中国特色的隐喻表达时，译员能够通过再隐喻化等不同手段，有意识地关注目的语听者的理解能力、认知背景和译语语篇连贯性，并强化译语中的积极意蕴和劝说功能。（盛丹丹，2021）在口译实践的效果方面，总理记者会的口译话语在相关英文报道中的引用率较高，且以直接引用为主，有力证明了制度化译员能够用目的语受众所能接受和理解的语言进行表达，取得良好的再语境化效果。（Zheng & Ren，2017）因此，国家机构中的个体口译实践，体现出译员充分履行国家对外话语职责，高度把握对外话语叙事风格、准确实现对外话语功能的实践能力。

（三）机器口译实践能力提供应急支持

在应急国家口译实践中，机器口译实践力量突显，体现在特定时域下整合口译资源，产出特定口译实践结果的能力。鉴于无译员参与的纯自动口译应用目前还很有限，此节以机助口译——线上口译平台为例分析机器口译实践能力。针对新冠疫情防控的重大公共服务需求，2022年5月以来，同济大学联合上海、重庆、湖北、湖南等十余个省市的上百所高校外语学院，发起外语志愿者行动，开发“Trans On”云平台。（同济大学，2022）通过云端翻译中心，动员师生志愿者“响应式接单”，按照提出需求—匹配译员—进行服务—用户反馈的流程承接口译任务，使口译实践由在场延伸到在线。实践形式以远程对话口译为主，帮助解决外国友人在特殊防疫时期由于即时翻译服务缺失造成的困惑、误解和冲突，同时发挥跨文化交流、加强舆情管理、传达中国方案等特殊作用。Trans On相关负责人表示，未来平台将定期推出专项培训，提升数字化能力，解决线下翻译的传统障碍与限制。（中国网，2022）Trans On“语言大白”项目凭借在应急救助领域的创新举措和突出贡献，已成功入选《中国数字公益发展研究报告（2022）》（中国日报，2022）。我国机器口译实践体现出即时的、强大的、自发的信息处理、应急实践和综合服务能力。

上述几项代表性口译实践由不同属性的主体发起，涉及不同场域，基本体现了国家口译实践能力的整体现状。首先，个体口译实践能力保障了译语质量与接受效果，实现了维护机构乃至国家利益的宗旨。其次，机构口译实践能力保障了不同类型口译项目的高标准完成，显示了现代语言服务业融翻译和管理于一体的特征和实力。最后，机器口译进行的远程口译实践代表着特殊时期口译服务智能化以满足应急需求的能力。不同属性的国家口译实践主体，不仅能够通过互动和合作延展国家口译实践的网络，并且能够利用次级要素能力建设口译实践能力，其转译行为与国家战略、社会需求同频共振，同时提升了机构、个体和机器的口译实践能力和影响力。

国家口译实践能力是多个成分相互作用的社会实践，是横向行动主体和纵向能力要素的有机结合。国家通过建设国家口译实践能力的共同诉求，转译机构、个体和机器实践主体，赋予相关行动者能力发展的根本动力；机构口译实践能力、个体口译实践能力与机器口译实践能力彼此转译，并通过项目化、多元化和智能化方式征召动员各项子能力，形成整体性能力架构。国家口译实践中的能力主体和能力要素，受国家指引，按照各自的行动逻辑既各司其职，又协同作用，反映出口译实践能力与国家发展建设的共变关系，体现了各主体各要素从事国家口译实践并发挥作用的内在机制。我国国家口译实践能力满足了国家、市场、社会的常态化和动态化需求。各类实践主体能够灵活创新地运用口译实践的能力资源进行多层次多样化的国家口译实践。分析国家口译实践能力的构成要素，建构国家口译实践能力的认识框架，可为国家口译实践能力的发展提供基本遵循和有效路径。新形势下，国家口译实践愈发呈现出制度化、市场化、社会化、协作化、信息化的多样化特征，对实践能力水平提出了更高的要求。国家口译实践能力的建设将更好地指导未来的国家口译实践，提升国家翻译能力，满足国家战略需求。

第三节　国家翻译传播能力

新时代，世界正经历“百年未有之大变局”，全球政治格局、舆论环境和传播秩序都发生了较大变化，世界各国都普遍追求在国际竞争中获取更多表达自身立场或关切的资格和能力，（胡正荣，2022：119）也希望增强本民族文化自信，在对外传播的同时实现民族文化的自我传承、自我发展和提升。（高迟，2015：65）翻译作为始终能够在国际间或不同语言群体之间起到跨越语言和文化障碍的桥梁，也因此成为衡量一个国家传播能力的重要指标，在各国对内对外传播实践中受到了前所未有的重视。我们甚至可以认为，一国翻译话语或翻译产品的国际国内传播能力能够在较大程度上决定一国话语、一国故事的传播广度和接受程度。任文、李娟娟（2021）更是率先将翻译传播能力与翻译管理、翻译服务和翻译发展能力并置，指出翻译传播能力突出体现了国家翻译实践成果的效果、影响力与价值。

但长期以来，翻译与传播因为分属不同的学科体系内，因此一直处于相对割裂的状态，（顾忆青、吴赟，2021：117）滞后于当前翻译实践的传播导向发展趋势与旨归。鉴于此，我们聚焦任文、李娟娟（2021）提出的国家翻译能力子要素之“国家翻译传播能力”，在翻译学本体研究基础上，借鉴传播学等跨学科理论，尝试探讨此概念的学理基础，厘清其内涵外延，确立国家翻译传播能力要素框架，并在此基础上结合我国翻译传播实践现状，为我国翻译传播能力、国家治理能力提升和国际传播战略实施提供建议参考。

一、“翻译传播”及相关概念与要素界定

在社会科学研究中，概念的建构过程离不开对构成概念的基础语句和词汇的认真解读。（何得桂、赵倩林，2022：100）建构“国家翻译传播能力”，必须首先搞清楚何为“翻译传播”，由此对何为“翻译”以及何为“传播”这两个问题的回答就构成了“翻译传播”和“国家翻译传播能力”概念建构的必要前提和逻辑起点。我们将从“翻译”与“传播”的本质定义、属性及分类入手，通过层层推理与融合，最终推演出“翻译传播”的概念内涵与分类。

在翻译学中，翻译的定义随着翻译的主体、内容、对象载体和方式变化而被不断刷新，但是无论怎样变化，翻译的本质在于以符

号转换为手段，以意义再生为任务。（许钧，2006：75）对比下文“传播”的定义，我们就会发现，翻译活动的主要部分并不涉及翻译产品的接受与反馈。对于翻译的分类，为了和下文中的传播分类保持一致，我们按国别差异将翻译分为对外翻译（a）和对内翻译（b）两类。前者指由本国语言符号译入外国语言符号（c），后者包括由外国语言符号译入本国语言符号（d）（也称对内外语翻译）和本国语言（如官方语言与民语）之间的互译（也称国内语言互译）（e）。

在传播学中，传播被视为人与人之间、人与社会之间，通过有意义的符号进行信息传递、接受或反馈活动的总称。（董璐，2016：1）通常来说，传播活动是受传双方的双向互动，完整的传播活动包含信息源、传播者、受传者、媒介和反馈等要素，如果缺少反馈环节，则很难说明传播活动完成。（沈苏儒，2004：18）

我们也按照国别差异将传播活动分为对外传播（f）和对内传播（g）两大类。对外传播根据双方语言符号可进一步分为三个子类：1.受传双方语言符号一致，如我国的汉语报道、书籍、影视作品等传播到国外的华语区或开展汉语国际教育的机构等（h）；2.受传双方语言符号不一致，传播者直接使用受传者语言传播信息，如我国新闻机构直接撰写英文报道向英语国家传播（i）；3.受传双方语言符号不一致，传播方通过翻译向接受方传播（j）。对内传播同样可分为三个子类：1.受传双方语言符号不一致，如我国汉语和民语之间信息的互传（k）；2.受传双方语言符号一致，如我国新闻机构用汉语向本国大部分民众传播信息（l）；3.受传双方语言符号不一致，一国主动将外语信息翻译后在本国传播，如我国将外语译入汉语或民语进行传播（m）。

以上翻译与传播的不同细分组合，即可延伸出其他相关重要概念。如对外翻译、对内翻译中的第一类、对外传播中的三个子类以及对内传播中的第三类组合，可延伸为国际传播（c、d、h、i、j、m）；对内翻译、对外翻译、对外传播中的第三类和对内传播中的第一类、第三类，都需要依靠翻译开展，可合并延伸为翻译传播（c、d、e、j、k、m）；而对外翻译和对外传播中的第三类，可合并延伸为对外翻译传播（c、j），即通过翻译向国外传播本国讯息；对内翻译和对内传播中的第一类和第三类，可合并延伸为对内翻译传播（d、e、k、m），即通过翻译从外国向本国传播讯息或国内民族语言之间互传。为方便讨论，我们把一国语言符号与外国语言符号之间的传播称为外语传播；受传双方语言符号一致，称为同语传播；一国之内不同语言间的传播称为国内语言互传。

综上，翻译传播可理解为"传播发起者通过翻译（包括人或机器，或人机互动），将不同语言符号承载的信息进行符号转换和意义再生，并通过有效媒介得以在和源语不同的目标语言符号系统内传递、接受和反馈的实践"，其既包括对内翻译传播中的国内不同民族语言符号之间的互译传播以及他国语言符号在本国语言符号系统中的翻译传播，还包括了本国语言符号在他国语言符号系统中的对外翻译传播。该实践既是在传统对内、对外传播基础上加入不同语言符号转换和意义再生环节，也是传统对内、对外翻译实践在信息传递、接受和反馈界面的明确延展。换言之，只有当对内、对外翻译活动实现了源语语言符号信息在不同语言符号系统中的传递、接受和反馈，以及对内、对外传播活动借助翻译完成了传播活动的全流程，我们才能称之为"翻译传播"。

因此，"翻译传播"概念集合了"翻译"和"传播"的基本属性，这些属性也共同构成了翻译传播的独特属性，即和传统的对内、对外翻译实践相比，其鲜明特征在于关注受众对于翻译产品传递的信息的接受和反馈，突出翻译产品的接受度、传播效能和价值实现。与传统的对内、对外传播相比，其鲜明特征在于增加了国内外不同语言符号转换和意义再生环节，源语信息经过了两次转码。（尹飞舟等，2021：41）基于以上分析，“翻译”与“传播”及其相关下位概念如“对内翻译”、“对外翻译”、“对内传播”、“对外传播”和延伸概念如“翻译传播”、“对内翻译传播”、“对外翻译传播”等概念的关联如图1–5所示。

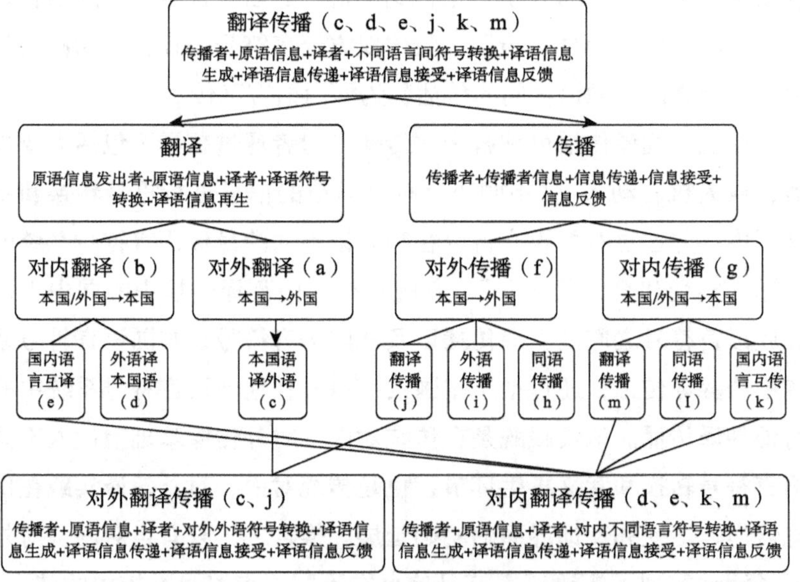

图1–5　“翻译传播”相关概念关联图

在明确了“翻译传播”的定义和属性后，我们还需进一步明确翻译传播过程涉及的要素和要素间的互动方式，以形成对“翻译传播”实践逻辑的清晰认知。在传播学中，哈罗德·拉斯韦尔（1948：35）提出了传播过程著名的“5W”模式，即“谁”（who）、“说什么”（say what）、“通过什么渠道”（through which channel）、“对谁说”（to whom）、“有什么效果”（with what effect）。尹飞舟等（2021：23）在此基础上提出了翻译传播过程的“6W”模式，即增加了译者（translated by whom）这一要素。但由于目标语受众的阅读方式、接受心理、文化习俗、思维习惯等通常与传播方存在差异，译者在翻译过程中需充分考虑受众接受，有时会对原文信息进行适当筛选、编辑和重组，因此经过译者符号转换和意义再生后的二次传播信息在内容和形式上都可能发生变化。因此我们认为，“翻译传播”过程还应当明确增加一个“W”指向经过翻译后二次转码形成的传播内容（express what），形成翻译传播的“7W”模式。

就“7W”要素的关系而言，我们赞同尹飞舟等（2021：42）的观点，认为翻译传播过程中的要素间并非存在着严格的线性和时序关系，不同要素间会存在彼此影响和循环互动。如在翻译传播过程中，译者的角色更加多元，他们不仅是国内外不同语言符号系统的转换者（translated by whom），甚至还可以与信息发布主体角色存在重叠（who），参与和影响对内、对外传播信息的建构或重构（says what）；翻译传播的渠道（from which channel）会对传播内容和翻译策略提出制约；再如，翻译传播获得的效果反馈（with what effect）也可作为反馈参考，反向影响信息发出者的信息选择（say what）、传播渠道（through which channel）和译者的翻译策略（to express what）等。我们将翻译传播过程的“7W”模式绘制如图1–6所示。

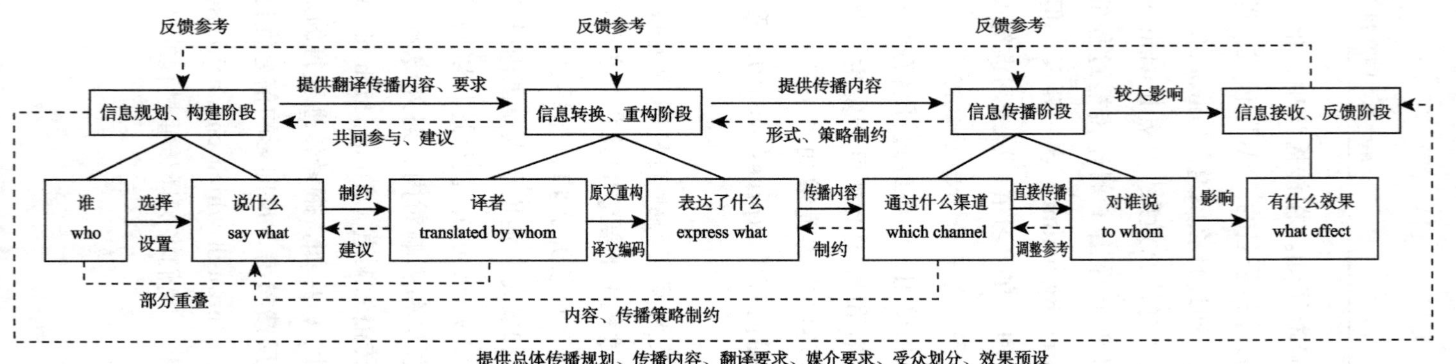

图1-6 “翻译传播7W”要素与模式图

二、“国家翻译传播能力”概念建构

（一）“国家翻译传播能力”内涵

因此，在界定“国家翻译传播能力”内涵时，我们需要综合考虑其和“翻译传播”的异同，主要实践目标、主体特征、本质要素，同时尽可能与其所属的“国家翻译能力”内涵保持相对一致。

就概念差异和实践目标而言，“国家翻译传播”与前文所述的“翻译传播”相比增加并突出了“国家”二字，但同样包括本国与他国语言符号的翻译传播以及一国范围内不同民族语言符号的翻译传播，因此该实践的服务对象为国家，实践目的主要在于增强国家通过翻译提升国家治理和国际话语影响力，维护国家立场、利益的能力。因此该实践需要符合一国法律规范和国际关系准则。

就“国家翻译传播”实际行为主体而言，我们认为虽然国家政府授权的机构，如中国外文局、外交部、中国民族语文翻译局以及各级民族语文翻译机构在对内、对外翻译传播和国内语言互译间发挥了重要的作用，但也需要认识翻译场域中出现了更多的民间翻译机构以及非传统的翻译出版网络，（吴赟、蒋梦莹，2018：21）比如网民自发进行的中国网文对外翻译或国内各民族译者根据自身兴趣开展的文学作品翻译。这些也已经得到了海内外不同民族受众更广泛的接受和认可。因此为推动形成全方位、多层次、多角度的国家翻译传播新格局，我们仍然沿用任文、李娟娟（2021：9）对于国家翻译能力主体范围的界定，认为国家赋权的机构或个人是国家对内、对外翻译传播的重要力量，但一国之内的其他机构或个人只要借助翻译向国内外使用不同语言符号的受众传递有益于提升一国国家治理、国家对外话语影响力，服务国家立场、利益的信息并获得积极传播效能，都可被视为国家翻译传播实践的主体。

就本质要素而言，国家翻译传播实践与一般翻译传播实践的要素相似，参照前文提出的“翻译传播7W”模式，翻译传播实践也主要包括翻译传播主体选择、构建传播信息、选择翻译方式和译者、转换不同语符并进行意义再生、选用传播媒介、得到受传方接受和反馈等本质要素。

综上，我们将国家翻译传播能力定义为：一国在政府监管和国际关系约束下，经由翻译将有益于国家治理、对外话语影响和国家立场、利益的信息转化为用国内外不同语言符号表征的信息，通过有效媒介在国内外受众中传递、接受并进一步获得反馈的能力。

（二）“国家翻译传播能力”外延和要素框架

在界定“国家翻译传播能力”外延和要素框架时，需要充分考量其行为主体“国家”的职能运行手段与前文提到的概念内涵特性，同时参考其上位概念“国家翻译能力”的外延要素（任文、李娟娟，2021；任文、赵田园，2023a）。

就其行为主体“国家”职能运行而言，一国政府主要通过决策、组织、协调、控制四个环节完成管理职能。（韩莹莹、胡晓东，2013：19—20）具体到翻译传播领域，国家也需要对翻译传播活动进行决策规划、组织协调和控制，称之为翻译传播管理能力。

就翻译传播实践基本要素而言，上文将其概括为“7W”模式（如图1-6所示）。基于内涵相近合并的构念，“谁”和“译者”都是翻译传播信息的共同发出者，两者在角色和传播功能方面存在不同程度的重叠，有时甚至可能是同一个（组）人，因此我们将其统称为“翻译传播主体”。在翻译传播主体中，前者负责“说了什么”，即传播原信息发出，后者负责“表达了什么”，即将原信息转换后再表达并通过传播媒介直接传播，因此待传原信息是否能顺利传递到不同民族和国家的受众，并获得接受乃至反馈，在很大程度上取决于传播主体的信息选择/构建和符号转换能力，我们将以上四个要素合称为翻译传播主体实践能力。“通过什么渠道”主要指翻译传播媒介，将其称为翻译传播媒介能力。此外，考虑到传播的目的主要是取得效能，增强一国对内、对外话语的影响力，主要通过“对谁表达”中的“谁”，即受众反馈体现，因此“对谁表达”和“取得了什么效能”关系密切，将其称为对外翻译传播影响能力。

同时，鉴于在国家翻译能力概念框架中，国家翻译发展能力虽然不能直接产出翻译产品，却能够持续为国家翻译能力提升提供重要保障和支持。（任文、李娟娟，2021；任文、赵田园，2023a）在国家翻译传播能力框架中亦应凸显翻译传播教育和相关研究工作对于国家翻译传播的重要支持作用，将发展能力作为国家翻译传播能力的一级指标，并与国家翻译能力要素框架保持一致，同样包含教育能力和研究能力两个二级指标。

我们结合传播学、教育学和翻译学既有研究，将五个子能力按照其内在逻辑和学理基础，分解为可以反映子能力特性的具体手段。如参考传播学中对于媒介的分类、新时代促进媒体融合的理念以及扩大媒介机构分布的建设思路，将“国家翻译传播媒介能力”拆解为“媒介多样性”、“媒介融合能力”、“媒介分布范围”；参考传播学中的通用的“传播效果”评价指标和图书翻译出版效果的“5R”评价模型（尹飞舟、谢清风，2019：89），将翻译传播影响能力分解为“传播范围”、“传播数量”和“传播接受度”；再如参照穆雷等（2023）[①]从投入、过程、产出三个维度构建国家翻译教育能力思路，将“翻译传播教育能力”从投入、过程和产出三个维度拆解等。最终形成了表1-1中的国家翻译能力要素框架。

表1-1　国家翻译传播能力构成要素及指标

一级指标	二级指标	三级指标
国家翻译传播管理能力	决策规划能力	政策机制
		项目、资源规划
	组织协调能力	协调机构
		资源调配
	监督指导能力	法律规范
		标准化建设
国家翻译传播主体实践能力	信息构建能力	分众信息选择
		重要议题设置
	符号解编能力	原文符号解码
		目标语符号编码
国家翻译传播媒介能力	媒介多样性	传统媒介
		网络新媒体
		线下活动推介
	媒介融合能力	线上媒介融合
		线下推介融合
	媒介分布范围	海外分支机构
		国内民族地区分支机构

① 见本书第二章第四节“国家翻译教育能力”。

续表

一级指标	二级指标	三级指标
国家翻译传播影响能力	传播范围	国家和民族数量
		受众数量
	传播数量	译入 / 译出产品数量
		民族语言互译产品数量
		翻译产品市场销量
		图书馆藏量 / 借阅量
		观看 / 下载 / 转载次数
		翻译产品衍生产品数量
		翻译产品衍生产品销量
	传播接受度	媒体舆情
		读者 / 观众评论
		进入课堂或学术讲座
		获得主流奖项
国家翻译传播发展能力	教育能力	师资力量
		院校课程教学
		实习基地
		继续教育
		从事翻译传播毕业生数量
	研究能力	研究队伍
		过程和效果研究
		资源创建

三、中国国家翻译传播能力现状及未来发展

（一）翻译传播管理能力

当前，就翻译传播管理而言，我国已累积了一定的成果。在决

策规划方面，规划了一系列精品项目和工程，如国家机构面向外国受众规划的“熊猫丛书”、“丝路书香工程”、“中国文化著作翻译出版工程”、“国家社会科学基金中华学术外译项目”等，省市层面规划的“翻译河南”工程、“岭南文化精品外译工程”等以及针对国内语言互译和民族文学外译的“中国少数民族文学发展工程”之“翻译出版扶持民译汉专项”、“中国当代少数民族文学作品对外翻译工程”。同时，制定了人才激励等机制，如“翻译文化终身成就奖”等。在组织协调方面，中国外文局、中央编译局等翻译传播部门负责统筹协调对内、对外翻译传播工作，发起建立对内、对外翻译资源库和翻译平台，如“当代中国特色话语外译传播平台”；中国民族语文翻译中心和中国译协民族翻译委员会整合各民族语文翻译专家力量，统协建设各类民族语文翻译信息化系统和资源库。在监督控制方面，中国外文局、国家民委、中国民族语文翻译中心等翻译传播管理部门已经出台了各类翻译传播指导规范、准则、参考词库和标准，如《翻译服务国家标准》、《少数民族人名汉字音译转写规范基本原则》、“民族语术语标准化工作的一般原则与方法”等。同时，国家外文局和新疆维吾尔自治区人民政府还推动举办了全国翻译专业资格（水平）考试、自治区民族语文翻译上岗资格考试等，规范对内、对外翻译和民族语言翻译人员职业准入。

以上成果表明，尽管我国翻译传播管理能力在近年来已经取得了长足的发展，但也能反映出三方面主要问题：（1）在规划层面主要聚焦文学典籍和社科类作品的翻译传播，自然科学类作品、各省市地方文化的翻译传播和针对民族语言互译的规划力度仍然不足，民族语言翻译中以藏族、满族、蒙古族为主要译入译出语言。（罗宗宇、言孟也，2020：104）（2）在组织协调层面，缺乏相对高效的针对翻译传播制定的细化管理政策、翻译产品把关制度、多部门协调联动机制、人力物力资源把控和调配机制等。（3）在翻译传播监管控制方面，民族语文翻译资格证书考试尚未得到持续推广，民族语文翻译产品在选材环节未经授权直接选用原文为外语的作品或外译为国内通用语言的作品等。

鉴于此，未来国家翻译传播管理工作可主要从三个方面推进：（1）根据翻译传播实际需要，在充分调研基础上，以国别、民族语言、知识类别、主题、地域等为轴线，增强翻译传播规划的系统性和全面性。（2）加强国家和省市各级翻译传播负责机构的协调和联动能力，牵头建立健全常态化翻译传播研讨和产品发布机制，话语创建方和翻译及传播方的多方交流机制，（黄友义等，2014：6）人力、物力资源把控和调配机制等。（3）加强翻译传播监督指导工作，及时发布与其相关的国家、行业和团体标准、规范、资源库等，建立管理平台，完善国家重大翻译传播项目审定机制，继续研究论证民族语文翻译从业资格认证和等级考试等制度，（穆雷，2015：139）加强翻译选材和出版过程中的法律法规引领。

（二）翻译传播主体实践能力

新时代，在精准传播、分众传播等传播学理论影响下，我国翻译传播主体的分众信息选择能力、议题设置能力以及不同语言符号间解码编码能力在逐步提升，表现在改革开放40年来，我国翻译传播的选材从政府“施加型”逐步向市场“需求型”转变，（吴赟、蒋梦莹，2018：21）传播主体在选择翻译原文本时有意识关注受众读者的期待需求，并且在道路自信、理论自信文化自信和制度自信的引领下，积极认真打磨当代中国新概念的外文表述，通过翻译在国内外引领相关议题的设置和讨论。再如我国通过民族语言翻译，先后把《资本论》、《政府工作报告》、《邓小平文选》、《〈中华人民共和国国家通用语言文字法〉释义及实用指南》、《中华人民共和国刑法》等民族文版资料，送到民族地区和需要的民族群众手里，也根据民族地区政府和民族群众需求，加大马克思主义理论经典著作、国家法律法规、国家重大会议决策文件的翻译传播力度，促进翻译成果向民族地区传播。此外，近年来随着我国翻译专业教育和机器翻译发展水平快速提升，中外语言互译和国内民汉语言互译的实效得到了一定提升。

但与此同时，翻译传播主体的实践水平和结构尚存在不足，待继续提升。主体实践水平不足主要表现在翻译传播中，一些本身不具备较强可译性的话语符号或不太符合受众期待视域的话语符号仍然被译入外语或民语，还有一些原作的符号对于外语或民语受众可能具有较强吸引力，但是因为在不同语言符号转换过程中不能灵活变通，导致翻译传播的话语立场、话语内容和话语表达困境。主体结构不足主要表现在目前大部分翻译传播的信息发出者并不十分了解译介传播规律，译者结构中高水平译员、青年译员、民族语言翻译、定稿人数量较为缺乏，且中外和民汉译者的合作往往不够紧密。

基于此，翻译传播主体还需要继续重视翻译传播信息构建，提升外语符号转换过程的质量和有效性，着力推进五方面工作：（1）应意识到翻译传播是一项系统和专业工程，允许包括译者在内的传播主体担当对外翻译传播的信息内容共建者和“把关人”，在重大问题上加强议程设置。（2）要优化人才结构，通过选拔青年翻译人才，非英语种翻译人才、民族地区翻译人才以及吸纳国际汉学家和热衷于汉外翻译的海外侨胞，建立年龄结构合理、国内国际互补、汉族和少数民族地区互补的翻译传播人才梯队。（3）在选材环节，不再执着于自我生产、自我消费模式，而是以受众读者的阅读习惯和审美需求为重要出发点，（吴赟、蒋梦莹，2018：21）在输出严肃或高雅文化来构建和维护本国或本民族形象的同时，也要拓宽思路，选择优秀的通俗文化、普通故事，并借助图像等多模态方式进行柔性译介。（4）在符号转换即翻译环节，要明确翻译传播的本质属性，其不是简单的语言转换，需要在保持立场、忠实表达原文核心要义基础上具有国际和民族视野，对译文进行必要、适度的灵活变通。（5）翻译传播工作者应着力培养技术素养和媒介素养，合理使用翻译与传播技术，同步提升翻译传播质量与效率。

（三）翻译传播媒介能力和影响能力

鉴于翻译传播使用的媒介和翻译传播产品的影响力直接相关，且在翻译传播流程中链接最紧密，我们在此处将翻译传播媒介能力和影响能力合并讨论。近年来，新媒体迅速发展，深刻地改变了我国国际传播和翻译传播格局，为翻译传播提供了新思路。我国翻译传播机构在不断丰富翻译作品的线上、线下传播渠道，拓宽传播媒介的分布范围。在提升翻译传播媒介能力的同时，翻译作品的传播影响力，如借阅量、馆藏量、点击量、媒体评论态度等情况也更加乐观。《习近平谈治国理政》多语种版的翻译出版就是很好的案例，一些海外知名人士为该书撰写书评，并在当地主流媒体、重点版面及新媒体平台刊登。我国翻译传播机构积极“借嘴说话、借筒传声”，推动了《习近平谈治国理政》多语种版获得了国际社会的广泛认可，成为了世界各国了解中国的“金钥匙”[①]。在对内传播方面，中国民族语文翻译局和民族出版社，组建国内民族语言文字一流专家团队，完成了《习近平谈治国理政》民族文版翻译出版工作，向国内民族地区出版发行。此外，我国翻译传播机构也已积极在海外设置分支机构，努力提升翻译传播的本土化和在地化水平。如中国外文局在海外设置了常青图书（美国）有限公司、北京周报社北美分社（纽约）、法国百年出版社（巴黎）、长城书店（布鲁塞尔）等。值得一提的还有近年来中国影视作品的翻译传播也取得了较大发展，拓宽了翻译传播的产品类型和媒介形态。

除开以上发展成果，当前我国翻译传播媒介和影响能力提升过程中也面临一些挑战，主要有两点。其一是一些翻译出版工程的实施仍以图书、报刊等线下的纸质印刷品为传播媒介，以我国本土出版社、西方学术出版社和国外书展为主要传播渠道，没有及时打通广播、影视、网络平台等多种媒介和线上渠道，形成立体化传播矩阵。以对外传播中国文化的经典工程《大中华文库》外译本发行为例，尽管该套译本代表了我国最高的翻译出版水平，对弘扬我国传统文化，服务我国中译外教学和人才培养具有重要价值，（许多、许钧，2015）但是因为其仅以图书形式在国内出版社这一单一渠道发行，无法真正走进他国传播系统，走近他国民众。其二是我国民族地区的民族语文翻译传播机构分支目前仍然数量较少，我们在搜索对外翻译传播机构时发现其海外设置的分支机构较多，但是尚未搜索到民族类出版社在民族地区的正式分支机构，不利于国内语言互译产品在民族地区的出版发行与影响力提升。

① https://news.cnr.cn/native/gd/sz/20221129/t20221129_526079548.shtml.

为此，我国在进行对外翻译传播过程中可以从四个方面创新思路。其一，在融媒体理念指导下，充分利用和结合不同类型媒体的媒介优势，尤其是短视频等新媒体的渗透力和影响力，将传统印刷和电子媒介的翻译传播产品打造成国外或民族地区民众喜闻乐见的短视频等形式，推动我国翻译产品在国外和民族地区传播。其二，将人际传播、组织传播和大众传播方式相结合，综合利用每种传播方式的优点，继续扩大翻译传播产品的受众范围。其三，对于传播效能佳的翻译产品，及时开发周边产品，形成组合效应，（任文，2021）也便于传播受众更好地理解、接受和保存产品。其四，在海外或民族聚居地区设置工作室，雇佣对象国或民族群众参与翻译产品传播工作，提高翻译产品在对象国或民族地区的本地化水平；此外，对于优秀的翻译作品，还可积极申报对象国或民族地区文化或出版类奖项，与对象国或民族地区教育主管部门及高校合作，推进其进入课堂和主流学术语境，切实提升传播效果。

（四）翻译传播发展能力

国家翻译传播发展能力涉及的翻译传播教学和翻译传播研究两个子能力都具有鲜明的跨学科属性，涉及翻译学、符号学、传播学甚至语言大数据分析等学科领域，属于新兴教学和研究领域。目前，我国在翻译传播教学和研究领域的部分子能力要素已经展开探索，并取得了一定成果。

如在院校课程教学方面，北京外国语大学高级翻译学院和国际新闻与传播学院合作，于2020年开始联合培养“翻译与国际传播”方向硕士生；湖南师范大学在本硕博层面开设“翻译传播学”课程。在实习基地建设方面，北京外国语大学高级翻译学院、北京大学外国语学院等分别与中国外文局、中国网、中央编译局、中国图片社等对外传播机构开展合作，共同培养翻译传播人才。在继续教育方面，我国针对对外翻译传播和民族语文翻译举办了各类学术研讨会和研修班，如“加强国际传播能力建设”图书翻译出版高级研修班、全国民族语文翻译学术研讨会、全国民族语言文字翻译能力提升高级研修班等。在研究队伍方面，国内部分对外传播机构和高校，如中国外文局、广东外语外贸大学、华中师范大学、浙江越秀外国语学院都已建立了翻译与国际传播研究或对外翻译传播相关研究中心，新疆大学、中南民族大学等高校成立了民族语文翻译研究中心，总体来说研究队伍相对稳定。在研究主题方面，中国知网“翻译传播”检索数据表明，目前“翻译传播”研究主题主要聚焦对外翻译传播策略与方法、翻译传播中的文化因素处理、文学翻译传播研究和翻译传播效果研究。民族语文翻译研究主要聚焦民族语言服务、翻译制度、翻译伦理、机器翻译、文学翻译、习语翻译等。此外，在资源创建方面，在国家翻译传播管理统一规划引领下，我国已经研发出了各类可助力翻译传播的软件和资源库。如中国民族语文翻译局2006年启动民族语文信息化研究工作，与科大讯飞、腾讯等企业开展合作，迄今已研发出50余款民族语文翻译软件①，包括藏汉、维汉、蒙汉、朝鲜文、彝汉、壮汉、哈汉翻译通，腾讯民汉翻译小程序等，促进了民汉翻译传播的顺利开展。此外，中国特色话语对外翻译标准化术语库、术语在线平台、中华思想文化术语库、冬奥术语库等资源建设都为对外翻译传播提供了良好的基础资源。

① http://www.cssn.cn/yyx/yc/201912/t20191229_5066403.shtml.

在总结以上发展同时，我们也需认识到，囿于对译介规律认识不足、传播理念欠缺、相关学科壁垒的存在以及技术和数据获取等问题的掣肘，我国的翻译传播教学和研究依然存在挑战，主要表现在三方面：其一是翻译理念和指导思想与新时代传播导向的翻译需求契合度不够，教学中，翻译传播过程中涉及的符际翻译、多元翻译标准、译者能力培养、合作翻译模式与前沿技术工具融合教学等都没有得到及时关注，和国际传播更相关的中译外翻译教学比重不足，（任文，2018）民族语文翻译的教学学科体系建设也相对滞后，民族语言教育滞后。（穆雷，2015：138）其二是翻译传播师资较为匮乏，大部分院校缺乏同时掌握翻译学、传播学理论知识且翻译传播实践经验丰富的双师型教师以支撑专业课堂教学。其三是翻译传播教学尚处于探索阶段，如何推动翻译与传播教学深度融合，高效提升学生翻译传播技能，缺乏成熟实践经验总结和推广。

翻译传播研究挑战主要表现在五方面：其一是既有的翻译传播研究主要由翻译学专家学者开展，成果多以翻译学为研究视角，微观层面方法策略研究的同质性特征明显。其二是民族语文翻译机构萎缩，人才流失严重，从事民族语言翻译研究和能够承担起研究任务的人不多，民族语言翻译理论研究成果跨学科性和多样性不足，民族语言翻译研究与普通翻译研究融合不够。（穆雷，2015：138）其三是部分既有研究通过单一的个案文本分析、主观经验总结和定性阐述等获得结论，部分研究仅基于简单的量化数据，如各国各高校图书馆馆藏数据、亚马逊销量、出版社销量等得出结论。其四是翻译传播效果研究主要聚焦翻译产品在英语国家或传统意义上的西方大国的接受情况，鲜少涉及其他国家或民族地区的接受效果研究。其五是基于翻译传播各环节，尤其是民族语言翻译研究、积累和大数据抓取创建的资源库、语料库等数量仍然缺乏。

鉴于此，未来翻译传播发展能力提升需要主要完成以下工作：

在教学方面，其一，要及时调整翻译教学理念，在充分认识翻译传播重要性和复杂性的基础上，加大译出教学比重和训练量，增设叙事学、国际传播、创意写作等课程。（任文，2018：97）其二，要通过行业实践、在职教育等形式，提升翻译专业教师的传播知识水平、传播素养和实践能力，为人才培养提供专业的师资支撑。其三，要打破学科壁垒，加强翻译与国际传播跨学科和交叉学科人才培养，形成国际传播导向下的翻译人才培养观，推动翻译与传播课程有机融合。（任文、蒋莉华，2022：6）

在翻译传播研究方面，首先，要拓宽研究视野，在既有异语符号转换规律和策略研究基础上，加强对外翻译传播协调机制、原语符号设置、新时代译者能力、前沿翻译技术、高端翻译传播人才培养模式、传播媒介影响、读者接受度、民族语言翻译理论、民族语言翻译与汉外翻译差异对比等主题研究，尤其要加强翻译传播模式及翻译产品在亚非地区、阿拉伯世界、“一带一路”国家和我国民族地区的传播效果研究。其次，要扩大研究队伍和团队，设立相关研究机构，广泛吸纳国内外和不同民族相关学科研究者（传播学、符号学、新闻学、翻译技术、人工智能等）和翻译传播活动参与方（出版社、编译局、语言服务公司等），从不同视角开展翻译传播合作研究，尤其要加强民族语言翻译传播研究队伍建设。再者，要推进翻译传播相关研究纵深发展，在主观经验和单一数据源分析基础上，综合运用多种研究方法以及多种数据源的大数据提取开展深入的互证研究，提升研究信度和效度。此外，还要积极创建可用资源，如研编翻译传播指导标准与规范、编写精品教材、建设翻译传播人才库、多语种多模态教学案例库、翻译产品传播数据库、多领域翻译产品平行语料库等，尤其是民族语言翻译人才库和语料库，有效满足翻译传播资源调配、实践和教学需求。同时，还要促进翻译技术创新，提升汉外以及民汉语言的机器翻译的质量、效率，满足我国对内对外翻译传播需求。

本节首次集中探讨了国家翻译能力概念下的“国家翻译传播能力”概念，厘清了“翻译”、“传播”、“对外翻译”、“对外传播”、“国际传播”等相关概念，明确了“翻译传播”概念的内涵，提出了“翻译传播”实践的“7W”模式，在此基础上界定了国家翻译传播能力的内涵与外延。并以中国为案例，从“国家翻译传播管理能力”、“国家翻译传播主体实践能力”、“国家翻译传播媒介和影响能力”、“国家翻译传播发展能力”四个维度，简要总结了国家翻译传播能力各方面发展成就，反思了当前中国国家翻译传播能力各维度的发展阙如，提出了中国国家翻译传播能力未来提升进路。本节研究意在从理论层面帮助进一步打通翻译学与传播学壁垒，从实践层面帮助增强国家通过翻译提升国家治理和国际话语影响力，推动各民族共同繁荣发展和维护国家立场利益的能力，为我国民族关系巩固、国际传播战略推进和中华民族伟大复兴提供翻译学科研究支撑。

第四节　国家翻译管理能力

近年来，对国家层面的翻译实践、翻译政策、翻译规划及翻译能力的研究渐次出现，这些研究从多元视角探索和拓展了翻译活动的“国家维度”。2011年，我国的翻译市场发生了从以外译中为主向以中译外为主的“里程碑式的变化”（黄友义，2015：5）。2021年5月，北京外国语大学国家翻译能力研究中心成立，并举办了首届“国家翻译能力：理论建构与实践探索”学术研讨会。以此为标志，“‘国家翻译能力’作为一个学科概念、一个研究领域、一种文化现象和一种国家行为能力”（任文、李娟娟，2021：5）正式进入翻译学研究者的视野。与此同时，作为国家翻译能力的一项重要子能力——“国家翻译管理能力”的概念也应运而生。

本节尝试对国家翻译管理能力的概念、要素、意义进行初步探讨，希望引发更多学者对相关问题的关注和讨论。

一、文献综述及相关概念辨析

（一）“国家翻译管理能力”概念的提出

任文、李娟娟（2021：9）首次在“国家翻译能力”的框架下提出了“国家翻译管理能力”的概念。由于国家翻译管理能力是作为国家翻译能力的构成子能力提出的，因此对这一概念的分析，应置于国家翻译能力的概念之下。任文、李娟娟（2021：9）提出，国家翻译能力从属于“国家语言能力”，是指“一个国家制定实施翻译相关规划和政策法规、掌控翻译相关资源、开展翻译实践、提供翻译服务、处理翻译问题、发布翻译产品、提升传播效果，并通过翻译教育与翻译研究、语种人才储备、技术产品研发等手段进一步发展翻译及相关事业等方面能力的总和”。任文在本书绪论中对“国家翻译能力”进行了重新定义，即：“国家翻译能力是指一国依靠行业、机构和个人等多元主体，通过翻译实践与传播，以及翻译管理与发展等活动，推动国内外不同语言间开展对话交流与知识互鉴，服务一国软硬实力建设的能力。”新定义是在“国家翻译能力”相关研究纵深展开的基础上凝练和提出的。较之此前定义，新定义更清晰地体现了“国家翻译能力”所包含的核心要素和目标指向。

任文、李娟娟（2021：9）提出，国家翻译能力是由国家翻译管理能力、国家翻译实践能力、国家翻译传播能力和国家翻译发展能力等四项子能力构成的。其中国家翻译管理能力对其他三种子能力发挥“引领”作用。她们进而对国家翻译管理能力的构成要素进行了细分，并提炼出“翻译立法规划力”、“翻译考评认证力”和“翻译资源掌控力”等三项子能力。与此同时，她们也对这一概念进行了具体说明，指出：国家翻译管理能力“为翻译事业提供宏观软环境，通过顶层设计、规范制定、资源配置、行业管理等途径为合法合规的翻译活动提供基础和保障，并为人才培养、发展规模等提供规划设计，具体可从翻译立法规划（相关法律、政策、规划、标准等）的制定和执行、翻译考评体系的建立及实施、相关资源掌控等方面的能力来衡量”。

任文、赵田园（2023a）对国家翻译能力指数指标体系进行了调整和完善，将国家翻译管理能力划分为：“翻译规划立法能力”、“翻译职业/行业管理（含应急翻译管理）能力”，以及“翻译资源掌控能力”。

通过对比可以看出，任文、赵田园（2023a）保留了任文、李娟娟（2021）提出的国家翻译管理能力子能力中的第一、三项，但对第二项进行了修改。这一修改是基于对国家翻译管理能力研究的深化而做出的。“翻译职业/行业管理能力”是“翻译考评认证力”的上位项，其涵盖范围更加广泛，也更能体现国家翻译管理能力的特点。

值得注意的是，中国外文局局长杜占元在2022年4月召开的第八届中国翻译协会理事会上以“推动国家翻译能力建设，服务党和国家工作大局”为题发表了主旨演讲。他提出：“国家翻译能力涵盖了翻译人才队伍建设、对外话语体系构建、重点语种建设布局、翻译技术研发和应用、重大翻译项目组织协调、翻译行业管理与服务等各领域，涵盖了政府、市场和行业等各方面，是国家语言能力的重要体现，是文化软实力和国际传播能力的重要组成，是发挥大国作用、提升国际话语权的重要保障”（杜占元，2022：6）。

中国外文局是我国的国家翻译机构，是国家翻译能力的重要载体。它虽然没有被直接赋予国家翻译管理部门的职权，但其既管辖中国翻译协会这样的重要行业组织，也负责全国翻译资格水平考试（CATTI）这样的权威性翻译水平认证体系，同时还承担着国家党政文献翻译的重大任务，可以说在一定程度上发挥了准国家翻译管理机构的作用。因此，杜占元对国家翻译能力内涵的解读可视为国家行政主管部门对我国国家翻译管理能力概念的界定。

（二）“国家翻译管理能力”子能力的相关研究

虽然国家翻译管理能力是作为一个全新概念提出的，但其所包含的子能力相关的研究却已经有一定的基础。这些研究主要集中在国家层面的翻译规划、翻译政策和应急翻译服务等方面。

1.国家翻译规划研究

董晓波、胡波（2018：87—88）借鉴语言规划研究，提出了翻译规划研究的命题，并初步阐述了翻译规划应包含的话语规划、地位规划、教育规划和传播规划等4个维度。吴赟（2019：75）则明确提出“国家翻译规划”的概念，并将其界定为“国家运用国家实力在翻译领域进行的较长时期、全局性的规划”。她认为，“国家翻译规划是以提升国家形象为目标，以国家利益和国际环境判断、国家翻译资源与手段运用、翻译模式决策与实施、翻译效果评估与策略调整为基本内容”。高玉霞、任东升（2022b：31）则对国家翻译规划的概念内涵再次进行了解读，他们指出，这一概念“主要是主权国家及政府运用政治权力对翻译及其相关活动所做的前瞻性干预、管理与计划，具有明显的宏观性，旨在通过自上而下的规划行为，对翻译活动的实施加以管理和调节。……翻译规划形式主要有政策法规和标准规范两类”。

从上述研究中可以看出，国家翻译规划是在国家层面针对翻译活动制定的规划，其内容涵盖翻译活动的多个方面，是国家语言战略，乃至经济社会发展战略的重要组成部分。因此，一个主权国家或其政府为本国的翻译活动制定规划的能力属于国家翻译管理能力。

2.国家翻译政策研究

翻译政策也是近几年受到较多关注的研究主题。滕梅是国内较早对翻译政策做出明确界定并开展深入研究的学者。她将翻译政策定义为“某一国家的政府或政府机构所制定的与翻译有关的各种规定性要求”（滕梅，2008：9）。滕梅主要是从国家维度对翻译政策进行的界定，因此她所说的翻译政策可以更加确切地称之为“国家翻译政策”。滕梅、吴菲菲（2014）对翻译政策在中央编译局翻译活动中组织管理、翻译选材、翻译过程、译者选拔与培训等方面发挥的影响和规约作用的研究，蒋剑峰（2022）对中国外文局在1949至2000年之间的图书翻译政策及其历时变化的研究，都是在国家翻译机构层面展开的。

与此同时，也有一些学者拓展了翻译政策的制定主体，如黄立波、朱志瑜（2012），罗列、杨文瑁（2015）都将民间（非政府）机构视为翻译政策的制定主体，而李健、杭宏（2021）则将企业和国际组织也纳入了制定翻译政策的主体范畴。

从上述相关研究来看，我们认为，如果翻译政策是由政府部门或其相关机构针对翻译活动制定或发布的，则属于国家翻译管理能力的范畴。

3.应急翻译服务研究

目前对应急翻译服务的研究主要是在应急语言服务研究框架下进行的。滕延江（2018、2020），王立非等（2020），李宇明、饶高琦（2020）等对国内外的应急语言服务，包括应急翻译服务进行了相关介绍或研究，如李宇明、饶高琦（2020：4）注意到，我国在语言应急服务方面还缺乏预案和法律保证；而现有的突发事件应对、语言文字和公共卫生等领域的有关法律和条例中也都缺乏语言应急内容。上述研究者均呼吁我国尽快建设语言应急服务，其中自然也包括应急翻译服务。

可以说，虽然语言应急服务不仅限于应急翻译服务，但不可否认的是，翻译服务是应急语言服务的核心内容。例如，在抗疫、救灾等行动过程中，医疗队或救援队与帮助对象之间的对话往往需要通过翻译活动来实现。因此，在国家层面规划和发展应急翻译服务能力是国家翻译管理能力的题中应有之义。

二、国家翻译管理能力概念界定及要素构成

在以上对国家翻译管理能力的概念及其子能力的相关研究进行

梳理的基础上，我们尝试提出国家翻译管理能力概念的定义：

国家翻译管理能力是国家翻译能力的子能力之一，是指一个国家制定、实施翻译相关政策、规划、法规和标准、开展翻译职业/行业管理、掌握控制翻译资源等方面能力的总和，包括翻译规划立法能力、翻译职业/行业管理能力和翻译资源掌控能力等三个子能力。

下面我们将对构成国家翻译管理能力的各要素及其相互关系进行阐释说明。

图 1-7　国家翻译管理能力构成要素

翻译规划立法能力是国家翻译管理能力的首要特征，国家通过立法、规划、政策和标准制定充分行使对翻译活动的管理职能，使翻译活动在法制化、规范化和标准化的轨道上有序开展。该能力是其他几项要素的实现基础。

翻译职业/行业管理能力是国家翻译管理能力的具体实现。国家既可以通过政策法规和标准等“硬性”手段对翻译职业/行业进行管理，也可以采取“软性”手段，如加大对翻译职业/行业的重视程度或投入、设立口笔译资格和等级考评机制等，引导职业/行业发展方向。值得强调的是，翻译职业/行业管理能力也包含应急翻译服务管理能力。当今世界面临百年未有之大变局，自然灾害和人为灾难均处于上升趋势。2020年出现的新冠疫情、世界各地此起彼伏的军事冲突，使得公共紧急事件出现的频率升高，而在应对这些事件时，不少国家都面临着应急翻译服务能力不足的问题。因此，各国都应重视应急翻译服务管理能力的建设。

翻译资源掌控能力是国家翻译管理能力的必备要素，主要指国家对翻译语种、人才、技术、资金等资源的掌控、协调、调度能力，其具体体现包括组织和协调重大翻译项目的能力和通过翻译塑造国家形象的能力。翻译在历史上曾对各国间的文化交流和各国的社会发展起到过重要促进作用。例如，中国汉唐时期佛经译场和西方《圣经》翻译活动，都在很大程度上体现了国家在重大翻译活动中发挥的组织和协调作用。发起和实施重大翻译项目体现了国家层面主动寻求对外交流交往的愿望，成功地实施这些项目是国家翻译管理能力的重要体现。而在翻译与国家形象塑造的关系方面，国内外的研究已表明，国家翻译行为与国家形象塑造之间有密切的关系。国家可以通过对翻译活动的规划和管理，塑造积极的国际形象，创造有利的国际舆论环境。例如，近年来我国政府提出的“讲好中国故事”、“构建融通中外的话语体系”等战略都离不开国家对翻译活动的宏观管理和协调。

三、国家翻译管理能力现状案例分析

我们以中国国家翻译管理能力为案例，对国家翻译管理能力的现状和问题进行分析。

（一）翻译规划立法能力

2020和2021年度国家翻译能力指数研究表明，中国的国家翻译管理能力在2020和2021年均排名世界前列，名列第五。[①]与已有几部与翻译行业相关立法的美国相比，中国目前仍缺乏翻译专项立法，立法程序的规范性和主管部门归属等问题仍是翻译立法过程中的重点与难点。已有一些研究者指出翻译立法的重要性和紧迫性，如黄友义（2011a：30）提出："只有在翻译行业建立相关法律法规，才能从根本上规范翻译市场，提高翻译质量，保证翻译行业的健康可持续发展，从而提高我国对外交流的整体水平，维护国际形象和国家利益。"赵军峰、寇莹瑾（2017）也提出应通过翻译立法为翻译产业发展提供法律保障，促进语言服务的规范化。

在翻译政策和规划方面，与其他国家相比，中国近年来的表现是比较抢眼的。中国政府实施了一系列的对外翻译出版资助计划，包括"中国图书对外推广计划"、"经典中国国际出版工程"、"中华学术外译项目"、"丝路书香出版工程"等，鼓励国内出版机构对外翻译出版中国的精品图书，加强国际社会对中国的了解。2021年，在广泛调研的基础上，有关部门联合下发了《翻译人才队伍建设规划（2021—2025年）》。该规划是近年来我国制定的首份国家级翻译人才发展规划。以上这些都是我国政府充分发挥国家翻译管理能力的切实行动。

在翻译标准化建设方面，特别是自建翻译标准方面，中国也处在较为领先的地位。例如，自20世纪初以来，中国翻译协会已参与组织编制21项翻译行业标准及规范，其中包括《翻译服务规范·第1部分：笔译》（GB/T 19363.1—2003）、《翻译服务译文质

① 数据来源于北京外国语大学微信公众号文章"北外发布全球国家翻译能力指数、中国大学翻译能力指数"（2021-05-23）https://mp.weixin.qq.com/s/X5QYmhKlZGpsW6_Cr5tPcw，和北外国家翻译能力研究中心微信公众号文章"重磅！2021年全球国家翻译能力指数、中国大学翻译能力指数详细版发布"（2022-05-31）https://mp.weixin.qq.com/s/XBL6-G53zfBkt8PiGZCuVg。

量要求》（GB/T 19682—2005）、《翻译服务规范·第2部分：口译》（GB/T 19363.2—2006）、《双语平行语料加工服务基本要求》（GB/T 40035—2021）和《翻译服务机器翻译结果的译后编辑要求》（GB/T 40036—2021）等5项国家标准和其他18项行业标准及规范。可以说，我国翻译领域的国家标准体系已经初见雏形。

（二）翻译职业/行业管理能力

翻译职业/行业管理能力包括建立翻译协会等管理机构、口笔译资格和等级考评机制设立和实施能力、该类考试参与度、证书市场效力，以及应急翻译管理能力等。中国翻译协会是归属中国外文局管理的一个综合性行业协会，是我国翻译领域唯一的全国性社会团体，对中国翻译行业有较大的影响力。中国译协的宗旨之一就是“协助政府有关部门加强对翻译行业的指导与管理，规范行业行为……提高翻译质量、改进翻译服务和促进翻译行业健康可持续发展”。虽然译协不具备行政主管职能，但它通过标准制定、会员管理和相关培训引导翻译职业/行业发展走向标准化和规范化的道路，是国家对翻译职业/行业进行管理的一支重要力量。

我国的翻译认证考试目前以全国翻译资格水平考试（CATTI）为主要载体。作为唯一被纳入国务院职业资格目录清单的外语类考试，CATTI对翻译人才的水平认证发挥着日益重要的作用。据统计，自2003年推出CATTI以来，已有约201.3余万人报考9个语种、3个级别、2个类别共60种考试，总计约22.8万人获得了合格证书。2022年，中国外文局还推出了面向非翻译专业考生的CATTI国际版（Inter CATTI），语种包括中英、中日、中韩、中马等，是中国翻译能力测评等级的重要组成部分，被列入国际传播能力建设重点项目。[①]此外，北京外国语大学中国外语测评中心推出的国际英语人才考试（国才考试）中也设置了国才高翻考试，该考试于2016年启动，其前身是教育部考试中心与北京外国语大学合作举办的全国外语翻译证书考试（NAETI）。不过，虽然我国的翻译认证考试已经形成了较完备的体系，并已经拥有较大规模的参考和获证群体，但在其证书的认可度和在职场发挥实际效力方面仍有较大的提升空间。

作为应急语言服务的核心要素之一，应急翻译服务管理能力的重要性在此次席卷全球的新冠疫情期间突显出来。不少国家都为在疫情期间保护脆弱群体的利益而专门推出了相关的服务。中国政府也采取了积极行动，如在抗击新冠疫情过程中，组织编写了《“战役”应急语言服务报告》和《抗击疫情湖北方言通》等应急服务材料。《国务院关于印发“十四五”国家应急体系规划的通知》（国发〔2021〕36号）中提出“要提升应急救援人员的多言多语能力，依托高校、科研院所、医疗机构、志愿服务组织等力量建设专业化应急语言服务队伍”。2022年4月，在教育部、国家语委指导支持下，国家应急语言服务团在北京正式成立，这标志着中国的应急语言服务，包括应急翻译服务能力建设步入了快车道。

（三）翻译资源掌控能力

在翻译资源掌控能力方面，我国在组织和协调重大翻译项目能力和通过翻译塑造国家形象能力的建设方面表现较为突出。首先，中国政府在组织和协调全国力量实施重大翻译项目方面具有高效特征。从20世纪50—60年代的毛选翻译到新时代《习近平谈治

① 有关CATTI的数据和信息引自杨平在全国翻译专业学位研究生教育2022年年会上的发言。

国理政》的多语种翻译，这些重大项目的成功实施向世界各国介绍和宣传了我国的政策和国情，增强了我国的国际影响力，也体现了我国政府强大的翻译活动组织能力和动员能力。其次，通过翻译与传播能力建设塑造国家形象也是我国近年来发挥国家翻译管理能力的重要领域。2021年5月31日，习近平总书记在中共中央政治局第三十次集体学习时强调，“讲好中国故事，传播好中国声音，展示真实、立体、全面的中国，是加强我国国际传播能力建设的重要任务”。“讲好中国故事，传播好中国声音，展示真实、立体、全面的中国”，目的就是塑造积极的国家形象，营造有利外部舆论环境，而“加强国际传播能力建设”的核心要素之一正是对国家翻译活动的规划和管理。近年来，中国政府日益重视翻译在国家形象塑造中的作用，它在国家层面所实施的一系列对外翻译出版计划在很大程度上都是出于塑造积极国家形象的目的。

以上我们以中国的国家翻译管理能力为案例，阐述了该能力之下的各项子能力的具体体现。可以看出，国家翻译管理能力是建立在各子能力基础之上的一个有机整体。因此，国家翻译管理能力的提升需要实现各子能力的共同提升，同时还需顾及各子能力之间相互联系、补充和依存的关系。目前世界正在发生日新月异的变化，其中既有机遇也有挑战。作为国家翻译管理能力实施主体的主权国家或其政府有必要在翻译规划立法能力、翻译职业/行业管理能力和翻译资源掌控能力建设等方面加大投入力度，从制度层面保障本国翻译活动规范化、标准化和可持续性发展。

四、国家翻译管理能力的未来发展

在以中国为案例对国家翻译管理能力进行的现状分析基础上，

我们可进一步探讨国家翻译管理能力的未来发展方向及要点。

首先是推进翻译立法。以中国为例，如前所述，我国在翻译规划和标准化方面取得了较大进展，可以说在各国之中是佼佼者。然而，我国在翻译立法方面却落后于不少国家。虽然在我国的刑法和民法中有诉讼参与人有权使用翻译的相关规定，但至今仍未有专门的翻译政策法规。根据《全球国家翻译能力指数报告》(2021)，虽然目前全世界共有187个国家有规范翻译活动的相关法律法规，然而，仅有阿尔巴尼亚、爱沙尼亚、奥地利、芬兰、荷兰和美国等国颁布了翻译专项立法。例如，美国联邦法院早在1978年就颁布了《庭审口译员法案》。立法是保障翻译行业/职业健康、有序发展最有力的手段，也是国家翻译管理能力的根本体现。一个国家是否能制定并完善翻译立法直接关系到该国国家翻译能力的长远发展。

在我国，已有不少学者发出为翻译活动立法的呼吁。从提升国家翻译管理能力的角度来看，我国翻译立法势在必行。而且有必要成立专门管理国家翻译事务的政府职能部门，以统筹协调国家翻译活动的政策法规建设。可以说，翻译立法是促进我国翻译行业健康发展的根本途径。(黄友义，2011b)

其次是形成政产学研联合发力之势，推动国家翻译管理能力持续提升。国家翻译管理能力的提升需要发动各方面的力量，包括政府部门、行业协会、高校院所和企业等积极参与。以上主体应充分发挥各自作用，协力推进国家翻译管理能力发展。政府部门是承担国家翻译管理责任的主体，但对国家翻译活动的管理必须有的放矢。政府可以根据业界和学界的建议制定符合国情的翻译政策法规和标准，加大支持力度和经费投入，实施对翻译职业/行业的监督，保障翻译行业/职业的长期有序发展。

最后是加大对应急翻译服务能力建设的重视程度。如前所述，当今世界各国都面临着数量不断增加的自然或人为的灾难。在这些灾难发生时，应急翻译服务是救援活动中不可或缺的要素。然而从目前世界各国的现状来看，除极少数国家外，应急翻译服务能力的建设普遍不足。在这样的背景下，应急翻译服务能力建设应该成为未来国家翻译管理能力建设的重中之重。

本节对国家翻译能力的子能力之一国家翻译管理能力的概念进行了界定，对其构成要素进行了阐释说明，并以中国为主要案例分析了国家翻译管理能力的现状和未来发展方向。我们认为，国家翻译管理能力在国家翻译能力中发挥着重要的引领作用。通过对国家翻译管理能力子能力的界定和研究，可以更加深刻地理解该能力的构成及内涵。我们相信，深入探讨和加强建设国家翻译管理能力，不仅有助于国家翻译能力的总体建设与发展，也将有助于加强国际传播能力建设、国家形象建设、中外文明交流互鉴和人类命运共同体建设。

第五节　国家翻译发展能力

近年来，译界认识和揭示翻译的国家性，提出了一系列以国家为主体或目的的翻译概念，（杨枫，2021）如“国家翻译实践”（任东升、高玉霞，2015a；任东升，2019）、“国家翻译规划”（吴赟、顾忆青，2019）、“国家翻译能力”（任文、李娟娟，2021；任文、赵田园，2023a）。其中，“国家翻译能力”的提出意义重大，开启

了对于翻译能力作为一种国家能力的专门探索。（蓝红军，2021）

“国家翻译发展能力”作为“国家翻译能力”框架中一项子能力，为翻译实践、翻译传播和翻译管理能力的可持续性提供了语种、人才、技术及其他资源保障。本节将厘清“国家翻译发展能力”的内涵及要素，进一步探究各要素之间的相互关联，并以中国为案例，分析我国国家翻译能力发展现状，对未来发展做出展望。

一、文献综述

国家翻译发展能力与“国家发展能力”相关，梳理国家翻译发展能力的概念之前，应首先介绍“国家发展能力”这一概念。

（一）国家发展能力

“发展”是贯穿新中国70多年的一个关键词。2016年7月1日，习近平总书记在庆祝中国共产党成立95周年大会上指出“发展是党执政兴国的第一要务,是解决中国所有问题的关键”。《习近平谈治国理政》第四卷（2022：113、114）强调：“新时代新阶段的发展必须贯彻新发展理念，必须是高质量发展”，“必须把发展质量问题摆在更为突出的位置，着力提升发展质量和效益”。随后，党的二十大报告中又提出“要坚持以推动高质量发展为主题”。中国注重用发展来解决前进中的问题，用发展来实现经济社会的动态平衡，更形成了独具中国特色的实践方法。

基于中国的发展，于洋（2022）从发展经济学的视角提出“国家发展能力”（national development capability）这一概念。他指出，一国所拥有和获得的各种资源是其经济发展的基础，在对这些资源进行配置、使用和开发过程中，该国生成了相应的产业和“能力”。这个“能力”决定了该国进一步发展的路径，称为“国家发展能力”。具体而言，“国家发展能力”是指“一个经济体生成发展体系、探索发展路径、实现经济发展的能力，是国家在经济发展中的治理能力，是中国经济发展的动力与能量”（于洋，2022：45）。

“国家发展能力”包括三个层级的能力，即基础能力、建构能力、更新能力。其中，基础能力（basic capability）是一个经济体通过经济发展体系实现经济发展的能力，是经济发展体系本身的能力；建构能力（construct capability）是一个经济体生成基础能力，生成经济发展体系的能力；更新能力（update capability）是一个经济体感知、把握、转变内外部资源以应对环境变化的能力。

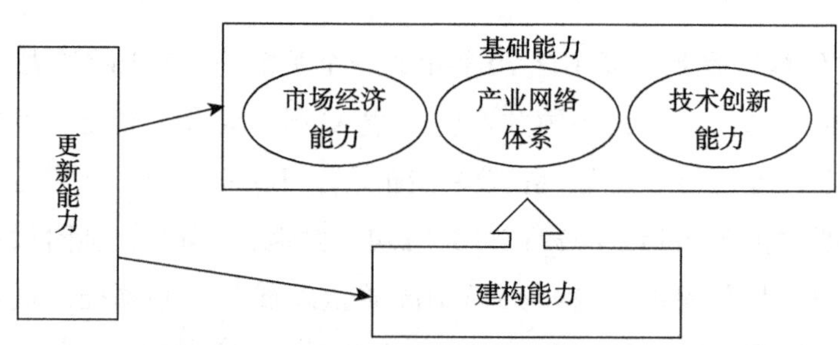

图1-8　国家发展能力结构示意图（于洋，2022：48）

三种能力之间的关系如图1-5所示，建构能力生成基础能力，更新能力调整基础能力与建构能力。具体来说，基础能力是经济发展的直接力量，实现经济发展；建构能力是经济发展的能量，生成基础能力；更新能力是经济发展的指南针，调整基础能力与建构能力，更新经济发展路径与方向。

（二）国家翻译发展能力

任文、李娟娟（2021）在分析“国家翻译能力”的构成要素时，提出了“国家翻译发展能力”的概念。她们认为，国家翻译能力包括国家翻译管理能力、国家翻译实践能力、国家翻译传播能力和国家翻译发展能力等四项子能力。国家翻译发展能力能够为其他三项子能力的可持续性提供重要保障和支撑。

任文、李娟娟（2021）进一步探讨了国家翻译发展能力的构成要素，包括“语种人才储备力”、“翻译教学力”、“翻译研究力”、“技术研发力”等四项子能力。其中，“语种人才储备力”指可获得翻译语种的提供能力。通常来说，储备的语种越多，“板凳深度”越扎实，翻译发展能力就越强。人才储备不仅与语种数量有关，也与翻译人员的数量和水平有关。“翻译教学力”主要指翻译人才培养能力。一般而言，开设翻译相关专业的数量越多、语种越全、层次越高，翻译教学能力就越强。“翻译研究力”通过研究成果得以体现，可以助力翻译实践与教学、技术研发和资源库建设等。“技术研发力”指翻译相关技术及产品（如语音识别、自然语言处理）的研究和开发能力。

在本书绪论中，任文将国家翻译发展能力微调为翻译教育能力、翻译研究能力和翻译技术研发能力。

由于国家翻译能力的研究尚处于兴起阶段，学界对国家翻译发展能力这一子能力暂无系统全面的阐释。虽然翻译教育、翻译研究和翻译技术研发三个要素各自的成果百花齐放，但从国家视角下探究有机融合三者的国家翻译发展能力还有待填补和完善。我们对国家翻译发展能力的概念内涵进行界定，厘清翻译教育、翻译研究和翻译技术研发三个要素之间的互动关系，并简要概述任文、赵田园（2023a）的国家翻译发展能力三级要素框架。

二、概念界定和要素框架

学界对国家翻译发展能力概念尚无明确的界定，我们可以借鉴“国家发展能力”的内涵和构成（参见文献综述部分），进一步描述国家翻译发展能力与国家翻译能力的关系，将其定义为“通过翻译教育、翻译研究、翻译技术等手段推动国家翻译能力发展的动力与能量，是国家翻译能力发展的条件与路径”。

国家翻译发展能力的三个要素之间的关系如图1-9所示。

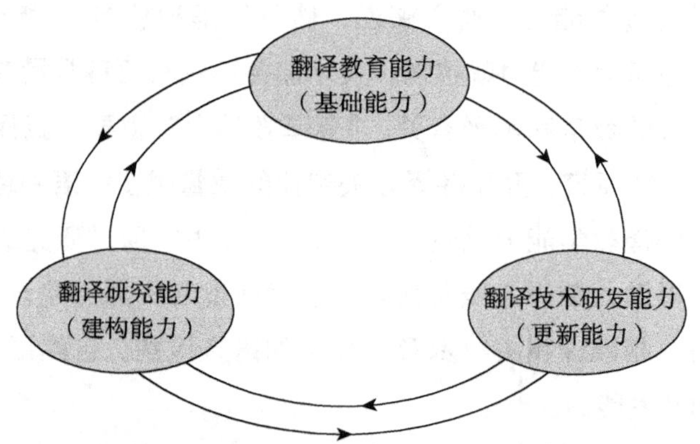

图1-9 国家翻译发展能力二级要素关系图

翻译教育能力类比于国家发展能力中的基础能力，是国家翻译能力整体提升的基石，能够体现一个国家在翻译教育方面的整体实力。例如，我国通过“翻译本科BTI——翻译硕士MTI——翻译博士DTI”以及“翻译学硕士MA——翻译学博士PhD”两条路径，培养满足社会发展需求的高层次、专业型、应用型或研究型人才。

翻译研究能力是建构能力，通过采用多元化研究方法，利用各种翻译研究资源，解决翻译实践问题和翻译认识问题，以产出翻译研究成果。翻译研究能力彰显一个国家在翻译研究方面整体创新实力。通过国家翻译研究能力的建构作用，生成国家翻译能力更为全面立体的内涵。翻译技术研发能力是更新能力，通过研发和运用最新的翻译工具平台或部署翻译技术系统，从而保证翻译实践活动的高效和高质量开展，辅助翻译研究和翻译教学的信息化水平提升。翻译技术研发能力是为助力国家翻译能力应对环境变化的能力，是确定与更新发展路径的能力。

三个二级要素之间互相作用，相互促进。通过翻译教育培养翻译研究人才和翻译技术人才，因而翻译教育能力的提升一方面能推动翻译研究能力，同时激活翻译技术的蓬勃发展；翻译技术研发能力能应用在翻译研究和翻译教学，因此翻译技术研发能力的提升能促进翻译研究和教学的欣欣向荣；翻译研究包含对翻译教育和翻译技术的研究，因而随着翻译研究的不断横纵深入，翻译教育能力和翻译技术研发能力也能得到长足发展。三个二级要素密不可分，环环相扣，共同构成了国家翻译发展能力，为国家翻译能力提供坚实的基础和发展的源泉。

翻译教育能力、翻译研究能力、翻译技术研发能力三个二级要素还可进一步细化为若干个三级要素。根据任文、赵田园（2023a），“翻译教育能力”包括五个三级要素，即“开设翻译专业的学校数量”、“翻译专业涵盖的外语数量”、“开设翻译专业教学层次”、“翻译专业毕业生数量”、“从事翻译专业的毕业生数量”；这些要素涉及一国翻译人才培养的规模、语种和层次，可以较为直观地反映一国的翻译教育能力。“翻译研究能力”通过“翻译相关论文发表”、“翻译相关专著、教材出版”、“翻译资源库创建数量”等要素得以体现，可以反映一国翻译成果产出能力以及翻译研究资源的开发利用能力。“翻译技术研发能力”包括“自然语言处理（翻译技术相关）专利数量”和“语音识别（翻译技术相关）专利数量”两个三级要素；一国拥有的翻译技术相关专利数量，可以体现一国的翻译技术研发能力。国家翻译发展能力要素框架如图1–10所示。①

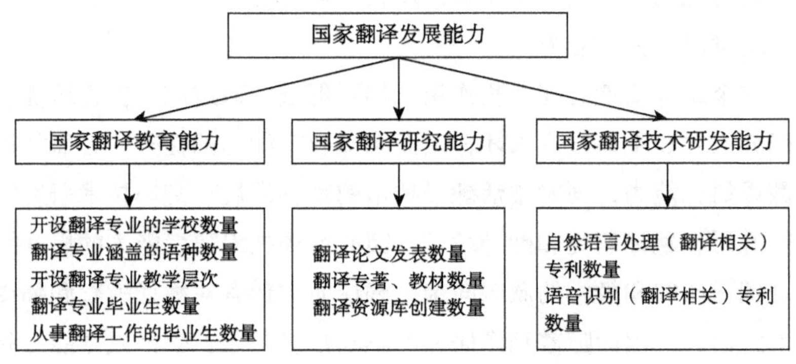

图1–10　国家翻译发展能力要素框架

三、我国国家翻译发展能力现状分析

我们根据上述国家翻译发展能力要素框架，以中国为个案，对我国的国家翻译发展能力现状进行分析，总结相关建设成果和经验，剖析存在的问题。

① 国家翻译教育能力、翻译研究能力、翻译技术能力的构成要素还可以进一步细化，详见本书相关章节。

（一）国家翻译教育能力

1.开设翻译专业的学校数量

随着我国综合国力不断提高，为适应我国社会、经济、文化发展对翻译专门人才的迫切需求，翻译专业应运而生。截至2022年底，全国共设有316所MTI翻译硕士授权单位和301所BTI翻译本科培养单位。2019—2021年国家翻译能力指数结果显示，我国开设翻译专业的学校数量显著超过其他国家。

MTI的培养目标是培养德、智、体全面发展，能适应全球经济一体化及提高国家国际竞争力的需要，适应国家社会、经济、文化建设需要的高层次、应用型、专业性口笔译人才。从现有的MTI培养单位获批的批次上看，获批院校数量最多的是第三批次（2010年），共117所院校；获批数量最少的是第四批（2011年），仅有1所院校获批设立MTI。MTI院校数量也并非只增不减。MTI教指委于2012—2013年和2014—2015年对全国MTI院校进行合格评估和专项评估。2015年，有10所高校被要求限期整改，一所高校被撤销MTI办学资格。MTI教育的发展为学科建设带来了许多新问题和新挑战，MTI培养院校的设立速度在经历飞速发展之后逐步放缓，同时MTI培养资格的评估考察工作也正在稳步推进，保证MTI培养单位的发展在求质的同时求增。开设翻译专业的学校数量反映了为国家输送社会需要的翻译实践人才和翻译研究人才的体量、学校的地域和类别分布，以及与国家和社会需求的匹配度。

2.翻译专业涵盖的语种数量

虽然我国开设翻译专业的高校数量众多，但语种数量与高校数量不匹配。目前全国开设了英语、法语、日语、俄语、德语、朝鲜语、西班牙语、阿拉伯语、泰语等11个语种的口笔译专业。根据《中国翻译及语言服务行业发展报告》(2022),随着“一带一路”建设的不断推进,对英语以外其他语种(如阿拉伯语、俄语、德语、白俄罗斯语)的翻译需求不断增加。杨亦鸣(2015)指出我国高校虽然开设了部分语种,但多语种人才储备明显不足。在多语种翻译人才需求规模扩大的今天,高校培养多语种翻译人才的工作势在必行。因此,各高校应对接“一带一路”倡议,及时调整办学定位,调研自身语种资源不足的现状,完善培养方案和课程设置,推动翻译语种建设。与此同时,高校作为培养人才高地,应秉持服务地方经济的信念,结合当地多语种翻译人才需求,对多语种翻译人才培养工作进行整体规划和整体布局,做好多语种翻译人才培养布局,避免千篇一律。

3.开设翻译专业教学层次

翻译本硕博学位获批以来,形成了翻译学术型和翻译专业型两条培养路径。学术型的学生包括翻译学硕士(口笔译技能、研究方法和基本理论为主)和翻译学博士(口笔译技能、理论研究和教学方法为主,掌握基本的学术规范与研究方法,了解中外翻译简史和各理论流派);专业型的学生包括翻译本科生(基础训练、通用型)、翻译硕士专业学位(高层次、应用型)和翻译博士专业学位(培养行业中坚力量)的学生。各层次、各种类的翻译教学分别有自己的定位(生源、培养目标、教学大纲、教学内容、教学方式等),横向有学术型和专业型之分,纵向主要体现在水平和能力的层次。(穆雷,2019)

尽管MTI翻译专业硕士定位于培养高端口笔译人才,但是现有的翻译专业人才培养不能完全满足翻译行业乃至整个语言服务业对高端翻译人才的需求。（穆雷等，2013）黄友义（2018）在总结翻译事业服务改革开放四十周年的成就时，提到目前面临的第一个挑战就是人才缺乏，特别是高层次专业翻译人才的极度缺乏。有基于此，翻译博士专业学位（DTI）也于2022年9月13日列入教育部发布的新版《研究生教育学科专业目录》。待DTI落地后，翻译本硕博体系将更为完善。

4.翻译专业毕业生数量

据《翻译硕士专业学位发展报告》统计，仅2014—2018年间，216个MTI培养单位数据培养规模年度共录取43,681人。MTI的录取人数呈逐年递增趋势。录取全日制MTI学生43,340人，年度非全日制MTI录取数1,461人，境外留学生录取数710人。共授予学位33,280个，其中全日制学位32,805个，非全日制学位71个，境外留学生175个。（穆雷，2020）

从院校批次看，2014—2018年间，第一批15所MTI培养单位累计录取全日制学生4,926人，第二批25所培养单位全日制学生录取人数为10,992人，第三批118所培养单位全日制学生录取人数为21,619人，第四批（1所）培养单位全日制学生录取人数为258人，第五批（46所）培养单位从2015年开始招生，全日制学生录取人数为5,107人，第六批（11所）培养单位从2017年开始招生，共录取438人。

历经十余载的发展，翻译硕士培养仍存在结构性的供需不平衡。从院校分布区域来看，华北、华东和华中占比较大，华南、西北、西南和东北占比相对较少。需要未来不断进行调整，以满足专业需求和区域发展为主要目标。

5. 从事翻译工作的毕业生数量

据《全国翻译硕士专业学位研究生教育与就业调查报告》（2017），在所抽样调研的MTI毕业生中，毕业后专职从事翻译的人数远远低于培养目标，就业选择和方向呈多样化、跨专业发展，主要集中在文科类职业，以教育为主。调研结果表明这一方面体现了学生就业观念还局限于传统的翻译（口译或笔译），未能认清语言服务市场的形势，不能抓住新兴的语言服务就业机会（如技术写作、本地化工程师、翻译项目经理、语料资源经理等）；另一方面，教指委和各培养单位也未能及时指导MTI学生树立正确职业观，将培养目标局限于"翻译人才"势必会导致教学理念和模式落后于日新月异的语言服务市场。

因而，该指标的设立必然能推动各培养单位与时俱进地更新教学理论和模式，为国家和社会输送和储备所需的翻译人才，提高国家翻译教育能力，从而助力国家翻译能力的提升。

（二）国家翻译研究能力

1. 翻译论文发表数量

翻译研究成果是一个国家翻译研究能力最直接的体现。翻译论文又是最典型的翻译研究成果之一。近年来，来自包括北京外国语大学、上海外国语大学、广东外语外贸大学等外语类院校和浙江大学、上海交通大学等综合性高校的教师和研究团队翻译研究成果丰富。从翻译学整体的科研成果而言，21世纪以来中国翻译学者在国内外期刊发文量逐年上升，翻译研究潜势渐发，已逐渐进入国际译学的主流阵地。根据方梦之（2016）、刘立胜（2017）、王昱（2019）等学者的统计，中国与英国、西班牙、美国在翻译研究领域处于领先地位，是国际翻译研究界的第一梯队。而2019—2021年国家翻译能力指数结果表明，近年来中国学者在SCI、SSCI、A&HCI国际期刊上发表的翻译研究论文数量已跃居世界第一。尽管我国翻译研究成果在数量上已取得飞速发展，但在国际影响力等方面需做更多努力。

2. 翻译学专著、教材数量

翻译学著作也是考察翻译领域研究现状的重要指标。相较于学术论文，著作更能体现学者对一项研究的持续关注和投入。近年来，我国学者在国内外出版的翻译学专著颇丰，覆盖翻译理论研究、翻译史研究等理论性研究，以及口笔译实践研究、译介研究、翻译教学研究、翻译批评研究、翻译技术研究等应用性研究。其中，文化外译研究、外宣研究是近年来翻译学术专著的热门话题，体现了学界对于中国文化走出去、讲好中国故事、对外话语体系建设等时代重要命题的关切。国内多家知名出版社还推出了翻译学系列著作，如外语教学与研究出版社的"外语学科核心话题前沿研究文库"之"翻译学核心话题系列丛书"、浙江大学出版社的"中华译学馆·中华翻译研究文库"；Springer、Routledge等国际知名出版社出版的翻译学著作中也不乏中国学者的作品。

翻译教材建设是"翻译专业课程的载体，是教学之本"（张美芳，2015：54），对翻译专业教育和翻译学科发展至关重要。根据龙晶晶、宫齐（2023）的统计，1970—2022年，我国出版了1,200余种翻译教材。这些教材面向不同层次的翻译学习者。既有实践类，也有理论类；既有综合类，也有专门题材类。随着翻译教材编撰逐渐走上专业化道路，还出现了影响力较大的系列教材，如上海外语教育出版社推出的"翻译专业本科生系列教材"、外语教学与研究出版社推出的“全国翻译硕士专业学位（MTI）系列教材”。近年来，国家和学界都非常重视教材建设工作。2021年，国家教材委员会发布了首届全国教材建设奖奖励决定，许钧的《翻译概论》荣获高等教育类一等奖。2022年，“首届全国翻译教材研究学术研讨会”在湖北成功举办。翻译教材承担的立德树人任务也日益凸显。例如，2022年以来《理解当代中国》各语种系列翻译教材陆续问世，对于培养具有家国情怀、国际视野的新时代翻译人才具有重要意义。

3.翻译资源库创建数量

翻译资源库包括高质量翻译研究平台、翻译教学案例库、语料库等。资源库涵盖语种可以包括非通用语种研究资源，创建目的可以满足科研、教学、翻译实践、人才储备等不同用途和需求。教学案例库资源建设是提高教学效果的重要工作。（崔启亮，2021）近年来，教学案例库相关研究成果偏少，主要包括翻译案例的翻译技术教学四层结构（崔启亮，2012），图书翻译的项目案例教学探索（张政、张少哲，2012），翻译项目中的语言技术案例分析（王华树，2012），MTI朝鲜语同声传译教学案例库建设（潘政旭、王蕾，2017）等。纵观2014—2020年MTI教指委立项的翻译专业教学案例研究项目，包括2018年立项的“MTI机辅翻译教学案例库建设”、“基于语料库的口译语块教学案例库建设”，2019年立项的“翻译与搜索案例库”、“MTI法语交替传译教学案例库建设及研究”，2020年立项“MTI英汉汉英视译教学案例库建设”等，项目数量与其他类项目相比数量仍然较少，教学案例库的创建和应用还有待加强。在语料库方面，个体或机构自建的各类语料库层出不穷，如北京外国语大学中国外语与教育研究中心的“中国英汉平行语料库”、北京大学中国语言学研究中心的“汉英双语语料库”、北京语言大学高翻学院的“高翻记忆库”、绍兴文理学院的“《红楼梦》汉英平行语料库”等，有力辅助了翻译实践活动及其研究。

（三）国家翻译技术研发能力

1. 自然语言处理（翻译相关）专利数量

自然语言处理（natural language processing，简称为NLP）是人工智能的重要研究方向，旨在构建能够理解和生成自然语言、实现人机自然交互的技术方案。（Zhou et al.，2020）根据吕璐成等（2021）对机器翻译和语义学的专利布局国家和有效专利持有情况分析，从数量上看，机器翻译技术方面，美国布局的专利量及持有的有效专利量均最多，分别为5,913项和3,096项，较排名第2的中国（有效专利量962）有明显优势；语义学方面中国布局的专利量及持有的有效专利量均最多，分别为6,341项和1,246项，但排名第2的美国的有效专利量为1,226项，与中国相差无几。在有效专利占比方面，机器翻译技术领域美国占比52.36%，较中国的24.12%具有显著优势；语义学技术领域美国有效专利占比同样优势明显，达到43.4%，而中国仅为19.65%。我国机构在机器翻译技术领域表现并不突出，仅百度和腾讯分别以第13和第18的位次进入专利布局量TOP20机构榜单。总体而言，机器翻译技术方面，美国布局专利量、持有有效专利量以及四方专利申请量均位居全球首位，但是中国近三年围绕该方向的专利布局显著提升，具有较大的成长潜力。

2. 语音识别（翻译相关）专利数量

语音识别是指将语音转化成文本的技术，是自然语言处理的一个分支。通过自然语言处理、语音识别、语音合成等人工智能技术实现机器口译。在人工智能“感知”技术中，语音识别是其中最成熟的应用，包括科大讯飞的讯飞输入法、有道笔记的语音识别和亚马逊的“回声”智能音箱，都已是相对成熟的产品。[①]中国人工智能技术的快速进步，让中国在智能语音的技术方面积累了大量的专利，2020年中国智能语音行业专利申请量达1876件，同比增长8.13%，2021年有所下滑，2022年1—10月中国智能语音行业专利申请量已完成593件。专利申请方多为公司企业，如安徽寒武纪信息科技有限公司、安徽延达智能科技有限公司、合肥移瑞通信技术有限公司、北京百度网讯科技有限公司等。[②]

我国在上述翻译相关技术专利方面取得的成就，也在2019—2021年国家翻译能力指数中得以印证。指数结果显示，中美两国的翻译相关专利数量名列世界前茅，相较于其他国家优势明显。这与我国的华为、阿里巴巴、百度、小米等科技企业的创新成果，我国的人工智能战略、“一带一路”语言服务战略等国家发展战略和政策的支持，以及我国经济的飞速发展和教育的投入密不可分。

四、我国国家翻译发展能力未来发展

我们基于上述对我国国家翻译发展能力现状的分析，探讨我国国家翻译发展能力的未来发展方向。

在国家翻译教育能力方面，要服务于“文化”走出去、“一带一路”、“国际传播”等国家重大战略和倡议需求，培养具有家

① 2017年2月6日《经济日报》第13版。

② 数据源自共研网2023年发布的《2023—2029年中国智能语音设备行业深度调查与投资前景报告》，https://bbs.csdn.net/topics/613419887。

国情怀和对外传播能力的高端中译外翻译人才；加强关键语种布局，加大相关语种翻译人才培养力度；尽快落实翻译博士专业学位（DTI）的实施，完善本硕博翻译教育体系；加快探索“翻译+X”人才培养，创新翻译和语言服务人才的跨学科、交叉学科培养模式，满足时代发展要求；加强政产学研多维联动，整合各方优势资源，协同推动翻译人才培养，打造我国翻译能力提升的生力军。

在国家翻译研究能力方面，政府部门和国家机构要增强国家翻译研究规划意识，引导翻译研究关注中华民族伟大复兴和国家建设发展中的重大理论和实践问题，回应时代需求、国家和社会发展的重大关切；完善翻译研究成果的评价导向，重在提高成果质量，在成果的理论原创性、话题丰富性、研究方法严谨性、国际影响力等方面进一步提升；鼓励研究机构和研究人员共建共享翻译相关的案例库、语料库等科研资源，为翻译研究提供强有力的资源支撑；鼓励翻译研究的跨学科、跨机构、跨国合作，形成优势互补，推动翻译研究的快速发展。

在国家翻译技术研发能力方面，政府部门需加强顶层设计和战略布局，以需求为导向制定战略，引导翻译技术发展；提高和改善专利质量和成果转换的导向和激励措施，迈向专利强国，不以数量取胜，重在提高专利质量；突破翻译技术研发成果与产业化之间的鸿沟，实现产业化的成果转化；促进政府部门、机构、企业和大学等多元主体联动，整合优势，多方互补，夯实我国翻译技术研发能力的基础，形成可持续发展的驱动力。

本节对国家翻译能力框架中的国家翻译发展能力进行了概念界

定，厘清了其构成要素之间的互动关系，并结合要素框架，分析了我国国家翻译能力的现状和存在的问题，提出未来发展建议。国家翻译发展能力是构建国家翻译能力理论体系和话语体系的重要因素。国家翻译能力要实现高质量发展，不仅要把发展当作目标，更要把发展当作达成目标的手段。因此，我们需要加强国家翻译发展能力建设，为国家翻译能力提供坚实基础和重要保障。

第二章　国家翻译能力多维拓展研究

第一节　国家产业翻译能力

近年来，以翻译为核心的语言服务产业发展迅速，根据中国翻译协会发布的《中国翻译及语言服务行业发展报告》（2023）中的调查数据，2022年全国语言服务企业总产值达到650.05亿元；2022年全球语言服务市场总产值达到了520.1亿美元。由此推算，我国语言服务产业规模占世界的18%左右，而在2017年我国语言服务产值占世界总数的12%。（黄友义，2019：1）

随着翻译产业化的发展，翻译主体已经从个体翻译者，转变为提供翻译服务的企业机构。在大型国际活动翻译任务中，主权国家则成为翻译主体。翻译和语言服务产业的迅速发展，促进学术界关于国家翻译能力和国家翻译实践的研究。任文、李娟娟（2021）全面分析了国家翻译能力的概念、要素和意义。周忠良、任东升（2023）回顾了国家翻译实践的研究历程，检视其概念建设、知识结构、研究方法。

国家产业翻译能力是国家翻译能力的重要组成部分，是增强国家文化软实力和经济硬实力的基础工具。从当前的学术界研究现状来看，国家产业翻译能力还是新问题。那么，国家产业翻译能力如何定义？国家产业翻译能力构成要素有哪些？我国产业翻译能力现状如何？未来有哪些发展趋势？

一、文献综述及相关概念辨析

目前有关国家产业翻译能力方面的文献主要来自高校学术界和产业界两条路径。高校学术界主要从国家翻译实践和国家翻译能力两个方向进行学术研究；产业界主要从翻译行业和语言服务行业应用角度进行论述。前文已对高校学术界路径的研究成果进行了梳理和述评，我们在此基础上着重从翻译产业界的实践应用路径涉及的相关概念进行梳理，在此基础上提出国家产业翻译能力的概念，并研究国家产业翻译能力的要素框架。

（一）翻译与语言服务行业市场报告

国际上翻译与语言服务行业的市场研究以CSA Research公司、Nimdzi公司、Slator公司形成三足鼎立之势。这三家公司每年发布多项翻译与语言服务行业与市场研究报告，其中全球语言服务市场报告为典型代表成果。① CSA Research公司成立最早，发布的行业报告影响力更大。自2021年开始与北京语言大学合作，发布全球语言服务行业报告的中文版。2021年发布中文版《全球语言服务市场报告（2017—2020）》，2022年发布2022行业报告的中文版《全球语言服务市场研究报告》。这些行业报告聚焦全球翻译语言服务市场，对全球语言服务企业按照营业额进行排名，总结行业与市场现状，研究行业未来发展趋势。

---

① Nimdz(2021) The Ranking of Top 100 Largest Language Service Providers. http://www.nimdzi.com. Nimdz (2022)The Ranking of Top 100 Largest Language Service Providers. http://www.nimdzi.com. Slator(2022) Language Industry Market Report. http://www.slator.com.

国内对翻译与语言服务行业市场进行系列研究的机构主要包括中国翻译协会、北京语言大学、广州大学、对外经济贸易大学等。其中，中国翻译协会的行业调查报告起步最早，发布的报告数量更多，行业影响力更大。从2012年开始发布“中国语言服务行业发展报告”，至2023年5月，已经发布了8份（2012，2014，2016，2018，2019，2020，2022，2023。自2022年起更名为“中国翻译及语言服务行业发展报告”），报告以中国翻译及语言服务需求方企业、语言服务提供方企业、语言服务教育与人才培养、语言服务标准化为调研内容，对中国翻译与语言服务行业进行全面调查、系统分析，在国内翻译与语言服务产业界产生了积极影响。

（二）翻译与语言服务行业发展和管理运营研究

来自语言服务企业的实践者对翻译与语言服务行业发展和业务运营进行了研究。Beninatto & Johnson（2017）编写的*The General Theory of the Translation Company*（《翻译公司基本原理》）提出翻译产业发展的“五力模型”，五力模型的构成元素分别为客户、供应商、竞争对手、新进入者、替代品，对翻译产业环境和语言服务企业管理具有创新研究意义。

厦门精艺达翻译服务公司的韦忠和（2012）通过在语言服务行业多年的实践和观察，结合行业相关研究机构的研究成果，总结了语言服务行业十大发展趋势。传神语联网网络科技股份有限公司的何恩培、闫栗丽（2019）回顾了改革开放40年来语言服务行业的发展历程，阐述了语言服务行业对国家经济政治等各领域发展的重要作用，从宏观市场发展的角度对行业未来趋势做出分析预测，从战略层面对行业发展给予展望和建议。

二、国家产业翻译能力概念界定及要素构成

基于国家翻译能力的研究现状，下文将以国家产业翻译能力的视角开展国家翻译能力研究，对国家产业翻译能力进行概念界定和要素分析，描写我国产业翻译能力的现状，从国家翻译实践的具体需求出发，深入面对国家翻译现实，对国家产业翻译能力进行案例分析。

为了对国家产业翻译能力进行概念界定，先对“翻译产业”进行界定。关于什么是翻译产业，国内有不同的描述。我们采用司显柱、姚亚芝（2014：68）关于“翻译产业”的定义：翻译产业是提供语言或文字信息转换产品和服务以及关联服务的经济活动的集合，包括经营或业务的主要内容为提供语言间信息转换服务（即笔译口译服务、软件本地化、网站全球化、技术开发、语言培训或信息咨询服务）的企业或机构等。企事业单位是翻译产业的主体，国家也可以作为翻译产业的主体，通过国家的政府部门规划翻译产业、发布翻译需求、委托其他主体实施翻译任务。

“产业翻译能力”是翻译产业主体面向翻译需求，提供翻译产品或服务的能力。借鉴任文、李娟娟（2021）关于“国家翻译能力”的定义，将“国家产业翻译能力”定义为国家制定翻译产业规划和政策法规、配置翻译相关资源、开展产业翻译实践、研发翻译技术产品、发布翻译产品、提升传播效果等方面能力的总和。产业翻译能力是国家翻译能力的组成部分，反映国家翻译产业的发展水平和能力。

根据国家产业翻译能力的定义所包含的内容，可以将国家产业

翻译能力分解为四个子能力：国家产业翻译管理能力、国家产业翻译需求能力、国家产业翻译服务能力、国家产业翻译技术能力，如图2-1所示。

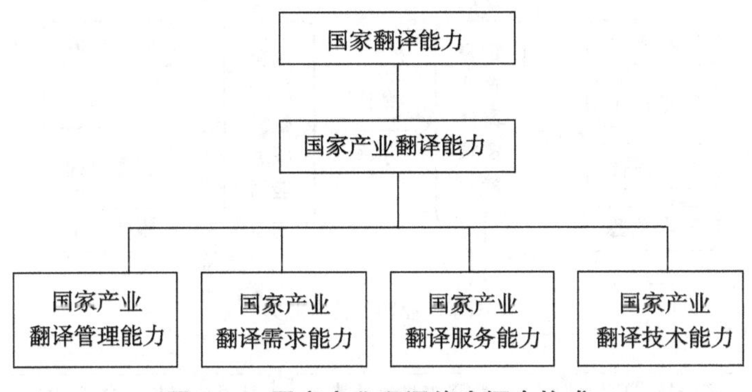

图2-1 国家产业翻译能力概念构成

国家产业翻译能力的各项子能力的组成要素以及各要素之间的关系如图2-2（见下页）所示。

（一）国家产业翻译管理能力

产业翻译管理能力是国家为了发展翻译产业，制定产业规划，发布产业发展政策、法律、法规，配置国家翻译资源，编制国家翻译产业标准等的管理能力。国家产业翻译管理能力的强弱，影响翻译产业发展的宏观环境，为发展翻译产业提供基础和保障。国家产业翻译管理属于国家顶层设计。

国家产业翻译管理能力可以从产业翻译规划能力、产业翻译标准化能力、翻译资源配置管理三个方面进行评价。产业翻译规划由国家指定的政府部门负责。产业翻译标准化是为了国内翻译产业健康有序发展，为翻译产业制定共同使用和重复使用的翻译条款的活动。

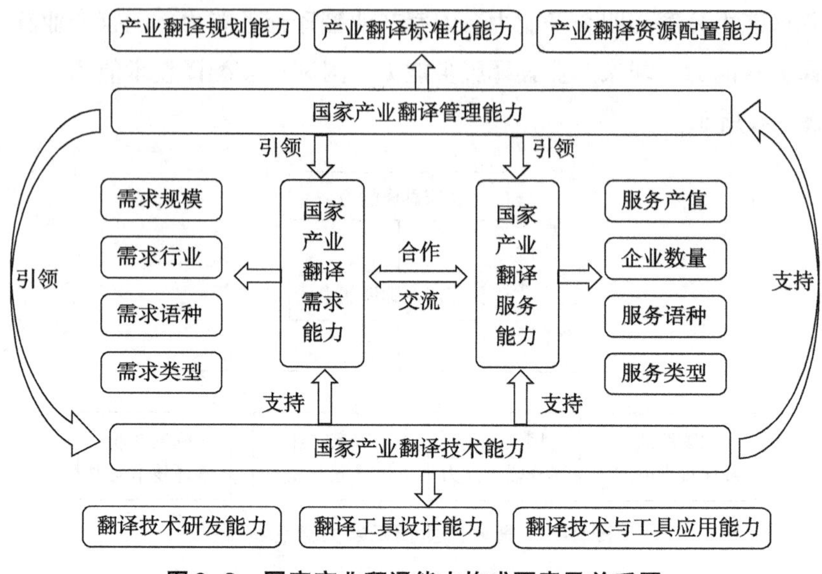

图2-2　国家产业翻译能力构成要素及关系图

（二）国家产业翻译需求能力

国家产业翻译需求能力是国家在经济贸易、文化交流、科技发展过程中产生的翻译活动，这些活动以国家的名义发布，根据活动规模、复杂程度、资源可用性，在政府部门内部实施或者面向社会招标实施。国家产业翻译需求能力意味着国家建设和发展中产生的翻译需求的多少，是国家对外交流和经济贸易发展程度的风向标。根据CSA Research（2022）和中国翻译协会（2022）发布的语言服务行业报告，越是发达国家和地区释放的翻译需求越多。

以实现翻译需求为目标，国家产业翻译需求能力可以从翻译需求的业务规模、行业分布、语种类型、业务类型四个子能力评价。

翻译需求的规模是每年产生的翻译需求的数量，可以使用货币单位衡量；翻译行业分布是翻译需求来自哪些垂直行业；翻译语种类型是需要翻译需求的语种或语言对（源语言和目标语言）；业务类型是翻译和本地化业务的具体形式，例如笔译、口译、本地化、排版、测试等。

（三）国家产业翻译服务能力

国家产业翻译服务能力是国家范围内的语言服务提供方承接翻译业务、实施翻译业务、交付翻译结果的能力。语言服务提供方包括以提供翻译和本地化服务为主营业务的语言服务公司，国家政府机构中承担翻译任务的部门，跨国公司提供翻译服务的部门，各类事业单位和行业协会所属的翻译部门等。国家产业翻译服务能力的强弱，一定程度上反映了国家和地区服务业的发展水平。服务业越发达的国家和地区，翻译产业的服务能力越强。

国家组织的大型国际交流活动产生的翻译任务，通常以招标的形式外包给语言服务提供方。（王立非，2022：43）以提供专业的翻译服务为目标，国家产业翻译服务能力可以从翻译服务的产值规模、企业数量、语种类型、服务类型四个子能力评价。翻译服务的产值规模是每年提供的翻译业务的数量，可以使用货币单位衡量；语言服务企业是提供语言服务的市场主体，语言服务公司的数量和人员规模是语言服务能力的重要指标；语种类型是可以提供的翻译服务的语种或语言对（源语言和目标语言）；业务类型是翻译和本地化业务的具体形式，例如，笔译、口译、本地化、排版、测试等。

（四）国家产业翻译技术能力

以人工智能、大数据、互联网为代表的信息和通信技术正在重塑翻译与语言服务行业的翻译能力和翻译模式，这些技术在翻译产业的应用诞生了机器翻译技术、计算机辅助翻译技术、云翻译管理技术等。以各种技术为基础，设计研发了不同类型的翻译技术工具（软件和硬件）。国家产业翻译技术能力是一个国家创新翻译技术、设计翻译工具、应用翻译技术和工具的综合能力。

因此，国家产业翻译技术能力可以分为翻译技术研发能力、翻译工具设计能力、翻译技术和工具应用能力。这三项子能力中，翻译技术研发能力是核心能力，翻译工具设计能力是工程能力，翻译技术和工具应用能力是效率保证手段。提高国家产业翻译技术能力重在提高翻译技术研发能力，特别是翻译技术创新能力。

（五）四种子能力之间的关系

国家产业翻译能力四种子能力之间相辅相成、形成互动。国家产业翻译管理能力为翻译需求方、翻译服务方和翻译技术方提供相关政策和环境支持，促进翻译产业的健康有序发展，对这三种能力的现状和发展起到引领和导向作用。国家产业翻译需求能力为国家和社会释放翻译需求，为翻译服务方诞生和发展提供业务支持和发展空间。翻译服务方消化和吸收国家的翻译产业需求，提供满足需求方的翻译产品或服务。翻译服务需求方和翻译服务方需要相互信任、积极合作、密切交流，才能实现互惠共赢。国家产业翻译技术能力为翻译需求方和翻译服务方提供技术和效率支持，提高双方的信息化、数字化、自动化能力，也是提高国家产业翻译能力，增强国家产业翻译国际影响力和竞争力的有效手段。

三、国家产业翻译能力现状分析

我们根据建构的国家产业翻译能力构成要素，从国家产业翻译管理能力、国家产业翻译需求能力、国家产业翻译服务能力、国家产业翻译技术能力四个方面，对我国的国家产业翻译能力现状进行质性分析，并以我国举办的2022年北京冬季奥林匹克运动会的翻译服务需求和服务为例进行案例分析。

（一）国家产业翻译管理能力

我国还没有制定国家翻译与语言服务产业发展规划，但是已经出台了鼓励翻译语言服务产业发展的具体措施。例如，2021年8月20日，教育部学位管理与研究生教育司将“国际语言服务”设为外国语言文学一级学科下的二级学科，这是国家鼓励翻译与语言服务产业发展，培养和输送专业人才的重大教育政策举措。2021年11月3日，商务部、中共中央宣传部、教育部等7部门联合下发《商务部等7部门办公厅（室）关于组织申报专业类特色服务出口基地的通知》文件，开展包括语言服务等4个领域的特色服务出口基地评审认定工作。2022年3月22日商务部等部门公布了专业类特色服务出口基地名单。2022年10月28日，国家发展改革委、商务部全文发布《鼓励外商投资产业目录（2022年版）》，首次将语言服务产业列入国家产业目录。

我国重视翻译与语言服务产业的标准化管理工作，已经发布了6项翻译国家标准。分别是：《翻译服务规范·第1部分：笔译》（GB/T 19363.1—2022）、《翻译服务规范·第2部分：口译》（GB/

T 19363.2—2006)、《翻译服务译文质量要求》(GB/T 19682—2005)、《翻译服务机器翻译结果的译后编辑要求》(GB/T 40036—2021)、《双语平行语料加工服务基本要求》(GB/T 40035—2021)、《公共服务领域英文译写规范》(GB/T 30240—2017)。这些国家标准的制定和发布，有助于推动翻译服务的专业化和标准化，促进翻译产业的健康发展。

我国积极推动翻译产业资源建设，包括翻译人才认证、语言资源服务平台建设、术语知识服务平台建设等。2003年开始实施全国翻译专业资格（水平）考试，翻译资格证书由中国国家人力资源和社会保障部和中国外文局联合颁发。2022年国家语言资源服务平台对外发布，平台由教育部语言文字信息管理司委托、国家语言资源监测与研究网络媒体中心建设和运行维护，提供多种语言资源和众多语言服务。全国科学技术名词审定委员会打造的“术语在线”是国家术语知识公共服务平台，2016年上线提供服务，以建立规范术语的“数据中心”、“应用中心”和“服务中心”为目标，推广普及规范术语，支持科技发展和文化传承，推进学术话语体系建设。

（二）国家产业翻译需求能力

由于翻译与语言服务产业还没有列入我国经济发展的统计序列，我国还没有关于国家产业翻译需求能力的官方数据。根据中国翻译协会2022年发布的行业发展报告，2021年我国语言服务市场达到554.48亿元，这是语言服务从市场上承接的外包服务。由于一些产业翻译需求由国家政府部门和一些企业内部完成，没有外包到市场上，假设没有外包的产业翻译需求与外包的相同，那么，我国每年产业翻译需求估计为1,108.96亿元左右。

我国产业翻译需求最多的十个垂直行业分别是教育培训、信息通信技术、知识产权、法律法规、会议会展、金融财经、跨境电商、国际传播、留学移民、影视文化。2021年我国翻译产业需求语种最多的是英语、法语、日语、德语、俄语、西班牙语、意大利语、阿拉伯语、泰语。最紧缺的十个语种分别是：阿拉伯语、俄语、德语、英语、白俄罗斯语、法语、日语、泰语、菲律宾语、马来语。[①]我国翻译与语言服务产业需求类型多样化，按照从高到低的顺序，分别是笔译、口译、语言服务人才培训、语言相关咨询服务、翻译工具开发、机器翻译与译后编辑、本地化服务、技术写作、文档排版、字幕翻译和配音。[②]

（三）国家产业翻译服务能力

我国翻译与语言服务产业服务能力进步较快，正在由翻译大国向翻译强国发展。2021年我国语言服务市场达到554.48亿元，截至2021年12月31日，中国含有语言服务业务的企业423,547家，相较2019年年底增长20,452家；语言服务为主营业务的企业9,656家，相较2019年年底增加了806家；语言服务为主营业务的企业全年总产值为554.48亿元，相较2019年年均增长85.24亿元，年均增长率为11.1%。[③]

我国翻译与语言服务企业的服务类型按照从高到低的顺序，分别是笔译、口译、本地化服务、语言服务人才培训、语言相关咨询服务、翻译工具开发、字幕翻译和配音、文档排版、机器翻译

① 参阅2022年《中国翻译及语言服务行业发展报告》。

② 参阅2018年《中国语言服务行业发展报告》。

③ 同注①。

与译后编辑、技术写作。[①]提供翻译服务业务的语种中，“中译外”和“外译中”占比分别为37.1%和37.7%；“外译外”的业务占比25.2%，延续了增长态势。[②]

（四）国家产业翻译技术能力

我国产业翻译技术能力发展迅速，表现为翻译技术研发能力不断增强，翻译工具设计不断丰富，翻译技术和工具的应用不断深入。在机器翻译技术研发方面，1956年，我国将机器翻译列入了国家科学工作发展规划，1957年正式开展国家机器翻译研发。在当前基于深度学习的神经网络机器翻译技术研发方面，位于全球先进行业。以中国科学研究院、中国互联网和高科技公司（百度、腾讯、阿里巴巴、字节跳动、网易有道、华为等）、中国综合性大学（哈尔滨工业大学、东北大学、清华大学、北京大学、南京大学等）为主要科研群体。

基于各种翻译技术开发的翻译工具层出不穷，主要分为机器翻译系统、计算机辅助翻译系统、翻译项目管理系统、语音识别工具、字符识别工具等。其中，机器翻译系统、字符识别和语音识别工具主要由互联网和高科技公司设计，一些大型语言服务企业也开发了自己的机器翻译系统。当前的计算机辅助翻译工具向云翻译管理平台发展，很多大型语言服务企业设计了自己的云翻译管理平台，也有语言服务创业公司开发了云翻译管理平台，例如LanguageX、YiCAT、译马网、云译客等。

---

① 参阅2018年《中国语言服务行业发展报告》。

② 参阅2022年《中国翻译及语言服务行业发展报告2022》。

翻译技术和工具在我国翻译产业界得到了广泛应用，中国翻译协会2022年的行业调查显示，语言服务提供商与服务需求方均表示看好机器翻译前景。89%的语言服务企业愿意在未来投入更多资金来提升企业在机器翻译相关领域的技术实力，92.9%的翻译语言服务需求方受访者认同翻译技术的使用能够提高翻译质量。90%以上的语言服务需求方和语言服务公司都使用不同类型的翻译技术和工具。[①]

（五）北京冬奥会的国家产业翻译能力案例分析

为了具体论述我国国家产业翻译能力，从翻译生产和应用的角度，反映我国产业翻译能力的现状，我们以2022年我国举办的第24届冬季奥林匹克运动会（简称北京冬奥会）的翻译与语言服务为例，从国家产业翻译管理能力、需求能力、服务能力和技术能力四个方面进行案例分析。

为了为本届冬奥会创建良好的语言环境，提供优质的语言服务，北京冬奥会组委会成立了北京冬奥组委对外联络部语言服务处，负责语言服务规划与实施等管理工作。北京冬奥组委、教育部、国家语言文字委员会在赛前联合启动了“北京冬奥会语言服务行动计划”。开展冬奥会所需的语言技术集成及服务、语言翻译及培训服务、优化奥运语言服务环境、开展外语志愿者培训、开展冬奥会语言文化展示体验项目。（王立非，2022：3—4）

北京冬奥会需要的语言服务需求类型包括笔译服务、口译服务、机器翻译服务等。由于需要服务的语种多，类型多，专业性

① 参阅2018年《中国语言服务行业发展报告》。

高，实时性强，北京冬奥会组委会对外联络部组织了冬奥会语言服务项目招标，总金额2355万元人民币。（王立非，2022：43）招标内容为北京冬奥会翻译服务，同声传译服务及设备，机器翻译与语音识别等。中译语通科技股份有限公司、科大讯飞股份有限公司、英孚教育集团中标。

北京冬奥组委对外联络部还组织实施了赛会志愿者的语言培训，涉及27,000名冬奥会志愿者，12,000名冬残奥会志愿者。2019年招募了外语类专业学生志愿者1,050人。经过招标和投标，英孚教育集团中标北京冬奥会的语言培训服务提供商，累计培训外语服务志愿者2,000多人。（王立非，2022：76）为了提高志愿者、奥组委工作人员、赛事服务人员的英语能力，北京冬奥组委组织专家编写出版了《张家口冬奥英语实用手册》、《冬奥会接待服务英语》、《北京冬奥组委工作人员简明读本》、《滑雪场英语脱口而出》、《2022冬奥会雪上运动医护人员英语教程》等书。

翻译技术服务在北京冬奥会上得到充分应用。科大讯飞、中译语通等公司提供了包括机器翻译、计算机辅助翻译、语音识别与语音合成、远程视频翻译等翻译技术服务。北京冬奥组委委托北京语言大学开发了“冬奥术语平台”，在线收录了北京冬奥会和冬残奥会全部比赛项目的术语，覆盖汉语、英语、法语、日语、韩语、俄语、德语、西班牙语八种语言。翻译技术和工具的研发和应用，为北京冬奥会的语言服务增加了科技色彩，提高了语言服务的效率，为实现科技奥运增光添彩。

四、国家产业翻译能力未来发展

国家产业翻译能力的未来发展受到经济全球化发展水平、国家翻译产业政策、资源配置能力、需求供给与服务能力、信息技术应用状况等多重因素影响。下面从国家产业翻译能力所包含的四项子能力的角度，探讨国家产业翻译能力的未来发展。

随着我国经济、科技、政治等综合实力的提高，特别是“一带一路”倡议的顺利推进，大力发展翻译与语言服务产业已经成为国家实施中国文化“走出去”、加强国家国际话语和国家形象的有效手段。我国虽然是翻译大国，但是还不是翻译强国，在国际语言服务产业链中处于中游，其影响力和综合实力还有待提高，国家对此产业的政策红利还有较大发展空间。为了加强翻译与语言服务产业发展，国家应加快规划翻译产业发展布局，制定和发布促进产业发展的政策措施，加强对翻译与语言服务产业的宏观管理，进一步推动产业标准化，深化和聚集国家翻译资源。

发展国家翻译与语言服务产业，激活产业翻译需求是源头。翻译产业是需求导向的科技与文化创意产业，从整体来看，我国产业翻译的需求方对翻译专业化、全球化、基础性和先导性的认识不足，国家翻译需求分散，翻译业务部门设置不合理，翻译业务管理能力不足，这些都限制了产业翻译需求方的发展。未来国家产业翻译需求能力将提升翻译产业定位，提高翻译意识和价值取向，汇聚国家翻译需求，强化共建“一带一路”国家的多语种服务能力，提高科学技术、知识产权、经济贸易、法律法规、生物制药等垂直行业的翻译能力，优化翻译产业组织结构，加强翻译项目管理能力。

国家翻译与语言服务产业服务能力将加快全球化、专业化、信息化的发展步伐。当前我国翻译与语言服务企业存在地区发展不平衡、国有企业数量少、企业规模小而分散、专业服务能力较低、信息化程度偏弱等问题。未来将鼓励国有企业（尤其是国有大型企业）和国家文化部门、商务部门加强合作，做大做强国有翻译企业。借助国家特色语言服务基地，一批有实力的语言服务企业将进一步向综合性、多元化和全球化发展，加强国际企业并购，汇聚全球语言资源，加强翻译技术和工具应用，从中国走向世界，实现企业国际化。

以人工智能为代表的第四次工业革命将推动国家翻译产业的转型升级，我国原创性的翻译技术还不够多，翻译技术基础理论创新不足，今后需要加强翻译技术理论创新。例如，加强基于经验知识的新一代机器翻译技术开发。翻译技术和工具的设计与应用方面，我国具有世界级影响力的翻译技术公司还不够多，翻译技术的设计与应用还存在认识不足、易用性差、安全性低等问题。加强云翻译平台设计和应用，加强语言大数据技术应用，完善国际语言资源服务平台的内容，是未来翻译产业技术发展的方向。

国家产业翻译能力的发展也需要加强学术研究。翻译学术界以往对翻译主体的行为能力的研究多限于对个体译者的翻译能力的考察，很少论及个体译者之外其他主体的翻译能力。（蓝红军，2020：116）翻译与语言服务企业和国家作为翻译研究的主体，其影响力更大，内涵更丰富，需要作为新的研究主体加强研究，国家产业翻译能力是未来需要深化研究的新方向。当前的国家翻译学研究，理论研究较多，应用研究不足，“如何通过理论上的研究来为我国国家翻译实践服务”（任东升、高玉霞，2022：9），加强国家产业翻译的应用研究，是国内学术界值得研究的新课题。

国家产业翻译能力建设是国家翻译能力建设的重要组成部分，

提高国家产业翻译管理能力，加强国家产业翻译需求能力，发展国家产业翻译服务能力，应用国家产业翻译技术能力，关注国家发展的现实需求，服务国家能力建设，具有重要的实践应用价值。深化国家产业翻译能力研究，是促进国家翻译能力研究的新方向，既是新时代国家发展所需，也是我国翻译学科发展所需，在构建国家话语、丰富国家叙事、促进国际传播方面，具有翻译学术理论研究价值。

第二节　国家机构翻译能力

近些年来，中国学者任文、李娟娟（2021）提出国家翻译能力的概念，扩展和丰富了翻译能力研究的内涵。也就是说，中国学者从自身的翻译实践和实际出发，从中国当前国际传播能力建设的角度出发，积极探索翻译在其中的作用空间，给翻译研究带来了新的研究内容和思考路径。

一、文献综述及相关概念辨析

以国家作为翻译研究思考的维度，这是中国学者对翻译研究所做的重要贡献，但相关的思考自从20世纪70年代末以来就已经开始萌芽并逐步发展。这方面的研究主要侧重于研究社会、政治和机构等要素在翻译活动中的作为。

20世纪80至90年代，比较文学是除了语言学之外的作用于翻译研究的一个十分重要的研究路径。Lefevere（1985）是这方面的代表。他的研究将翻译放在社会、文化和历史的语境下讨论，可以看作是翻译社会学的前驱。他将翻译看作一种重写形式，并认为社会是一个包括文学、物理、法律、教育、医疗等子系统的超级系统。这里的系统实际上有点类似抽象层面的institution，即某种社会制度。文学翻译位于文学系统内部。文学系统有一个控制要素，由两方面的参与者共享。一个来自文学系统内部，包括阐释者、批评家、书评家、文学教师和译者等专业人士。一个是赞助制度（patronage），指的是帮助或阻碍文学的写作、阅读和重写的力量（个人、机构）。而充当赞助这个角色可以由个人、团体、社会阶级、皇家法庭、出版商和媒体来充当。赞助人很少尝试直接影响文学系统，它们一般通过设置用来调节文学写作或分配的机构来运作，包括学术机制、审查局、批评刊物和教育机制。从这里的叙述可以看到，充当赞助人角色的既可以是个人，也可以是集体、政党、媒体、机构等等。按照这一逻辑，国家应该也可以充当这一角色。只不过国家是抽象的概念，实际执行国家功能的是具体的机构。可见，Lefevere的思考可以说已经触及了翻译研究的国家维度，也比较明确地触及机构在翻译活动中发挥的作用。

几乎就在同一时期，另一位学者Brian Mossop批评指出，翻译研究长期以来忽视了翻译活动中的一个重要因素——institution，即“制度/组织”。这一批评最早来自Mossop（1988：65）在TTR杂志上的一篇文章。后来很多人的研究基本上接受了他的这个论断。他所说的translating institution有两层含义，一个是抽象层面的制度，一个是具体层面的机构或组织。Mossop研究的是后者，包括集团、教堂、政府机构、政党和报纸等这些直接或间接使用译者服务的组织。既然institution这个词包括抽象和具体两层含义，如何将这个概念的双层含义翻译成中文需要辨析一下。在政治研究领域，有学者将institution一词翻译为“制度组织”，但其含义既有国内学者习惯性想到的“制度（言其抽象与稳定）”之意味，又确指有形存在的一种组织结构（强调其有形且有组织凝聚力）。（彼得·埃文斯等，2009：2）因此，我们在这里将根据具体的情况称其为“制度”或“组织”。

稍后，Mossop（1990）在另一篇论述制度/组织翻译的论文中重复了他之前的观点，即组织机构的目标决定了它的翻译方法。他仍然以加拿大政府组织机构翻译为例，考察翻译组织机构（公司、政府、报社、教堂、文学出版社等）在决定翻译如何生产（主要涉及翻译方法和语言层面）的过程中发挥的作用和角色，并由此思考组织机构作为一个要素在翻译理论中的重要性和对翻译理论的启示。

在上述学者的不断阐发下，translating institution或institutional translation这个概念在翻译研究领域作为学科知识的一部分被各类工具书所采纳，（Kang，2011：141–144；Koskinen，2011：54–60）出现了一批可观的研究成果，有代表性的学者包括Mossop（1990，2006，2014）、Hermans（1997）、Koskinen（2000，2001，2014）等人。翻译学杂志*Perspectives*在2014年第4期推出了制度/组织翻译研究专号，除了以上作者外，还有Harding（2014）、Kang（2014）、Li Pan（2014）、Schäffner et al.（2014）等人。专著方面有偏重于实践的Wagner, Bech & Martínez的*Translating for the European Union Institutions*（2002），讨论的对象是欧盟这种跨国组织；Hung & Wakabayashi主编的*Asian Translation Traditions*（2005），专注于亚洲的翻译传统。两位主编就亚洲国家如中、日、韩、越所普遍存在的政府主导的翻译活动进行了卓有成效的讨论，比如编者之一的孔慧怡就认为，中国翻译传统的一大特点就是所谓的政府主导的集体翻译。近些年来，国内的翻译研究关注到中国政府主持的翻译活动，研究者对一些翻译项目如“熊猫丛书”（耿强，2019）、《中国文学》（郑晔，2013）、外文局（马士奎、倪秀华，2017；倪秀华，2012）进行了系统考察，亦有学者提出国家翻译实践的概念（任东升、高玉霞，2014），意图进行系统的理论建构。

Koskinen（2014）的研究引发了一定的关注，这里值得注意。她在一篇相关文章中从政府和国家治理的角度研究机构翻译。作者首先指出，由于学界对institutional translation的定义和内涵意见不一，她建议对这个概念进行悬置和擦除，然后先从“机构使用翻译的目标是什么”（Koskinen，2014：480）进行讨论，看能否独辟蹊径。因此这篇文章的主要目的在于弄清楚这个概念不同用法之间的不一致源头在哪里，然后为这个概念提供一个清晰的基础。该文的一个关键词是治理（government），其论述的预设有两点：治理是机构的核心功能；在多语语境下，治理不可避免地需要发展和翻译的关系。（Koskinen，2014：480）在此基础上，作者提出“依靠翻译治理”（governing by translation）的理念。作者认为，在翻译研究中，人们更多从社会学而不是经济、管理或政治学角度研究机构翻译。这或许是争议的来源之一。因为，社会学对institution这个词的理解几乎涵盖人类社会的任何方面，如果采纳社会学的理解，几乎所有的翻译都是机构的或机制的。但作者从机构治理的角度讨论，翻译在这个过程中扮演什么角色和作用。“从很多方面来看，治理是一个话语实践。它主要依赖基于文本的档案，以及治理机构并且通过它们的文本而形成。”（Koskinen，2014：483）治理意味着控制和管理，为了实现治理，统治者会利用各种象征方式表明自己的权威。而对于很多机构来说，翻译都是它们的运行不可或缺的构成。“通过翻译进行治理的第一步是决定使用哪个语言，翻译和口译怎样以及在什么程度上被机构化。”（Koskinen，2014：483）

Koskinen认为几乎所有的社会和国家都是多语的，这里的多语包括了地方语言和官方语言等方面，因此她借用了Meylaerts在2013年的研究，指出国家权力机构对于处理多语主义有四种基本选择。一个是彻底的单语主义（排他性地使用单一的“民族语言”），一个是它的反面，即完全彻底的多方向多语主义，第三个是选择偶尔和暂时的翻译服务，以及有限的翻译权利，第四个选择是结合国家或联邦层面的多方向多语主义和地方层面的单语主义。（Koskinen，2014：483–484）Koskinen认为，翻译实践的不同机制在上述四个情况下都有。在一些单语治理语境中，政策会绝对排斥翻译，禁止翻译，如二战后英国占领德国，只使用英语，把翻译的重担转移到德国人自己身上。以上表明，治理中的翻译很少和纯粹的交际需要有关。它产生广泛的象征权力，翻译或不翻译被用于表明一种等级关系。多方向多语主义象征着一种语言平等和民主。欧盟是最典型的代表，但Koskinen不忘提醒，欧盟的语言机制并不包括地方少数族裔语言、移民语言或为了有特殊目的和需求的交际，如手势语或简化语。不仅如此，多方向多语主义也会存在问题，比如欧盟内部，还是有所谓的通用语，比如法语。不同的文类处理也不一样。随着社会日益多元化，单语背景中很多采取的是临时翻译服务。

治理围绕调节和控制展开，因此法律翻译经常是组织最好和最为机构化的领域。多语主义和单语主义的结合也比较常见。这里面，不同的选择会导致翻译的数量不同，涉及不同语言，质量也不一样。Koskinen发现，机构翻译并不一定需要高度机构化。比如正式的国际组织举行活动，经常会招募很多临时的志愿者译者。最后，Koskinen提出了“翻译实践机制”（regime of translation practice）的概念，认为它在机构的治理中存在不同的形式。她将机构的治理分为四个层次，核心层是维护（maintenance），然后是调节（regulation），接着是实施（implementation），最后是沟通（communication）。（Koskinen，2014：486–488）这四个层面，对话语的使用有不同的侧重。为了维护，会起草基础性档案，活动和过程被记录和存档，日常管理归位。管控是治理的核心活动，核心文类包括立法和其他司法与管理文本以及其他法律和法律程序需要的次级文档。治理发挥功能需要实施管控和规范，因此创造对不同交际信息和指导模式的需求。最后，合法性、权威和当代对参与式民主的需求，将文本和翻译的需求延伸到劝说、政治和象征性文本类别。在这些不同的层面，翻译的机构化水平是不一样的。Koskinen尤其强调，“过多的机构化，尤其是如果它对翻译解决方案产生了阻碍，导致官方化或对欧洲迷雾的抱怨，会产生相反的效果”（Koskinen，2014：488）。因此，翻译与机构之间的关系存在程度上的区别。机构翻译也可以采取不同程度的机构化（institutionalization）。她还提到，Wolf（2012）区分机构化的翻译（institutionalized translation）和日常化的翻译（habitualized translation）。前者更多用在学校、军队和多语管理方面。Koskinen对这种非此即彼的区分持批评意见，认为机构化翻译的内涵是一个过渡性的过程，是一个连续体。她指出，目前有很多零散的对不同历史语境的个案研究，但缺少聚焦于机构化过程的纵向研究。作为结论，她认为，“翻译是治理艺术的一个策略选项，而且这个治理功能是理解机构翻译的关键”（Koskinen，2014：490）。

综上所述，翻译研究逐渐从关注意识形态、政治、社会等要素对翻译的影响走向聚焦于翻译在国家和超国家治理方面所发挥的作用空间，这些研究为我们思考国家作为翻译考量的视角提供了借鉴。

二、国家机构翻译能力概念界定及要素构成

国家机构翻译能力属于国家翻译能力体系的一部分，但正如一些学者指出的，国家翻译能力体系建构仍处于初期探索阶段。关于“国家翻译能力”概念、理论等的宏观研究与“国家翻译能力”各细分领域的中微观研究不断涌现，但其相互作用关系，以及宏观概念、理论等对各细分领域的适用性与适用范围，尚缺乏探讨与证实。换言之，国家翻译能力体系宏观与中微观的“系统图谱”有待进一步探究与完善。（张潆洁、朱玉犇，2022）杨枫指出，国家翻译能力与世界知识体系相对，是一个国家主导、管理、支持、提供和使用所具有的知识世界进行再生产的能力，代表国家整体、系统知识的国际竞争力，包括知识的进口和出口能力。他提出要对国家翻译能力基本构成和影响因素进行研究和评价，包括建立国家翻译能力的评价模型，设计、评价国家翻译能力的指标体系，建立国家翻译能力科学评价的理论、方法及品牌。（转引自张潆洁、朱玉犇，2022）

我们认为，要弄清楚国家机构翻译能力的内涵与功能，首先必须就什么是国家机构进行明确的界定。一般来说，国家机构是国家为实现其职能而建立起来的一整套国家机关体系的总称。从行使职权的性质上看，可以把它们分为国家权力统一原则下的权力机关、行政机关、审判机关和检察机关；从行使职权的地域范围上看，可以把它们分为中央国家机关和地方国家机关。中国最高国家权力机关是全国人民代表大会，中央人民政府是最高权力的执行机关。国

家行政机关的职能是依法行使国家权力、执行国家行政职能。国家行政机关主要包括国务院即中央人民政府、国务院直属机构、各级地方行政机关。审判机关是人民法院，检察机关是国家监察委员会。国务院组成部门包括外交部、科技部、农业农村部、国防部、教育部等26个，以及1个直属特设机构、14个直属机构、7个国务院办事机构、8个直属事业单位以及17个国务院部委管理的国家局。①除了上述系统之外，还包括中央党群机关，主要涉及党务部门和群众团体。它们和权力机关、行政机关、审判和检察机关的区别在于，前者严格来说是一种社会组织，而后者是国家管理机关。翻译学界目前关注比较多的是外文局，全称是中国外文出版发行事业局，是中央直属的对外传播机构，属于副部级事业单位。然后是处于同样地位的中央编译局。外交部的一些例行会议或活动所使用的口译人员也经常受到关注。

我们认为，国家机构翻译能力应该至少包括以下三个方面的能力：翻译管理能力、翻译生产能力、翻译传播能力。各个能力可以根据需要再分为数量不等的子能力。

根据国家翻译管理能力的定义——“通过顶层设计、规范制定、资源配置、行业管理等途径为合法合规的翻译活动提供基础和保障，并为人才培养、发展规模等提供规划设计”的能力（任文、李娟娟，2021：9），我们将国家机构翻译管理能力界定为国家机构对翻译活动的调配和管理的能力，具体包括翻译需求管理、翻译资源管理和翻译发展管理三个方面。翻译需求管理是对机构内部的翻译需求进行的组织和安排，以及对需求潜势的预测和估计。以外

① 数据源自中华人民共和国中央人民政府网。

文局的翻译活动为例，外文局过去每年都有出版选题和翻译计划的编制，这个工作在20世纪80年代之前比较常见。经过市场化改革之后，对翻译需求的组织管理仍然是翻译活动中十分重要的一个环节，因为翻译需求决定了机构的盈利。虽然作为中央所属机构，应较为关注翻译的社会效益，但经济效益也是不能不予以考虑的方面。作为专门的对外传播机构，外文局负责向世界全方位地说明中国，更需要考虑市场因素。或者更确切地说，在社会效益和市场效益之间保持一个良性的平衡变得尤为重要。即便对于翻译活动不多的机构来说，对翻译需求的预先管理可以避免突击翻译任务造成的翻译资源配置不均而导致的翻译无法有效执行的问题。比如遇到重大的国内或国际活动，就需要提前做好翻译预案以及年度预算，确保翻译工作顺利实施。不过整体来看，若翻译活动的整体数量不多，机构可以进行灵活的管理，将这些工作外包或委托行业企业进行处理。或者在中央和行政机关相互之间进行任务的协调，这些也是翻译管理能力的应有之义。翻译资源管理指的是机构对内部和外部翻译资源的掌握、组织和调用的能力。中央和国家层面的各个机构在翻译需求方面存在较大差异。翻译在各个机构中所发挥的作用也不相同。对于外交部而言，翻译是它进行日常管理和运行的一个必要手段，因此对翻译的管理和资源的调用能力突出。外交部本身就储备有丰富的翻译资源。我们认为，如果翻译在机构的运行过程中并不占据主要或显著位置，可以考虑较多使用社会翻译资源进行任务处理。比如，在翻译任务的解决过程中，建立起稳定的翻译资源网络，对日常的零散翻译进行处理，或应对紧急翻译任务。翻译发展管理是指机构在对自身的翻译需求进行评估后对未来所采取的翻译规范和政策进行的规划。不同的机构在发展管理方面的能力有所区别。如果翻译在机构的日常运行方面发挥十分关键的作用，机构理应将翻译发展视为自己日常管理方面的一个重要内容，尤其是当机构内部设有专门的翻译部门并负责相关人才培养时。

翻译生产能力是指机构在产出翻译产品、提供相关服务方面的能力。这里的服务可以指向机构的内部，也可以指向社会和市场。翻译生产涉及很多环节，包括翻译任务的确定、人员的选择、翻译的实施、产品鉴定、产品投放和反馈等等。这里面最为核心的是人员选择和翻译实施，也就是我们经常讲的如何选择译者以及如何翻译。译者选择有两种途径。一种是机构设置翻译岗位，通过一定的筛选程序选择译员作为签约的正式职员。此类机构一般有大量的翻译需求。另一种是从翻译市场进行选择，机构对外投放翻译需求，相当于将翻译任务进行外包。可以委托行业企业承担，这样机构就可以不必直接面对市场，节省成本。至于如何翻译，一般会受到多种条件的影响和制约。首先，机构自身对译文有规范方面的要求，若委托行业企业提供相关服务，则需要提供相关文本和资源，一方面明确翻译的期待，一方面为对方高质量完成任务提供可以使用的参考文档和语言数据。若选择了市场化服务，机构自身无法直接对翻译过程实施控制，只能从产品端进行把控，将质量和过程控制转移到服务提供方。若翻译过程发生在机构内部，则必须设置全面的翻译过程控制机制，确保翻译质量。比如，设置翻译质量的重重审核机制，团队组会制度，在翻译任务开始之前编制翻译风格手册并准备参考文档和语言数据库，帮助翻译顺利实施。这些方面类似于翻译过程管理的内容。

翻译传播能力是指机构将翻译的产品及时准确地投放到目标群体，并产生想要的效果的能力。就国家机构而言，除了少数面向市场的出版企业，其他机构虽然想要对自己的翻译产品进行传播，但由于并无有关方面的专业资源，恐怕很难在这方面有所作为。传播能力很大程度上依赖传播媒介的多样性。除了通过纸质印刷品进行传播的传统媒介之外，翻译产品也可以通过目前主流的数字化媒介进行，如互联网社交媒体。线下传播也是一个行之有效的办法，如主办各种文化、学术、产业活动，邀请相关行业和媒体参加交流，等等。

三、国家机构翻译能力现状分析

目前对国家机构翻译能力的研究数量有限，大部分研究主要集中于讨论少数国家机构的翻译行为，或者从国家机构视角讨论具体的文本翻译。张峻峰、庞影平（2022：148）从机构翻译的视角讨论《习近平谈治国理政》的翻译问题，认为“机构翻译的官方规约性可以用来解释外宣翻译中忠实的动态性和恒定性”。“不同历史时期的忠实内涵，是在考虑国内外形势和国家战略需求的基础上因时、因势而定，具有动态性；机构翻译忠实的对象是恒定的，即忠实于国家利益最大化的总目标；在文本构建和翻译重构策略选择层面，忠实的具体对象是当时当地官方管理机构制定的规约。”部分学者就国家机构翻译的规范进行了讨论。耿强（2012）以外文局的“熊猫丛书”为例，讨论了国家机构在翻译方面所具有的动机规范、过程规范和产品规范。过程规范又分为参与翻译行为的个人以及物质性的生产过程与组织。产品规范则包括选择什么样的文本来翻译以及如何翻译。该研究指出了翻译规范方面存在的不足，提出了改进的建议，认为可以在译本选材、翻译方法、营销策略等方面综合考虑，保持一个平衡点。滕梅、吴菲菲（2014）研究中央编译局马列著作及“毛著”翻译，考察机构翻译的组织和管理。研究发现，国家机构的翻译活动受读者需求、目标语文化政治环境、社会背景及文本类型等因素的规约和影响。胡波（2022）从国家翻译实践的角度讨论国家机构法治话语的译出在制度建设上面临的问题，为国家机构法治话语翻译提出制度建设路径。该研究发现，目前我国法治话语译出力量松散，缺乏统一的组织机构。法治话语翻译人才匮乏，尚未建立高端翻译人才培养机制。我国法治话语文本中英文发布不同步。法治话语翻译主体单一，缺乏国际合作机制。针对上述问题，该文提出国家机构法治话语译出制度化建设路径应该包括在宏观层面健全法治话语翻译制度化管理，在中观层面完善翻译人才培养和译本发布机制，在微观层面建立以我为主，中外合作的翻译行为机制。

基于上述研究可以发现，目前对国家机构翻译能力的研究尚未真正开始。从我们设想的国家机构翻译能力的构成来看，外文局、中央编译局、外交部以及各个省市一级的外事办公室等是机构翻译能力的重点考察对象，因为它们的日常运行和管理离不开翻译。仅以外文局在20世纪八九十年代组织的"熊猫丛书"为例，丛书的出版有着明确的管理机制，包括翻译计划的安排、作品的选择、译员的挑选、翻译的过程、产品的印刷和出版以及最后的传播。外文局在这方面体现出来十分强大的组织协调和管理能力，可以在很短的时间内组织大量人力完成比较急迫的翻译任务。这里需要指出的是，虽然丛书最后并未持续进行下去，但背后的原因比较复杂，并不全然是翻译的问题，有些和机构内部的人事安排与计划调整有关，也和译本的传播渠道建设能力有关。从这个角度来综合评价，可以大致得出结论，外文局在翻译管理能力和翻译实施能力方面具有很大的优势，不足和短板在于翻译的传播能力方面。当前，国家十分注重传播能力建设，外文局在这方面也有多项新举措，相信未来一定会提升传播力，更好促进中国话语、中国文化走出国门，为世界文化的多元化做出更大贡献。

四、国家机构翻译能力未来发展

国家机构翻译能力是一个尚待开垦的处女地。相关研究可以从以下几个方面展开：

首先，国家机构翻译能力指标体系研究。我们对这一能力指标的构成进行了初步探索，但显而易见的是，这一尝试并未穷尽其他的能力方面。是否存在第四个或第五个能力构成，还需要我们结合具体的个案进行分析。各个能力构成相互之间的关系还需要进一步的讨论和完善。不过有一点是肯定的，目前的三个能力构成是相互联系的一个整体，管理能力服务生产能力，生产能力靠传播能力实现。原因很简单，如果传播不出去或传播效果不好，生产能力的目标就没有达成，会直接损害传播能力。此外，各个能力具体的内涵需要进一步夯实，这就需要我们就二级能力构成的指标进行深入探索和分析。目前我们只是提出了管理能力的三个二级能力构成，翻译生产能力和翻译传播能力还需要做进一步的总结。

其次，国家机构翻译能力对翻译实践的启示。在机构的层面，我们可以利用田野调查、采访、口述、网络大数据采集、档案挖掘、历史考古等方式，为机构翻译能力建立描述档案，充分掌握机构在翻译方面的实际需求和内部运行机制。这种机构层面的翻译能力建设会对翻译实践产生积极作用，比如促进中国知识、文化和产品在海外的传播，引进国外优秀文明成果更好地服务中国式现代化的建设任务。国家机构翻译能力落实到微观层面，直接和个体的翻译能力提升有密切关系。机构翻译为个体译者提供了广阔的舞台，其多样的翻译任务、复杂的翻译场景、合作式翻译模式都会给个体翻译能力的提高提供充分的空间与可能。

再次，国家机构翻译能力可以促进翻译学科和翻译行业的发展。国家机构翻译可以为翻译专业博士培养提供项目合作空间。翻译专业博士培养需要采取项目化形式，强化国家机构、高校和企业的三方合作，深化合作形式和推动内涵发展，实现多方共赢。

最后，国家机构翻译能力可以为翻译研究提供中国经验和中国话语。当前国际翻译研究可以说忽略了国家这一重要的概念和研究视角。中国的翻译实践不同于西方的一个方面就是，自古至今，由国家机构推动的翻译活动占据很大的比重，古代佛经翻译的译场、明清之际的西学翻译以及现在的外文局和编译局，构成了独具特色的中国翻译活动实践。对这些丰富的实践成果进行研究，可以有望提出中国自主的翻译话语体系，某种程度上对翻译研究的西方中心主义和欧洲中心主义起到纠偏作用。

国家机构翻译能力是国家机构在管理、生产和传播翻译的过程中所体现出来的综合能力。它是翻译研究当中一个有待探索的崭新领域，可以从社会学视角研究国家机构在翻译管理、翻译生产和翻译传播过程中的表现，考察三个方面相互之间的关系，并深化管理、生产和传播的内涵。目前，我们亟须对国家机构翻译活动的实际进行田野调查，获取一手资料。然后利用现有的分析工具对其进行客观描述和主题分析，比如可以讨论特定国家机构翻译管理能力的现状、构成和功能。可以分析国家机构层面翻译过程所涉及的行为者和参与者，讨论这一过程中译者行为的特征以及翻译的策略和方法。可以探索国家机构翻译的规范，进一步丰富我们对已有翻译规范的认识，因为已有规范并未将国家机构作为一个主要功能性要素进行考虑。国家机构翻译能力研究的最终目的是在摸清能力构成的基础上，提出切实可行的方案，促进国家机构提升翻译能力，更好地推动中国文化、知识和产品服务全人类，体现中国式现代化对世界文明的贡献。

第三节 国家应急翻译能力

在2020年全国新冠疫情感染者疫时和疫后的救护与防护过程中，救援人员、医生、患者之间面临巨大的方言鸿沟，这阻碍了感染者灾后的心理康复和心理重建，（王立非等，2020：25）同时也显化了应急翻译服务的重要性与迫切性。Bassnett（2013）认为翻译常常包含语内翻译、语际翻译和符际翻译，蓝红军（2020）认为语言服务是翻译的一个本质维度。因此从本质意义上，应急翻译服务亦可称之为应急语言服务，是应急事件中语言应急措施的重要组成部分。如纸质媒体和网络媒体上的信息发布，藏、维、哈等民族的多语服务，医疗救援沟通，方言与官方语言间的转换服务，建立谣言预警机制等方面（王春辉，2020：42—46）的语言应急措施都可归为应急语言服务体系的一部分。

随后，新冠疫情、猴痘等成为国际关注的突发公共卫生事件（public health emergency of international concern, PHEIC），以国家为实施主体的语言服务应急机制和预案的建立与发展进程逐步受到国内语言翻译界的重视，李宇明（2020）、蔡基刚（2020）、穆雷等（2022）探索国家应急语言服务与翻译教学和术语翻译管理的关系。然而，专门研究国家应急翻译能力的概念、组成要素以及人才培养实施路径的文献较少，一定程度上忽略了应急翻译能力本质上也是国家语言治理体系的必然要素。本节尝试对应急翻译能力的概念、组成要素与人才培养路径进行聚焦式探讨，望引起学界和业界对应急翻译能力体系建设的进一步关注和探索。

一、应急事件概念界定

探讨应急翻译能力首先要厘清什么是应急事件。关于应急事件的概念，无论是在理论或是实践层面，目前学界和业界都尚未形成统一看法。在概念使用上，国内外学界和业界普遍使用的概念有："应急事件（emergency）"、"（公共）危机（crisis）"、"紧急状态（state of emergency）"、"灾害（hazard）、灾难（disaster）"等。（黄宏纯，2018）虽然这些概念所描述的事件或状态性质相近，但概念的侧重点截然不同。（郭济，2004）如"（公共）危机（crisis）"强调事件的社会影响范围；"灾害（hazard）"强调事件发生后对人们健康、财产等的潜在影响。

在概念定义上，世界各国对应急事件的界定亦各有不同。例如，英国将应急事件定义为"对人的福祉、环境或安全构成威胁或造成严重损失的情境或一系列事件"。在美国，凡危及国家安全，危害安全和社会秩序，威胁国家、公民生命和财产安全，并有可能造成严重后果，需要立即予以处置的事件，均称为应急事件。（屈哨兵，2016）澳大利亚在1999年颁布的《紧急事件管理法》中明确指出，应急事件是指已经发生或即将来临的，需要做出重大、协调一致决策的事件。（李宇明，2020）

1988年11月2日公安部颁布了《关于处置各种突发事件的几点意见》，意见涉及了“应急事件”的相关含义。2006年1月8日国务院颁布《国家突发公共事件总体应急预案》，首次将突发公共事件（即应急事件）定义为“突然发生，造成或者可能造成重大人员伤亡、财产损失、生态环境破坏和严重社会危害，危及安全的紧急事件”。2007年11月1日起施行的《中华人民共和国突发事件应对法》又将突发事件（即应急事件）定义为“突然发生，造成或者可能造成严重社会危害，需要采取应急处置措施予以应对的自然灾害、事故灾难、公共卫生事件和社会安全事件”。最新一版的定义既界定了应急事件涉及的领域，又突出了应急事件的基本特征，内涵较为全面。下文在此概念基础上，对国家应急翻译能力的概念与组成要素做进一步的讨论。

二、国家应急翻译能力的概念及要素

（一）应急翻译能力的概念

在上述关于应急翻译能力研究综述及应急事件的定义基础上，我们受到“国家语言能力”定义（文秋芳，2016、2017）、国家翻译能力概念体系（任东升，2019；任文、李娟娟，2021；任文、蒋莉华，2022）及其构成要素（任文、李娟娟，2021）启发，尝试提出国家应急翻译能力的概念定义：国家应急翻译能力，或称为国家应急语言服务能力，是国家翻译能力的本质维度之一，其实施主体为国家，具体是指一个国家在面对具有重大社会危害性的自然灾害、事故灾难、公共卫生事件和社会安全事件时，能及时制定相关政策和法律法规，掌控充分的应急语言资源，从而在应急事件发生前、发生中和发生后能及时发布应急预警信息，进行应急翻译服务，处理应急翻译问题，发布应急翻译产品，做好谣言引导与控制，提高人们的应急预防、谣言辨识、救护防护能力，并结合先进的应急技术工具，实施应急翻译教学与研究，实现多语种人才资源储备，及时准确完成应急翻译服务，有效降低事件的社会危害、人们的财产损失与心理问题的能力总和。

（二）应急翻译能力要素

据国家应急翻译能力的定义及其与应急语言服务关系，提出其包含的能力子要素：应急翻译管理能力、应急翻译实践能力、应急翻译传播能力与应急翻译发展能力，如图2–3所示。下文将对四个要素进行详细的阐释。

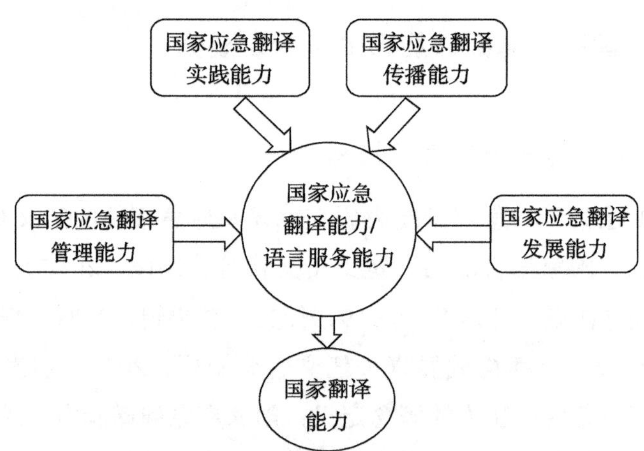

图2–3　国家应急翻译能力概念体系

1.应急翻译管理能力

国家应急翻译管理能力是国家应急翻译能力的顶层设计，是指国家作为应急翻译行为的倡导者、发布者与支持者，及时准确制定自然灾害、公共卫生安全等应急事件的政策、法规，统筹各级政府及时进行应急预警，合理规划与配置事件前中后所需资源，积极安抚民众精神与心理，助力应急事件救援与事后恢复的能力。其包含四个子方面：应急预警敏锐力、应急法律制度规划力、应急翻译资源掌控力、心理健康关怀力。

应急预警敏锐力是指官方及时监测到应急事件的发生情况，以多语种的形式，通过网络媒体与纸质媒体发布预警信息，及时以不同语种、不同方言告知民众的能力。应急法律制度规划力是指官方通过相关应急翻译立法，如设立应急翻译伤害保护法、应急翻译标准等，为应急语言服务提供法律层面保障的能力。应急翻译资源掌控力是指国家对应急翻译信息发布渠道、多语种服务人才、技术工具、流通资金等资源的掌握与合理配置能力。心理健康关怀力是指国家将应急翻译作为跨语言民众间的心灵沟通桥梁，对遭遇了具有严重危害性突发事件的民众给予精神上和心理上的关爱与关怀，帮助其灾后心理恢复和心理重建的能力。

2.应急翻译实践能力

应急翻译实践能力是国家应急翻译能力的实践表现。在应急事件中其主要表现为医生、救援人员、伤者之间的跨语言沟通行为，包括我国官方语言与外国语言之间、官方语言与方言之间、不同方言之间、民族语言与官方语言之间的跨文化、跨语言交流行为。其变现能力表现为与应急事件相关的口笔译、手语翻译、视听翻译、字幕翻译等的翻译产出值。国家应急翻译实践能力的拥有者可以是个人、机构甚至是整个翻译行业，但应急事件的社会危害性特质决定了国家应急翻译实践的发起者必须为国家，以保证充分贯彻我国的科学发展观核心——“以人为本”。由此，国家应急翻译实践能力主要包括以下三方面：多语言翻译力、翻译产出力、行业应急力。

多语言翻译力是指由国家赞助和发起的多语种应急翻译服务能力，如地震救援中的口译服务能力，自闭症、失语症等特殊患者灾后心理康复的手语翻译服务能力，等等。翻译产出力是指国家具备一定的应急语言服务能力，并通过发布相关应急翻译任务，最终提高自身的文化软实力和经济硬实力的产值变现的能力。行业应急力是指国家领导下的应急语言服务行业能够随时响应国家的号召，为突发性紧急事件实施应急语言措施，挽救人们生命和财产损失的行动力。

3.应急翻译传播能力

应急翻译传播能力重在突出国家应急翻译实践成果的效力，应急翻译实践的最终产品价值需要通过其传播效力来衡量。因此，国家应急翻译传播能力是指国家通过多种媒介传播应急翻译产品，并使之在对应的领域具有一定的影响力的能力，具体包括媒介传播力、产品影响力和互译影响力。（任文、李娟娟，2021：10）

媒介传播力是指国家能够以何种和多少种媒介发布和传播自己的应急翻译实践作品，如纸质媒介或网络媒介，或多种媒介融合传播的能力。产品影响力是国家应急翻译实践产品国际形象结构的关键一环，其衡量标准主要有销量、图书馆馆藏量、引用量等。互译影响力是指国家能否实现不同语种、不同方言、官方语言与非官方语言等之间的互译，并使其在对应的学术领域或者行业领域产生影响的能力。如2020年将首部《新型冠状病毒肺炎预防手册》编译成英语、俄语、德语、塔吉克语、法语等，并使之为全球民众的疫情防控提供中国方案，产生中国影响。

4.应急翻译发展能力

应急翻译发展能力是国家应急翻译管理能力、实践能力和传播能力的地基，确保国家应急语言服务活动的正常进行，是一种资源的培育、储备和运用能力，是国家应急翻译能力可持续发展的重要支撑。其具体包括多语言人才储备力、应急语言教学力、应急语言服务研究力、应急技术运用力。

多语言人才储备力是指培养和储备了多少种语言的能力，包括外语、方言、民族语言、官方语言普通话等人才储备。不同语种人才的储备数量与人才翻译能力是多语种人才储备力的关键评价指标。应急语言教学力是指高校开展应急翻译课程、专业的数量与层次，翻译教学评估指标越高，应急语言教学能力就越强。应急语言服务研究力是指翻译研究和翻译教学结合，产出成果反哺应急翻译实践、应急翻译教学、应急翻译管理和应急翻译发展的能力。应急技术运用力是指研发和熟练运用相关的应急语言技术产品（如人工智能同声传译、搜救无人机、语音识别等技术产品）的能力。

5.要素之间的关联

国家应急翻译管理能力是国家应急翻译能力的顶层设计，统筹着国家应急翻译实践能力、传播能力和发展能力，为其提供政策、资源和适宜的成长环境。国家应急翻译传播能力是国家应急翻译实践能力的实现途径，两者互相影响，相互成就。国家应急翻译发展能力是国家应急翻译能力可持续发展的动力支撑，为国家应急翻译能力提供源源不断的人才、技术和资金支持。四者之间相互影响、相辅相成，缺一不可，具体如图2-4所示。

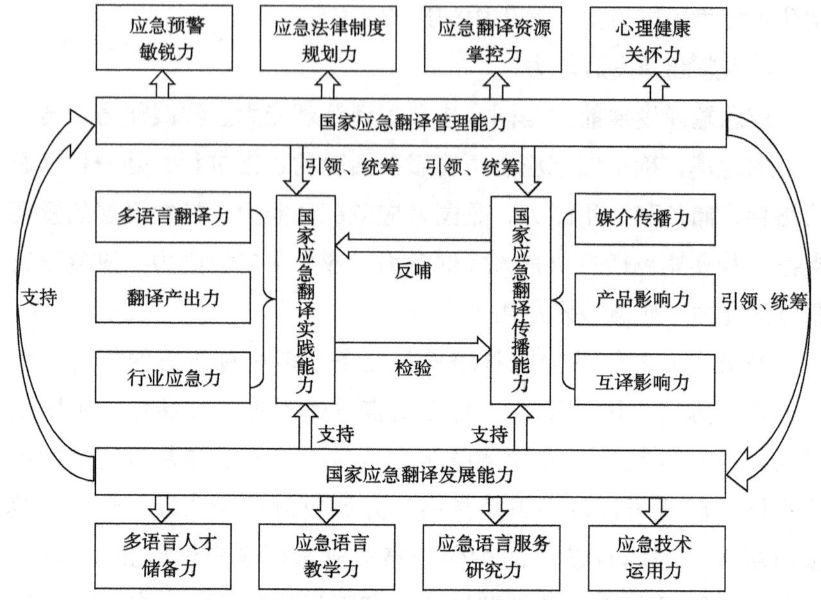

图2-4　国家应急翻译能力构成要素及其关联

三、国家应急翻译能力现状分析

通过上述对国家应急翻译能力概念的界定以及组成要素的分析，可以知道国家应急翻译能力建设对国家文化软实力和经济硬实力的发展具有重要作用。故下文将对国家应急翻译能力的社会现状做一个简单的分析，以期发现其存在的主要问题并提供对应的解决路径，助力我国综合国力的提升。

（一）应急翻译需求大

2021年，国务院发布《关于全面加强新时代语言文字工作的意见》；次年，我国又发布《“十四五”国家应急体系规划》和《国家应急语言服务团三年行动计划（2023—2025年）》。这些文件旨在建设高层次专业化的应急语言服务人才队伍，提升应急救援人员的多言多语翻译能力，发展并完善我国的应急语言服务机制。在政策的鼓励下，我国应急语言翻译服务需求得到了巨大的发展机遇。

此外，相关研究表明，突发性紧急情况下个体语言能力会下降，尽管部分个体具备通用语言能力，但也会难以获取及时、准确、有用的灾害应急信息。（Purtle et al.，2015；Leelawat et al.，2017；Uekusa，2019；Chmutina & Von，2019）因此，社会需要专门的应急翻译人才提供多言多语的服务模式，将含义准确、形式简单、重要性强的应急信息第一时间传递给受灾者。（李宇明、饶高琦，2020：3）受到政策的鼓励和个体自然需求的促动，我国的应急翻译人才需求自然也会逐步增长。

（二）应急翻译人才匮乏

近二十年来，我国较为严重的灾害有2008年的汶川8.0级大地震和2020年暴发的新冠疫情。汶川县人口最多的民族是羌族，比例高达42.9%，（国务院第七次全国人口普查领导小组办公室，2020）其使用语言主要是藏语分支中的安多方言和嘉绒方言。（汶川县人民政府，2010）所以在2008年的汶川大地震中，外地救援人员、志愿者们听不懂方言，严重阻碍了救援组织和志愿组织的沟通机制，应急语言服务功效未能充分发挥。（刘唤宇，2022）

2020年新冠疫情暴发，全国各地的医疗资源纷纷聚集到武汉。由于各省方言不同，语言沟通障碍一定程度上限制了跨省救援行动。尽管后续编写了《抗击疫情湖北方言通》、《疫情防控外语通》等，并翻译成了41种外语，（李宇明、饶高琦，2020：4）但复杂的方言文化与跨语种文化仍阻碍了感染者疫后的心理复健。（王茜鑫等，2021：3347）熟悉某种语言文化的应急翻译人才缺乏致使应急语言服务的社会效应未能充分显现。综上可知，尽管应急语言翻译人才需求量大，但在频发的灾害事故面前，其应急翻译人才供应仍未能满足突发紧急事件的事前预警、事中救援和事后恢复需求。

（三）国家应急翻译体系尚需完善

世界上很多国家和地区组织构建了专门的应急体系，以应对突发公共事件中应急语言服务人才缺乏的问题。例如，世界卫生组织（World Health Organization, WHO）安排专业部门标准化突发公共卫生事件中的术语。美国推出了国家语言服务团，建立语言服务志愿者队伍，为国内外突发事件提供应急翻译服务。该服务团现有7000多名志愿者，掌握300余种语言。（张天伟，2020：68）日本也颁布了在突发灾难中使用的“简化日语”。（陈林俊，2020：73；姚艳玲，2021：22）简化日语采用形式简单的词汇，目的是缓解应急救援时的多语压力，提高救援效率。韩国甚至为疫情和突发性紧急事件建立了专门的门户网站和应急服务热线，多语种多渠道发布应急信息。（张天伟，2020：69）与国外相比，我国相对应的应急语言翻译服务机制尚不完善。尽管早在2020年，司罗红、王晖（2020）就提出了突发性紧急事件中使用的“生存普通话”，以应对应急翻译人才不足的救援情况，但并未受到足够的重视。

此外，我国的应急语言服务人才培养亦缺乏法律基础，这就导致我国应急翻译服务人才培养还处于“被动”阶段。尽管国家已经颁布了应对突发紧急事件的法律，如《中华人民共和国突发事件应对法》、《中华人民共和国国家通用语言文字法》、《中华人民共和国传染病防治法》等，但关于如何培养应急翻译人才，使之满足应急事件中语言应急救援沟通需求，已颁布的法律中并未明确提及。所以应急语言服务人才培养仍缺少国家法律层面的支持，整个体系亟须发展完善。

四、国家应急翻译人才培养——路径与方法

上述研究表明，国家应急翻译能力建设面临最根本的问题就是人才需求大，但国家无法提供足够的应急救援语言沟通人才。为解决这一问题，我们尝试性提出国家应急翻译人才培养的路径与方法。

（一）国家应急翻译人才培养路径

国家应急翻译人才培养是国家翻译能力中人才培养的子环节，（任文、李娟娟，2021：10）应急翻译人才培养亦可称之为应急语言服务人才培养，故应急翻译人才的培养应该与国家应急能力培养要求和国家翻译人才培养要求整体上相一致，以密切融合国家应急需求和语言服务功能，完善国家应急服务机制。由此，结合上述国家应急翻译能力的社会需求现状，我们提出国家应急翻译人才的两大培养路径：

1.兼容并蓄，体系带动

即将应急翻译服务人才培养纳入国家应急管理体系现代化建设过程，以国家应急管理体系建设带动应急翻译人才建设。应急管理体系现代化建设是《“十四五”国家应急管理体系规划》和2035年基本实现社会主义现代化的重要内容，是统筹社会发展安全，建设高水平“平安中国”的关键内容，（李雪峰，2022：25）也是提高我国应急水平的核心环节。在体系建设带动人才培养过程中，以下

两点较为重要。

一是基于国家应急管理体系发展要求，培养应急翻译服务人才坚实的应急基础知识。如地震避险时应该提醒避险人员远离内墙，防止坍塌，远离火源，靠近水源，不能使用电梯等。基本应急知识是应急翻译人才在保证自身安全时努力沟通受伤者与救援人员的有力保证，这也是应急管理体系现代化的知识基础。（王辉，2020）

二是基于应急管理体系预案设立应急翻译人才培养预案。预案是突发事件主要的应急方案，有利于在发生突发性紧急事件时将社会救援力量短时间内聚集到受灾点，及时有效地挽救人们生命与财产安全，降低突发事件的社会危害性。如国家针对重大危险化学品沙林毒气泄漏事件，采取的监测与预警预案为：在毒气泄漏后，立即发出警报，并派遣专业人员现场采样评估危害性，同时疏散附近人群。（刘铁民，2012：11）在设立应急翻译人才培养预案时，我们就可以培养翻译人才相关的化学毒气知识，并使其能通俗易懂地向民众解释，加快百姓对其危害性的理解，实现人群快速撤离。

2.未雨绸缪，分层开展

即根据应急事件特点与发生场景，分场景、分语种培养应急翻译人才。由于应急事件具有突发性、紧急性的特点，所以“应急翻译能力是一种特殊的语言能力，是对应急语言资源储备的激活和利用”（王辉，2020）。且每一次发生的场景各不相同，有地震、火灾、传染病等暴发场景。此外，场景中个体掌握的语言也可能各具特色。由此，培养应急翻译人才时应分语种、分场景培养。

在分语种培养方面，全世界共有五千多种语言，其中中国就有130多种语言，如壮侗语族就有壮语、布依语、傣语、侗语、仡佬语等10多种语言。（中国社会科学院和澳大利亚人文科学院，1987）这些语言应用在同一个少数民族不同生活习惯群体中。为了避免资源过度分散，可以按照语言种类不同，培养不同的应急翻译人才，一个翻译人才也可以同时学习多种不同的语言，以此做好充分的语言资源人才储备。

在分场景培养方面，由于不同的场景所需要的专业知识不同，我们将场景分为五大类：应急医疗场景用语、航空用语、网络用语、海事用语、石油化工用语。（王辉，2020）如应急医疗场景用语翻译人才培养，学生首先需要学习并掌握医疗知识，能够进行基本的急救工作，使用基本的医疗救助器械，辅助应急救援与沟通，做到保证自身安全的同时，尽到“译员”与“救员”的双重责任，以此产生应急医疗语言能力和社会功效。

（二）国家应急翻译人才培养方法

应急翻译人才培养要符合国家翻译能力发展的内涵要求，满足应急语言多层次、多样化的现实需要。同时还要关注人才的就业发展需求，打造应急语言服务市场需要的应急翻译人才，实现供需平衡，避免出现翻译人才资源闲置而应急语言服务人才却相对紧缺的市场怪象。为此，结合上述国家应急翻译人才社会现状和培养路径，我们提出培养具备应急翻译能力人才的“政产学研”结合方法。

首先，国家政府需要发挥“统一领导”模式，制定相关的培养规定，综合协调高校应急师资培养力量，结合社会应急翻译人才需求实际，制定应急翻译人才培养预案，平衡各级政府应急救援过程中的人才资源共享、优势互补。即能在最短的时间以最快的速度调集所需的应急翻译人员，减少语言沟通障碍与心理压力，整体提高救援效率，贯彻“以人为本”的核心理念。

其次，高校需要根据政策法规设置应急翻译人才培养课程，包含通识课程与专业课程。通识课程包括应急基础知识、国情学知识、计算机知识、国家政策知识四方面的内容。专业课程则根据翻译人才培养的方向，设置相关的专业知识课程，如粤语应急医疗翻译人才培养方向，其专业课程可以包括医疗知识、粤语文化课、粤语发音课等。两者结合，培养出既具备坚实基础知识，又具备专业翻译能力的高层次人才。

再次，应急语言服务业需要响应国家政策，积极和高校人才培养对接，利用先进技术，如元宇宙技术、人工智能等，模拟对应的应急场景，为学生提供“实习”机会，加强学生的应急实践翻译能力，以备不时之需，充分体现行业的社会担当。

最后，学界和业界应该跨界合作，积极研究应急翻译人才培养的新路径、新方法，以研究促进应急翻译教学，反哺课程设置与政策法规的落实与发展，谋求新时代国家应急翻译人才的纵深发展，积极推动国家翻译能力和应急体系现代化建设，提高我国的文化软实力和经济硬实力。

本节介绍了国家应急翻译能力的概念与要素，并在此基础上分析了国家应急翻译人才需求现状，以此提出培养的路径和政产学研结合的培养方法，望引起学界和业界对国家应急翻译能力的重视，促进我国翻译能力体系的发展完善。然而，国家应急翻译能力涉及主体众多，发展路径复杂，人才培养也具备相当大的差异性，值得进一步深入研究。

第四节　国家翻译教育能力

近年来，翻译界同人矢志努力，国家翻译实践、国家翻译能力等中国特色译学话语研究兴起，学界对翻译人才培养所面临的改革任务也做了大量思考，国家翻译能力研究方兴未艾。翻译教育为促进国家翻译能力建设和研究提供后备人才发挥着关键作用。在国家翻译能力的视角下，翻译教育需要将个体的发展需要和国家的发展需要结合起来，深入回答"'我们为什么做翻译''翻译发挥什么作用'这些关涉翻译本质与翻译价值的重大问题"（许钧，2022：8）。本节从辨析翻译能力和国家翻译能力、翻译教育和国家翻译教育能力两对概念出发，论证翻译教育的发展与国家翻译能力建设需求的关系，强调新时期翻译教育在国家翻译能力建设中承担的历史任务和社会责任。

一、国家翻译能力与国家翻译教育能力

（一）核心概念之间的关系

实际上，国家翻译能力研究正处于发端阶段，在任文、李娟娟（2021）建构的国家翻译能力概念框架中，翻译教学作为国家翻译发展能力二级指标下的三级指标概念，其定义尚未得以明确并达成共识。然而作为主体能力培养的主要手段，教育的基础性作用不可忽视。诸位学者在论及国家翻译能力、国家翻译实践人才培养问题时，翻译教育是必谈内容。杨枫（2021：16）是第一位提及"国家

翻译教育能力”的学者，他对国家翻译能力的内涵进行阐释时，认为其指涉了“翻译教育规划、国家翻译教育、国家翻译实践、国家翻译技术和国家翻译传播等综合复杂的国家翻译行为能力”，“国家翻译能力与国家翻译实践紧密相关相连，……既包括国家翻译机构的翻译能力，也包括国家翻译教育能力和学者、公民等个体的翻译能力”。上述阐述从国家行为能力出发，将国家视为行为主体，认为国家翻译教育能力是国家主体实施翻译教育这一行为的能力。任文、李娟娟（2021）从国家语言能力视角出发，认为教育是促进国家翻译能力发展的手段，在国家翻译能力的构成要素框架中，“翻译教学力”是国家翻译发展能力的子能力，在该文公布的2021国家翻译能力指数体系中，翻译教学力主要体现在翻译专业开设学校数量和开设翻译专业的外语语种数量。此外，还有学者从政策规划的角度，对国家翻译教育规划进行论述，认为国家翻译教育规划包含“语言准入政策、师资政策、方法内容政策和课程政策、翻译人才评估体系、资源支持政策”等五方面（高玉霞、任东升，2022b：36）。教育界对国家教育能力也进行了理论思考，张炜、周洪宇（2022：147）在讨论我国教育强国建设问题时，从国家能力理论出发，对国家教育能力的内涵进行了阐述，认为“国家推进教育现代化发展、建设教育强国是国家能力在教育及其相关领域的集中体现，即国家教育能力”。

国家翻译教育能力相关论述呈现出多层次、多视角的丰富内涵，尚未达成具有共识性的概念。由于社会实践和人们认知水平的不断发展，对一个概念的认识也会随之发生改变。我们无意对国家翻译教育能力做出明确的定义，仅尝试围绕该概念的几个问题做出部分观点阐发。

关于该概念的名称问题。前文提及，在现有的国家翻译能力要素框架中，北外团队称之为“翻译教学力”，而非国家翻译教育能力，二者差别在于“教育”与“教学”。根据教育学的相关定义，“教学是指教师的教和学生的学为主体，以课堂环境为依托，以教科书为媒介，通过双方互动促成教师和学生共同提升的活动”（梁华萍，2017：3）。教育则是一种特殊现象，是在政府的支持和社会的需求下产生的，旨在提高学生的综合素质能力。教育是一种培养人的社会实践活动，是人与人心灵之间的交流。（段作章、傅岩，1983：118）张建国（2022：48）也认为，教育的本质是一种价值，是有价值的教学活动。从这个意义上说，我们认为，由于翻译教学活动也承担着育人的价值功能，除了培训口笔译技能外，家国情怀、国际视野、政治觉悟、社会责任、职业道德等均为翻译教学活动的价值追求，因此将国家翻译教育能力而非仅仅是翻译教学力纳入国家翻译能力的框架进行考量，更能体现我国建设翻译教育体系的价值追求。在本书绪论中，任文和李娟娟已将“翻译教学力”调整为更具包容性的“翻译教育能力”。

关于翻译教育能力与国家翻译教育能力的区别，从字面上看，二者共同的核心要素是“翻译教育能力”，变化的是有无“国家”这一限定语。从本质上看，“任何社会的教育都是按照一定社会（或一定阶级）的要求和需要”开展的“有目的、有计划、有组织的社会实践活动”（段作章、傅岩，1983：118）。换言之，论及教育，必离不开特定社会的要求和需要。在加强我国国际传播能力，凸显国家主体能力的背景下，强调“国家翻译教育能力”进一步拓展了原有翻译教育这一概念内涵，突出了翻译教育的国家目标与国家视野。此外，从教育学角度看，教育学研究的对象主要是学校教育，即专门组织的、以教与学为主体形态的教育现象和教育问题，是教育者按照一定的社会要求，有目的、有计划、有组织地对受教育者的身心施加影响，把受教育者培养成社会需要的人的活动。对于国家翻译教育而言，其研究对象应该是翻译教育者按照国家意志和国家需求，有目的、有计划、有组织地将翻译专业学习者培养成国家需要的翻译人才和语言服务人才的过程。正如蓝红军（2021：20）所说，“从翻译教学的角度来说，国家翻译能力研究回答的是更深层次的问题——‘为谁培养翻译人才’和‘培养什么样的翻译人才’”。因此，国家翻译教育能力的价值和目标追求也是国家意志与国家目的，首先体现在其教学理念必须体现国家意志和国家目的，其人才培养方案、培养目标主动对接国家战略发展需求。

（二）国家翻译教育能力指标框架

国家翻译能力的研究拓展了原有翻译能力的研究对象，使得国家的主体性凸显，拓宽了翻译能力的跨学科研究视野。参照任文、李娟娟（2021）阐释国家翻译能力的概念缘起的思路，谈及国家翻译教育能力也可以从教育学路径和翻译学路径进行概念阐发。在教育学路径下，我们可以认为国家翻译教育能力是国家教育能力的下位概念，在对其进行构成要素分析时，可参考国家教育能力的相关研究成果。我们参考张炜、周洪宇（2022）在研制教育强国评价指标体系的框架思路，从投入、过程、产出三个维度构建国家翻译教育能力要素框架（表2-1）。其中投入指标反映的是国家翻译教育政策和规划，如培养规模、培养层次的设定、批准开设的语种数量、师资队伍配备的数量。过程指标主要体现国家翻译教育培养过程的相关情况，如实践基地建设、教材出版、培养模式创新、课程开设等。产出方面体现的是国家翻译教育所获得的成果，主要包括毕业生在语言服务行业和国际组织的就业率、培养留学生情况、学生获翻译竞赛奖项情况、译著出版情况、翻译相关专利获得数、翻译资格考试通过率等。

表2–1　国家翻译教育能力指标框架

一级指标	二级指标
投入	培养规模（开设MTI院校数）
	学位设置（培养层次）
	开设语种
	师资数量（行业导师）
过程	实践基地建设
	教材出版
	培养模式创新
	课程开设
产出	语言服务行业就业率
	国际组织就业率
	培养留学生人数
	翻译竞赛获奖情况
	翻译著作出版情况
	翻译相关专利获得数
	翻译资格考试通过率

二、我国翻译教育发展现状

我国大规模、系统化的翻译专业教育自2006年翻译本科专业招生开始，发展到今天，已经形成了涵盖本科、硕士、博士三个培养层次，纳入学术学位、专业学位培养类别的完整的“二横三纵”（穆雷、刘馨媛，2022：24）的良好发展局面。从培养规模上看，截至2022年9月，除港澳台地区，国内开设翻译本科专业的高校共计301所，开设翻译专业硕士学位的高校共319所，已覆盖所有省、自治区和直辖市，涵盖理工、综合、师范、财经、农林、民族、语言、医药、政法、军事、传媒、体育共12个类型的院校，层次分布较为合理。（穆雷，2020）根据教育部研究生招生信息网显示，我国MTI学位点分为口译和笔译两个方向，主要培养英语、法语、日语等语种的专业口笔译人才，每个方向下可设置垂直领域相关专业。

从培养层次看，翻译专业硕士是我国翻译教育体系中以培养高层次、应用型专业翻译人才为目标的学位项目，也是国际上培养规模最大的专业化人才培养项目，通过管窥MTI的培养现状可大致了解我国翻译人才培养的情况。根据我们对2016—2020年我国262所MTI培养院校的教育情况所做的调研，五年间上述院校共录取了53,090人，年均录取翻译专业硕士10,618人，培养规模呈逐年增长趋势。在录取境外留学生人数方面，5年间共录取536人，2020年前也呈现逐年增长趋势。

专任教师队伍的数量和质量也得到了较大的提升。截至2020年底，全国MTI专任教师总数为8,573人。从教师的职称和年龄分布来看，当前MTI专任教师队伍中拥有副高级职称的人数占比最高，高级职称和中级及以下职称人数占比均在20%左右，职称分布呈“橄榄型”分布形态，但高级职称教师的比例尚未达到MTI评估指标体系的要求。结合MTI培养单位的分布来看，受不同地区教育发展水平、社会经济发展水平影响，翻译专任教师的区域分布还存在一定的不平衡性。从数据上看，教师的翻译实践和行业经验的总体平均水平较为理想，达到76.03%，区域分布差距正在缩小，但部分院校依然存在较多教师不具备行业工作经验、实践经验的情况，这一问题依然是制约我国翻译专业专任教师发展、影响翻译教育提质增效的重要因素。

实践基地的设置是我国在建设翻译硕士专业学位教育中的重点工作，优质实践基地的设置有利于实现翻译实践贯穿教学全过程的目标，为学生甚至教师提供实践实习机会。根据相关统计，截至2020年，我国262家MTI院校共建设了2581家实践基地（有交叉），涵盖科研教学平台、校外实训基地和国际联合培养等类型。部分院校通过大力开展政产学研合作，设立了各类校内外科研教学实践平台。

在人才培养的过程管理方面，全国翻译专业学位研究生教育指导委员会出台了《翻译硕士专业学位研究生教育指导性培养方案》，鼓励各培养单位自主创新。部分院校总结多年教学实践，已形成独具特色的翻译人才培养模式，如广东外语外贸大学的“口译教学广外模式”、厦门大学的“口译教学厦大模式”、四川外国语大学的“CATTI证书嵌入式翻译专业人才培养模式”、中国石油大学（华东）具有石油特色的“3+3+1”MIT培养模式等。MTI院校普遍实行学分制，采用实践研讨、职场模拟式教学，不断加大实践教学比重，并不断优化选修课和必修课结合，突出特色的课程设置。

多元成果形式体现了翻译教育已取得一定成效。译著是翻译教育成效的重要衡量指标之一。经统计，近年来翻译专业学生的译著出版数逐年上升，高校提升学生翻译实践能力的各项措施成效显著。与学生翻译实践能力密切相关的另一项指标是翻译获奖情况，

2016至2020年，MTI学生参加翻译类比赛的意愿不断加强，获奖数量逐年稳步提升。当然也存在一定的地区差异，如华东区域由于各类资源集聚优势明显，学生的实践能力培养成效优势也相对突出。2016年以来，人工智能、大数据等信息技术迅猛发展，近年来疫情防控也促使翻译技术获得突破性发展，这些因素都促进了翻译专业人才进行技术创新和研究成果的产业转化。理工类、综合类院校的翻译专业学生在申请专利方面也获得了一定的成效，尽管总体数量有待进一步提高。

作为评价我国翻译人才水平的一项国家职业资格证书制度，CATTI考试已开设了八个语种口笔译、两大类别、四个等级的完整评价体系。由于国内翻译教育实现了资格考试的“软接轨”（穆雷，2021：5），翻译专业学生参与CATTI考试的积极性较高，近年来通过率也逐年上升，体现了MTI教育与证书衔接程度的良好发展趋势。最后，从人才培养的出口——就业情况来看，近年来MTI毕业生就业形势总体良好，但语言服务行业的就业率仅占50%左右，华中和华南地区毕业生从事语言服务行业的人数较多，而其他维度培养成效较高的华东地区的毕业生，任职于语言服务行业的比例却相对较低。

三、翻译能力研究的演变途径

翻译专业教育的基本理念是把翻译教学定位在提高译者（译员）能力的功能上，这为专业发展初期指明了前进方向，但随着翻译能力概念的不断拓展，翻译教育的培养理念须与时俱进，内涵也应得到拓展。翻译能力是翻译学研究的一个热点，也是译学理论的基本议题，关系到人才培养的质量。我们以“翻译能力”、“笔译能力”、“口译能力”、“口笔译能力”及其相应英文词语为关键词分别于中国知网、Web of Science数据库中搜索2000年以来CSSCI、SSCI来源期刊中我国学者发表的相关研究文献，去除书评、广告、会议综述等文章，共获得420篇相关文章，进而对其主题进行分析，探寻翻译能力研究、翻译教学研究的发展历程。

过去二十余年，从研究主题上看，以翻译能力为核心的相关研究主要解决了翻译能力（译者能力、职业翻译能力）是什么、其他元素对翻译能力有何影响、如何培养和发展翻译能力几大问题。如图2-5所示，相关研究主要涵盖了四个方面，分别是翻译能力的概念内涵及外延的研究，即翻译能力的构念研究，翻译能力内部子能力的研究，译者能力、职业能力、译者素养等内涵及发展研究，翻译能力研究与教育教学研究，以及翻译能力与社会文化、技术、行业等影响翻译能力的因素之间关系的研究。

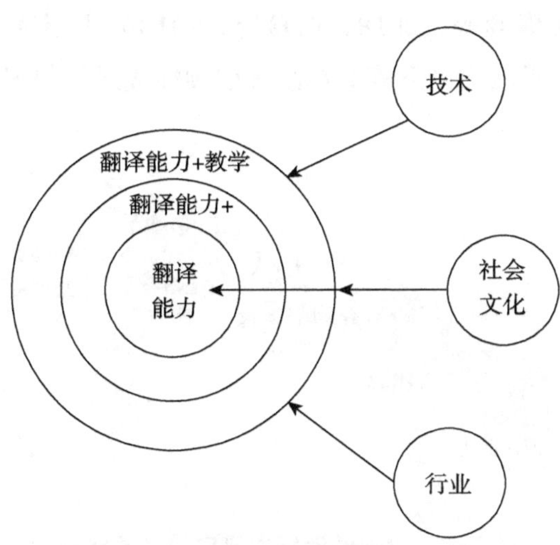

图2-5　近二十年国内翻译能力相关研究的主题

学界系统地对翻译能力构念开展研究大约始于20世纪末，欧洲PACTE项目的立项引起国内学者的高度关注。早期学界对翻译能力的认识经历了天赋说、自然展开说、自然修正展开说、生产选择说、建构说、要素说、交际说等理念变化。（王树槐、王若维，2008）其中，国外学者在翻译能力要素建构方面的成果获得较多引介，包括PACTE模型、EMT模型、TransComp 模式等。在国内，类似的探索也一直在持续，国内学者如刘宓庆（2003）、文军（2004）、王树槐和王若维（2008）等学者也提出不同维度下的翻译能力模式，也出现了超越语言能力、更关注真实翻译实践活动中译者的素质的译者能力模式，如陶友兰和刘敬国（2015），以及译者胜任力（钱春花等，2015）。近十年来，我国学者更是在构建适应我国翻译学生学习特点、我国翻译行业现状的翻译能力体系方面进行了大量的创新探索，先后形成了中国英语能力等级量表的口笔译能力量表（王巍巍等，2018；白玲等，2018）、国家翻译能力理论构念、中国翻译能力测评等级标准等引领性成果，如图2-6所示。

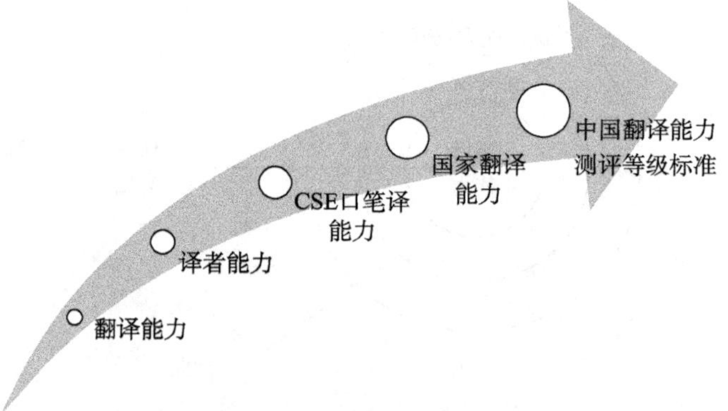

图2-6　我国翻译能力研究的发展路径

对普遍意义上的翻译能力的内涵要素形成一定共识后，由于翻译活动的复杂和多元性，部分学者开始对不同专题、专业背景下翻译活动所要求译者具有的能力，乃至于翻译流程中的具体环节所需能力进行探索，如法律翻译能力、商务谈判口译能力、医疗口译能力、译后审校能力等。同样，对翻译能力的子能力的理论探索也成为一大热点，如讨论语言能力与翻译能力的区别、翻译策略能力的内涵、识选能力和技术能力等。

由于专业翻译教育以提高学生的翻译能力或译者能力为目标，如何应用已有翻译能力模式和框架，如何在教学中培养、发展、提高学生的翻译能力自然是备受关注的问题，近二十余年的相关研究在这方面着力很多。已有成果探索了如何建构基于翻译能力的教学模式、基于翻译能力构念开发翻译能力测试、如何应用CSE口译量表开展学生自评、自动评分、学生翻译能力的发展有何阶段性特征、职业译者和学生译者在翻译能力的具体表征上有何区别、在教学中如何识别翻译错误、促进学生翻译能力提升等议题。

最后，翻译作为一项历史悠久的社会活动，译者的能力内涵不是一成不变的，无论是译者的能力发展还是一国的译者培训培养，都不是静止的，翻译能力的概念内涵及其具体应用都不是在真空中进行的，都会受到特定的社会文化、行业发展等因素的影响。随着人们认识水平的提高和社会经济文化技术水平的不断发展，翻译能力被放在更宏观的层面中考察，如：部分学者跳出翻译行业，从语言服务行业视角讨论联合国语言服务专业素养；结合我国当前提高国际传播能力的战略需求，讨论在翻译教育中如何培养国际传播人才；在讲好中国故事的战略背景下，如何构建中译外人才培养模式等。新世纪以来，人工智能技术、现代化教育技术的发展也促使翻译教育进行多维度的变革，以翻译能力为核心的相关研究，一直十分关切上述因素。技术对翻译活动、翻译学习的影响自不必说，翻译技术已成为翻译研究的一个分支，机器辅助翻译下的译者能力培养也多有讨论。近年来兴起且因线上教学的大规模开展而迅速发展的远程口译、在线口笔译教学等模式也成为翻译教育研究的重点，各类新兴技术如语音识别、人工智能自主评分、机器学习、眼动追踪等，各类平台、软件如MOOC、SPOC、ZOOM、微信在翻译教学中的应用，对学生翻译能力的培养与发展所产生的影响也是学者关心的热门话题。

综上所述，翻译能力相关研究围绕翻译能力这一内核不断向外拓展，研究维度不断丰富，并不断观照社会文化、行业发展、技术进步等因素对翻译能力内涵及其在教学中的应用所产生的影响。从本质上看，学界对翻译能力内涵及其教学应用的认识不断发展，也是翻译教育理念不断发展的过程。早期人们将翻译能力简单等同于双语能力甚至语言能力，将翻译教学与教学翻译混为一谈，仅将翻译视为提升外语能力的手段之一。翻译学科获得独立学科地位后，翻译教学从语言教学的附庸地位中解脱出来，以“培养能适应全球经济一体化及提高国家国际竞争力的需要，适应国家经济、文化、社会建设需要的应用型、专业性的口笔译人才”（仲伟合，2011：21）为目标，引发了学界对翻译行业甚至语言服务行业的关注，开始探讨语言服务行业视域下译者能力的内涵，更加关注翻译职业的荣誉感和责任感，着重培养翻译职业素养。近年应国家高等教育政策、国家发展战略的需求，以国家为主体、体现国家意志的翻译能力研究，如中国英语能力等级量表（口笔译量表）、国家翻译能力、《中国翻译能力测评等级标准》的理论研究进一步促进了翻译教育目标从面向语言服务行业培养专业化口笔译人才向培养国际传播人才拓展，进一步促进了翻译教育理念的更新。

四、国家翻译能力建设背景下的翻译人才培养

“大凡文明国家，无不以翻译为文明互鉴之纲；大凡经济强国，无不重视并受益于翻译教育事业”（杨正军、何娟，2021：66）。近年来学界讨论的如何正确传播我国社会变革过程中的“国家关键话语”（赵启正，2011）、建立翻译的“国家队”、“国家翻译院”（朱永新，2014）等都指向加强翻译人才培养、提升国家翻译能力的必要性。鉴于此，我们从教育理念、课程改革、师资培养角度，谈谈如何提升翻译教育质量，为国家翻译能力建设夯实基础，为国家翻译实践提供资源保障。

（一）更新翻译教育理念

翻译教学必须反映时代的特征，必须体现翻译所肩负的重大使命，这是翻译教学的基本价值观。翻译教学必须尽最大努力适应并指引翻译实践的发展，适应指的是服从翻译实践的需求，这是积极层面，指引是指更积极、进取的层面。（刘宓庆，2003：13）在大力提升国家翻译能力，提高我国对外传播能力的背景下，翻译教育须尽最大努力满足当前国家发展战略和社会发展需求，适应并指引国家翻译实践的发展。翻译教育经过十余年的发展，其人才培养理念不断顺应社会发展，区分了“教学翻译”与“翻译教学”的狭窄概念，实施了不同层次的翻译教学，越来越体现出翻译职业发展要求，建立起了涵盖本科、硕士、博士的翻译教育培养体系，但依然存在“技术主义”、“功利实用主义”的现象。技术赋能和学科融合的新文科建设背景下，翻译教育的理念需要转变，需要超越“工业化生产”思维，（胡安江，2021：68）

不再单纯为了培养拥有翻译技能的人才而开办翻译专业，而是立于地区、国家的发展需求，基于翻译的社会化功能，培养语言人才，服务国家语言政策与语言战略规划。（穆雷、傅琳凌，2016）在国家大力提升对外传播能力、加强国家翻译能力建设的努力中，翻译教育的目标可进一步提升为“国家翻译能力”取向。2022年9月，在国务院学位委员会和教育部下发的《研究生教育学科专业目录（2022年）》中，翻译专业学位类别（0551）可授硕士、博士专业学位，表明翻译专业博士（DTI）的设置指日可待，标志着翻译教育理念的又一次提升，鲜明地体现了国家对不同层次翻译人才培养机制的总体设计与规划，彰显了翻译教育发展不断适应社会发展、体现国家需求的价值。

（二）促进翻译课程改革

当前，国家教育体制与人才培养机制正开展新一轮的改革和调整，翻译教学的课程设置也应做出相应调整。首先，翻译作为语言间性活动，不同国家语言、不同民族语言之间的相似性与差异性始终是语言转换得以发生的基础，因此在翻译教育的各个层次上，语言学的相关知识都不能缺失。目前的翻译教学内容大体涵盖语言学的相关知识，然而多数情况下仅涉及西方语言学知识，我国通用语言或民族语言乃至手语的相关知识似乎被边缘化了。中文学界多有抱怨，目前我国语言教育存在“重外语、轻母语”的现象，而作为外语教育一部分的翻译教育，也存在同样的倾向。加强本国通用语及民族语言有关知识的学习，影响着我国文化传承和传播问题，关乎国家翻译能力的提升，直接影响国家翻译实践的质量。在课程设置方面必须丰富，所用素材必须体现时代所需。关注语言服务行业最新发展，翻译与技术在大力推行国家翻译实践的背景下更加重要。在加强国家实力和对外传播的国家需求下，除了引进来，我们还需要走出去。比如领先世界的5G技术，尽管困难重重，我们通过翻译，也能将其传播出国门。

其次，要深度拓展翻译课程的跨学科内容。数字时代的发展、全球化进程的加快，使得翻译教育的跨学科性质愈发明显，翻译教育的目标不再是培养过去那种依靠翻译能力，利用口笔头或键盘在两种语言中间实行转换，以此谋生的技能型人才，而是能够服务国家经济、文化、政治、军事各方面需要，促进国家实力提升的，高端的，"一专多能"的，能够参与到国家翻译实践中的各类语言服务人才。基于此，翻译课程体系应体现信息技术、神经科学、生命科学、医学、法律、传播学、信息挖掘与分析技术等领域的最新发展，了解不同行业与翻译关系的最新动向。同时，要在翻译课程中融入爱国主义教育、国家安全教育，让学生了解国家语言战略规划，关注语言服务对改善国民生活、促进社会发展的重要作用。例如，疫情期间暴露出的应急语言服务能力薄弱问题，进一步加快了应急语言服务人才的培养储备以及提高服务特殊人群语言文字需求能力的努力。尽管已有学者提出要建设应急语言服务专业，翻译教育已有框架中仍需融入信息技术、应急语言知识等内容，但形成相对完整的教育体系还任重道远。

最后，要重视职业素养、伦理道德的教育培训。国家翻译实践中，国家是权力主体，通过翻译机构执行翻译实践，翻译机构又依赖职业译员进行翻译实践。此时的译者是制度化的译者，必须受国家意识形态的控制，贯彻执行国家翻译机构的要求，这意味着译者的翻译伦理和规范教育至关重要。对于伦理问题，国内较多学者都曾做研究，对翻译伦理、翻译道德规范的具体内涵、翻译职业中的道德规范等进行讨论。赵田园等（2021）对国内翻译教学机构的职业伦理教育课程开设的情况开展了调查，发现部分院校尽管意识到翻译伦理、道德规范相关内容在教学中的必要性，但能够开出的课程较少，教师也不知道如何教授此类课程。我们基于调研，从职业伦理意识、职业伦理行为、职业伦理规则三个层面，对翻译职业伦理课程模块及授课内容做了初步的设想与构建。我们认为，结合国家翻译实践和国家语言能力建设所需，翻译职业的内涵要求将进一步扩大，如译者必须有高度的国家安全意识、标准意识、规则和服从意识等，其翻译行为将在更大范围受到规制和约束，如何在翻译课程体现微观的翻译活动与宏观的国家规则、国家意志的关联也将是翻译课程改革需要考虑的关键内容。

（三）重视翻译师资培养

教师是立教之本、兴教之源，教师素质直接关乎人才培养的质量和水平。（仲伟合、王巍巍，2016）在讨论国家语言资源建设话题上，多数学者都对我国提供多语种教育服务的能力表示担忧，提出双语或者多语种师资缺乏的问题。（赵世举，2014；张虹、文秋芳，2020）翻译教育领域，得益于学科地位的提升与学科培养机制的完善，翻译师资数量缺乏的问题近年来有所缓解，其外部建设培养问题如行业组织的翻译师资培训、院校组织的翻译教师教学、科研团队、资助出国访学、在职读博等问题也不断得到解决。长期存在的实践型翻译教师晋升难、职称评审偏重科研等问题，近两年随着翻译行业职称评审向高校教师开放，也让翻译教师的培养走上了进一步完善的道路。然而语言服务行业不断发展、翻译教育不断改革、国家语言能力建设逐步深入，翻译教师依然面临着理念更新、知识更新、技能拓展的内涵式发展压力。对教师个人而言，为适应不断提高的翻译教学需求，翻译教师应重视自我发展，主动学习不断更新迭代的教育技术，有意识地通过参加学术研讨会议、参与专业讨论等方式了解国家相关教育规划与政策标准等，更新翻译教育理念，革新翻译教学目标。同时，应加深对翻译研究最新理论的认识，力求在自身教学实践中融入相关内容，提升教学内容的前沿性，如国家翻译实践、国家翻译能力理论如何与自身教学目标融合，如何应用翻译专业教学指南、口笔译能力等级量表等。

在新一轮的教育改革背景下，国家翻译实践、国家语言能力建设不断加强，翻译教学课堂将是直接落实相关改革努力的场所，这就为翻译教师的教学研究、科学研究提供了沃土，翻译教师应加强自身的理论思考和科研方法学习，致力于解决翻译教学问题，提高个人发展的专业能力及职业获得感。实践能力提升方面，除了积极主动参加院校、行业开展的系列教学科研培训以外，翻译教师应不断增强学科意识和理论意识，以战略的眼光关注和发展翻译学科和其他学科之间的互动与联系，（冯全功、许钧，2018）注重个人知识体系的建设，树立跨学科的学习知识，广泛涉猎各类相关学科知识，特别是要了解信息技术时代的机器翻译、人工智能等最新趋势。对院校机构而言，新形势下翻译教师的培养也应拓展其内涵。在教师队伍规划方面，打破单一的语种思维，从翻译能力资源、语言资源配置的角度出发，布局多语种师资的配备，还要进一步考虑专业建设需求，结合区域优势，以专兼职结合的方式，有目的地引进具有较好语言技术的人才、国家翻译机构从业人员、具有语言服务行业从业经验的人才担任翻译教师或行业导师。在教师队伍培养方面，则须创造良好的内外部发展环境，如加快与语言服务行业机构的合作培养机制建设，实现在职教师的行业实习，解决部分翻译教师实践能力提升的困难。此外，还应加强与翻译教师的理念沟通。任何翻译教育理念的更新或改革，都需要翻译教师在课堂上具体落实，加强政策制定者与执行者之间的沟通，能够促进翻译教师转变教学理念，在队伍内部形成合力，推动教学质量的提升。

国家三部委联合下发的《翻译人才队伍建设规划（2021—2025年）》指出，当前国家的翻译教育体系不适应要求，与社会、需求存在错位，构建与中国不断提升的大国地位和新时代国际传播需要相适应的国家翻译能力，已成为一项日益紧迫的战略任务。面对新形势新要求，翻译学界同人应以增强国家翻译能力为主线，踔厉奋发，笃行不怠，构建翻译事业发展新格局，为国家培养一大批胸怀祖国、政治坚定、业务精湛、融通中外、甘于奉献的中译外高端翻译人才，增强中华文化国际影响力。

第五节　国家翻译研究能力

习近平总书记在2021年5月31日中共中央政治局第三十次集体学习时强调，“要加快构建中国话语和中国叙事体系，用中国理论阐释中国实践，用中国实践升华中国理论，打造融通中外的新概念、新范畴、新表述”。国家翻译能力作为国家翻译实践衍生出的新概念，是本土译学理论的一次创新，是国家翻译实践理论体系建构中不可或缺的组成部分，体现了中国译学界学者的智慧。2021年5月国家翻译能力研究中心成立以来，国家翻译能力研究取得了系列研究成果，如《中国翻译》2021年第四期开设专栏探讨国家翻译能力，其中任文、李娟娟（2021）在构建国家翻译能力概念组成要素时将国家翻译研究能力纳为国家翻译能力的二级指标中的一项，认为翻译研究能力可以通过研究成果助力翻译实践与教学、技术研发和资源库建设等方式体现出来。推进国家翻译能力纵深化发展，构建国家翻译能力理论体系和话语体系，就有必要对译学界学者如何开展国家翻译能力研究进行研究，也就是对国家翻译研究能力进行研究。本节拟对国家翻译研究能力这一概念进行阐述，并构建国家翻译研究能力指标体系，以该指标体系对我国国家翻译研究能力现状进行分析，进而对我国国家翻译研究能力未来发展做出展望。

一、国家翻译研究能力的概念

概念不是单独出现，而总是以系统的形式（思维框架）出现，理解某一概念要靠其他概念。因此理解“国家翻译研究能力”首先要厘清与之相关的概念。国家作为主体进行翻译的现象早已存在，“国家翻译实践”这一概念的提出则正式标志着国内学者对翻译行为主体认识的深化，开始探讨翻译的“国家性”。国家能力是国家性的重要维度，翻译的国家性必然涉及国家能力在翻译方面的体现，“国家翻译能力”这一概念也就应运而生。任文、李娟娟（2021）指出国家翻译能力包括国家翻译管理能力、国家翻译实践能力、国家翻译传播能力以及国家翻译发展能力等四个子能力，国家翻译研究能力就包括在国家翻译发展能力这一子能力之下。

界定“国家翻译研究能力”的概念，需要从确定国家、翻译、研究、能力这四者的组合关系入手。我们认为这四者存在以下两种关系划分和理解方式，见表2-2。

表2-2 “国家翻译研究能力”关系划分

类型	定语	中心语	说明
1	国家翻译研究	能力	能力是中心词
2	国家	翻译研究能力	国家是能力的主体

第一种划分方式“国家翻译研究+能力”，“能力”是中心词而“国家翻译研究”是修饰语，可以按顺序理解为国家翻译研究的能力，即进行国家翻译实践相关研究的能力。第二种划分方式“国家+翻译研究能力”也可以按照顺序理解为国家的翻译研究能力，即国家作为该能力的主体。本节采用第二种划分方式，即把翻译研究能力上升到国家层面考察一国整体的翻译研究能力。

另外，界定“国家翻译研究能力”的概念还需要深入理解其内涵，而理解其内涵还需要全面考虑行为主体和行为目的。关于国家翻译研究能力的主体下文会详细讨论。“一国之语言能力既是软实力也是硬实力已成为越来越多语言学家的共识”（任文、李娟娟，2021：7），而自从译学界学者站在国家角度看待翻译实践和翻译能力后，我们逐渐意识到一国的翻译能力也是一国国家能力的组成部分。国家翻译研究能力作为国家翻译能力的子能力，也是一国国家软实力和硬实力的组成部分。自然，国家翻译研究的目的也是服务国家的利益和需求，提升一国的综合国力。

综上，我们将国家翻译研究能力界定为：一个国家的相关研究主体利用研究资源、采用相应的研究方法，发现、分析和解决与翻译实践和翻译认识相关问题的能力。国家翻译研究能力是一个国家在翻译研究方面整体创新实力的体现。

二、国家翻译研究能力指标体系

从国家翻译研究能力的概念出发，我们可以初步建构国家翻译研究能力的指标体系。该指标体系以“国家翻译研究能力”为一级指标，以翻译研究主体、翻译研究方法、翻译研究对象、翻译研究资源以及翻译研究产出为具体指标，指标体系的建设应围绕这五点展开。五个二级指标是国家翻译研究能力的五个维度。翻译研究主体是基础，没有研究主体，那么一切研究则是空谈。国家翻译研究能力可以从研究主体的数量、类别和质量来考察。翻译研究对象和翻译研究方法是进行研究的核心，两者相辅相成。首先研究主体要明确其研究对象，对其要有深入细致的了解，然后找到适合研究对象的研究方法，最后才能产出高质量的翻译研究成果。国家翻译研究能力可按不同类型的研究对象来划分。翻译研究资源则为翻译研究主体实现可持续发展提供语种、资金以及设备等方面的保障，研究资源的建设也是国家翻译研究能力建设的一个重要方面。另外，翻译研究成果是国家翻译研究能力最直接的体现。五个二级指标对于国家翻译研究能力的建设都不可或缺。在明确国家翻译研究能力指标体系的内涵与外延后，我们提出由5个二级指标和15个三级指标构成国家翻译研究能力，见表2-3。

表2–3 国家翻译研究能力指标体系

一级指标	二级指标	三级指标
国家翻译研究能力	翻译研究主体的能力	个体
		企事业单位
		国家机构
	处理翻译研究对象的能力	实践问题
		认识问题
	采用翻译研究方法的能力	哲学方法
		一般方法
		具体方法
	利用翻译研究资源的能力	语种资源
		资金投入
		评估机制
	产出翻译研究成果的能力	论文
		专著
		教材
		咨询报告

（一）翻译研究主体的能力

关于从事国家翻译实践的主体，任东升、高玉霞（2015a：94）指出“国家是国家翻译实践的‘法律主体’，以国家名义实施翻译实践的翻译机构和受委托者，是国家翻译实践的‘行为主体’”。而任文、李娟娟（2021：9）在建构国家翻译能力概念时则指出，相关翻译活动的“主体包括但不限于国家机构，只要相关活动以某种方式体现了国家利益，就应被纳入考虑”。目前高校教师是从事翻译研究的主力军，虽然他们并不一定得到国家赋权从事翻译研究，但是他们以及国内其他从事翻译研究的机构和个人从事相关研究不仅有助于提高一国的翻译实践，也通过产出高质量成果助力该国国家形象的提升，最终服务国家利益，因此我们沿用任文、李娟娟（2021：9）关于国家翻译能力主体的界定。翻译研究主体由三个三级指标构成：个体、企事业单位和国家机构。个体主要包括各个高校从事翻译研究的教师、专职研究员，也包含由高校教师及其硕博士组建起的研究团队。一国的国家翻译研究能力离不开个体的翻译研究能力，但是国家翻译研究能力是一个复杂要素构成的整体，并不等同于个体翻译研究能力的简单相加。企事业单位主要指企业、公司等单位设置的翻译研究中心，例如华为翻译研究中心。国家机构主要包括中国外文出版发行事业局（简称外文局）等。

（二）处理翻译研究对象的能力

对翻译研究对象的认识是翻译研究的逻辑起点，来自翻译学科发展的内部矛盾以及社会现实需求。目前翻译研究主要关注实践和认识两个领域，因此处理翻译研究对象这一二级指标主要包括实践问题以及认识问题两个三级指标，两个三级指标还可以往下继续细分。

1.解决翻译实践问题的能力

实践是认识的基础、认识发展的动力以及认识最终的目的。从实践中来，到实践中去，这是翻译研究的基本立场，因此翻译研究必须要面向实践问题。实践问题主要指在进行各类翻译活动时遇到的困难，既包括微观层面语言和符号转换过程时遇到的困难，也包括宏观层面涉及国家形象或意识形态时遇到的困难。实践问题主要包括面向翻译自身的实践问题、服务国家战略的实践问题以及满足社会需求的实践问题。面向翻译自身的实践问题是指笔译、口译以及翻译批评等实践活动中所包含的各种矛盾，即如何译与如何评的问题。服务国家战略的实践问题指“一带一路”、中国文化走出去等国家倡议、战略活动中所面临的、需要翻译加以解决的矛盾。满足社会需求的实践问题主要指适应社会对翻译服务的需求时所面临的矛盾，包括：（1）翻译教学与翻译人才培养中所面临的问题；（2）翻译立法与制定翻译行业规范所面临的问题；（3）翻译技术与产业创新所面临的问题。

2.解决翻译认识问题的能力

翻译认识问题涉及翻译现象和翻译学科发展。翻译认识问题指在认识翻译现象和翻译学科时面临的问题，主要体现在认识翻译理论、翻译史、应用翻译理论研究、翻译学科建设等方面遇到的问题。具体而言，基础翻译理论面临的问题包括建构本土译学理论等；翻译史研究对象主要包括翻译活动、翻译家和翻译史研究方法等；应用翻译理论方面的认识问题涉及应用翻译理论话语体系建构、应用文体翻译理论研究和应用型问题的理论应用研究；翻译学科建设的问题主要包括学科交叉、学科未来发展等方面遇到的问题。

（三）采用翻译研究方法的能力

在科学领域，方法指观察现象、获取知识所采用的视角或使用的技术。对任何一门学科而言，方法都是关乎学科知识生产和社会实践的最根本问题。翻译研究方法是有关翻译研究的基本原理、深层逻辑、程序步骤、模式范型、工具手段等的统称，可划分为哲学方法、一般方法和具体方法三个层次。作为人们揭示和解决翻译问题的方式、工具和手段，翻译研究方法具有多元性、综合性和动态性等特征。方法并无好坏之分，关键在于被选择的研究方法是否适用于研究问题。因此，采用翻译研究方法的能力指学者根据其挖掘的翻译研究问题选择适合的研究方法处理其研究问题的能力。采用翻译研究方法的能力关乎研究人员能否解决其研究问题。

（四）利用翻译研究资源的能力

翻译研究资源是进行研究的保障，主要包括语种资源、资金投入和评估机制。语种资源指一国现有翻译语种资源的种类和数量。根据语言使用人口数量，语种资源可分为通用语和非通用语两类。只有当一国有某个外语语种的教学和使用，该语种才有翻译的出现，因此语种资源是反映翻译资源掌握的指标之一。资金投入主要包括支持和提升各类翻译研究所需的资料、设备投入和经费等，例如，国家社科基金项目的经费投入、高校研究人员进行认知翻译学研究所需的眼动仪和核磁共振等仪器的费用支出，等等。评估机制指的是针对国家翻译研究能力建设的现状，开发科学可靠的评价制度，从而为国家翻译研究能力的建设及优化提供可靠的依据。

（五）产出翻译研究成果的能力

翻译研究成果的产出是对学术研究的检验和传播，是一国国家翻译研究能力的最直接体现。翻译研究成果主要以论文（包括期刊论文和学位论文）、学术专著、教材和决策咨询报告等形式呈现。

三、我国国家翻译研究能力现状分析

根据上文建构的国家翻译研究能力指标体系，我们对我国国家翻译能力的现状进行分析，借此就如何提升我国翻译研究能力做出展望，以提升我国的软实力。这也直接体现了该指标体系的应用价值。

（一）翻译研究主体的能力

目前我国国家翻译研究主体包括个体、企事业单位和国家机构。其中，个体是研究主体的主力军，多来自北京外国语大学、上海外国语大学、广东外语外贸大学等外语类院校和中国海洋大学、上海交通大学等综合性高校的教师和研究团队，如中国海洋大学任东升和高玉霞学术团队、北京外国语大学任文学术团队。企事业单位侧重于翻译产品的社会性和商用价值，对翻译研究重视度不够，但值得注意的是，目前一些企事业单位开始意识到翻译研究的重要性，如腾讯人工智能实验室研究员黄国平致力于交互翻译研究。就国家机构而言，中国外文局、外文出版社和中央党史和文献研究院的有相关研究成果产出。

（二）处理翻译研究对象的能力

1.解决实践问题的能力

首先是面向翻译自身的实践问题。就笔译而言，以政治文本为研究对象的研究成果丰赡，具体文本包括党的十九大报告和《习近平谈治国理政》等。《天津外国语大学学报》长期开设“中央文献外译研究专栏”，《外国语文》2021和2022年各开设了一期“《习近平谈治国理政》多语种版本教学与翻译研究”，涉及阿拉伯语、俄语以及韩语等语种，推动了非英汉语对的翻译研究，但总体而言，以非英汉语对为研究对象的翻译研究较少。术语翻译也受到了一定关注，包括法律（钟玲俐、张法连，2021）、中国典籍（殷健、陶李春，2021）、医学（魏向清、冯雪红，2021）等术语。口译研究主题多元，研究对象主要涉及口译工作过程和口译策略研究，如卢信朝（2021）对英汉同声传译过程中信息成分损耗的原因进行了研究。口译策略研究涉及词汇、术语等信息的处理，如张杲和李德超（2021）以“问题”为例，从词汇视角分析同声传译的词汇翻译模式。

翻译批评是连接翻译理论与翻译实践的桥梁和纽带。目前研究对象以文学翻译批评为主，如周领顺和高晨（2021）从人本的角度，就乡土语言比喻修辞英译进行译者行为批评分析，为汉语乡土语言修辞英译实践提供了方法上的指导。法律、军事、政治等非文学文本较为直接地反映了社会现状和国家发展，但目前非文学文本翻译批评研究凤毛麟角，是翻译批评研究的一个新领域。此外，除了传统的翻译批评形式外，网络翻译批评、众包翻译等后起之秀值得译学界关注。

其次是服务国家战略的实践问题。目前中国文学走出去正如火如荼地进行着，“学界形成的普遍共识是英译中国新时期文学在英美世界的接受状况并不理想”（梁红涛，2021：1）。为了摆脱这一窘境，国内学者开展相关研究以提供理论上的指导，关注对象包括译介主体、译介方式、译介内容和译介模式等。《外语学刊》近年组织多期专题探讨相关问题，如现代文学外译专题以及全球视野下的中国文学外译专题等。为了回应中国文化走出去的国家需求，学者不仅关注文学，还关注中国的戏剧、电影、歌曲和武术等，例如李庆明、张恒（2021）从读者意识出发提出秦腔剧本的翻译策略。

最后是满足社会需求的实践问题。就翻译教学和翻译人才培养而言，思政课程改革是热门研究对象，如查明建（2021）认为如今翻译教学应当融入思政课程，以增强翻译专业教育的国家意识，提升翻译专业人才培养的时代使命感。翻译人才的培养离不开对翻译教学模式的探索。翻译教学模式研究对象主要涉及problem-based learning（简称PBL）翻译教学、翻译技术本地化教学和“翻译工作坊”等。

就翻译立法与制定翻译行业规范而言，翻译立法涉及翻译从业人员资质认证、翻译企业行业准入标准、译文翻译质量检验与评价、翻译市场管理与监督等方方面面，是翻译行业规范化和职业化发展的根本途径。我国翻译立法行为有着深厚的历史渊源，但跟医学、法律等传统行业的立法相比，以及跟国际翻译立法相比，国内翻译行业的法律法规制定还不够完善。2011年两会期间，黄友义（2011a）提交了有关翻译立法的专门提案，引起了译学界的密切关注。之后众多学者呼吁翻译立法的必要性，并展开相关调研，为翻译行业标准和规范制定提供了宝贵意见。（赵军峰、薛杰，2022）

就翻译技术与产业创新而言，技术为翻译产业带来了全新的机遇与挑战，翻译技术与产业创新是一个相互影响、相互成就的动态关系，产业的创新发展必然对翻译技术有所要求，而翻译技术的发展势必推动翻译产业的变革。改革开放后，翻译作为一门产业逐渐兴起，（张士东、彭爽，2016：49）机器翻译、云翻译、众包翻译、合作翻译等新型翻译形式为翻译产业创新提供战略方向，计算机辅助翻译工具、记忆库术语库、本地化技术、人机交互等翻译技术使得翻译产业朝着精细化、专业化、技术化的方向发展，同时也逐渐赋予翻译技术商品化特征。比如，术语库的商品化不仅整合了各方资源，优化了资源配置，而且提升了翻译效率和质量。（阳琼，2018）

2.解决认识问题的能力

首先是基础翻译理论。就概念阐发而言，国内学者以异化翻译、翻译诗学和零翻译等概念模糊的现代译学关键词为研究对象并进行阐释。此外，近年国内学者返回传统译论以构建翻译学中国学派，走出了两条相辅相成的路径。一是挖掘国学传统资源，立足自身实践，阐发和建构创新性翻译理论；二是用现代的概念范畴以及理论形态对传统译论进行转换，如王晓农（2021）从翻译范畴以及翻译理论两个层面对鸠摩罗什的“圆通论”进行了现代性诠释。在深化内涵方面，近年国内学者以翻译基本属性为研究对象，如翻译定义、翻译策略、翻译规范、翻译单位、译者主体性、翻译对等以及可译性等，以实现对翻译学科边界的拓展和理论内涵的延伸。在理论建构方面，从生态翻译学到译者行为批评，再到国家翻译实践、翻译发生学和知识翻译学等，国内学者取得了值得嘉许的成果。国内学者以本土创新性译学理论为研究对象，使其发展成具有生命力的理论，这种学术努力是我们所需要的，也是我国国家翻译研究能力提升的良好证明。

其次是翻译史。就翻译家而言，鲁迅等文学翻译家研究是主流；所涉人物“宽度”有所拓展，国内学者以科学、农学等经世致用学科的翻译家为研究对象，如李善兰（黎昌抱、王佳，2021）和丁文江（王烟朦、梁林歆，2021）等，进一步确立了翻译在人类学术史中的重要作用，推动了翻译史研究与其他学科发展史的接轨；更关注翻译家的道德精神，如周春悦（2021）考察了青年巴金的翻译立场。翻译活动的考察常与重大历史事件联系起来，如五四运动

（蓝红军，2019）等；此外佛经翻译长期受到学者关注，如常红星（2021）补证了道安对佛经翻译“失本”的反对态度并分析了其反对译经“失本”的原因。翻译史研究方法也受到重点关注，学者们或基于翻译理论的创新提出新的书写翻译史的路径，或融通史学与翻译学探讨如何进行翻译史研究，如高玉霞、任东升（2021）提出的国家翻译实践史书写模式，张汨（2021）从探讨如何借鉴微观史进行翻译微观史研究以摆脱翻译史研究罗列史实的窠臼。不过以口译活动为研究对象的研究相对较少。

再其次是应用翻译理论。应用翻译研究的核心在于“应用”，即应用相关理论对实用文本、应用型问题以及应用翻译研究话语系统展开研究。（傅敬民、刘金龙，2021：82）应用翻译理论研究是近些年新的研究方向，傅敬民学术团队提出“中国特色应用翻译理论研究”，初步建构了中国应用翻译理论的话语体系。此外，应用文体翻译理论研究和应用型问题的理论应用研究是中国应用翻译理论研究的两个重要方向。应用文体翻译理论研究侧重于对法律文体的研究，尤其是法律术语翻译的研究，如李文龙、胡晓凡（2021）分析了语言规律的约定俗成对法律术语翻译的作用与价值。应用型问题的理论应用研究主要指从宏观和微观层面对语言服务行业进行探索。

认识问题中的最后一个研究对象是翻译学科。翻译学作为一门综合性学科，近年呈现出学科内部细化和学科交叉的趋势，如外译学（黄忠廉、孙敏庆，2021）的提出，多模态翻译研究、翻译经济学、认知翻译学（体认翻译学）和语料库翻译学等领域产出了丰硕成果。此外，社会翻译学仍处于借鉴西方理论的阶段，涉及的理论仅限于布迪厄、卢曼和拉图尔等学者，理论本土化和创新有限，只有少量学者在理论方面做出创新，例如汪宝荣（2022）结合行动者网络理论和社会实践论构建了中国文学译介与传播行动者网络模式，深化了相关研究。

（三）采用翻译研究方法的能力

第一层次为哲学方法。哲学方法并非研究中的程序步骤或工具手段，而是为翻译研究提供最根本指导原则的深层逻辑和观念原理。我国现代译学研究中，很难发现哲学家式的翻译研究，很少有研究者以独特的哲学理论视角和深刻的理论命题来系统表达对翻译本质的理解。解构主义翻译理论、女性主义翻译理论等占据了现代西方翻译思想的很重要一部分，哲学家为西方翻译理论做出了巨大贡献。现阶段我国的翻译研究中较常见的是为西方翻译理论做注解，缺乏穿透翻译观照人性的哲理沉思。

第二层次是一般研究方法，包括横断科学方法、社会科学的研究方法、自然科学的研究方法和人文科学的研究方法。一般研究方法主要表现为研究的途径和路向，取决于研究者在一定的哲学观念指导下对具体研究对象的选择。进入新世纪后，我国对西方译学理论的引入迈向了新的阶段，主要表现为重视学习西方学科系统的翻译研究方法。其次，重视本土翻译理论的建构，在翻译基本理论研究、跨学科翻译理论探索和学科分支领域研究都产出丰硕成果。

第三层次是具体研究方法，包括研究资料的获取、研究数据的收集与整理的方法和程序，也包括研究资料和研究数据的描述、分析和解释等。目前，由于心理语言学研究、统计学方法在翻译研究中的应用以及教育研究方法在翻译教学研究中的应用等因素，我国翻译研究越来越多采用统计法、数理分析法、调查法、个案研究和实验法等具体研究方法。此外，信息化的发展为科研工作者提供了信息化的科研环境，翻译研究也出现了所谓的“技术转向”（张成智、王华树，2016）。翻译研究对象出现了信息化嬗变，翻译研究方法也朝信息化方向发展，计算语言学、语料库以及核磁共振等技术已成为翻译研究的常用方法。

（四）利用翻译研究资源的能力

国家社会科学基金项目和教育部人文社科基金项目能在一定程度上反映现有的语种资源、资金投入和评估机制情况，“能从宏观上反映各学科的研究重点和热点，可被视作学科研究的风向标”（穆雷、李希希，2019：27）。近些年来，国家社会科学基金和教育部人文社科基金翻译研究项目呈现出以下特点：（1）翻译研究立项占总项目的比重呈现出小幅波动状态，由此可见近年翻译学科呈现稳中持续的发展态势；（2）翻译类一般项目占比较大，重大项目立项率低；（3）大多研究项目依托其他学科进行综合研究，通过翻译研究来建构其他学科，翻译本体研究偏少，“翻译学科要从受体学科发展成为供体学科任重而道远”（冯正斌、苏攀，2021：9）；（4）非通用语种翻译研究和民族语言翻译研究占总的翻译研究的比重较低；（5）个别项目研究主题受国家时政影响明显，如国家形象、中华文化对外传播等。目前我国翻译研究评估机制建设较弱，专门且系统的翻译研究评估体系建设任重而道远。

（五）产出翻译研究成果的能力

中国翻译学者在国内外期刊发文量逐年上升。王斌华指出，过去5到10年国际翻译学界成果纷呈，中国学者的发表成果进一步凸显，一共发表了455篇SSCI索引文章，成果仅次于英美两国的学者。[①]值得一提的是，王向远（2016）撰写的《“翻”、“译”的思想——中国古代“翻译”概念的建构》一文发表于《中国社会科学》，产生广泛的学术影响。近年，翻译学博士录取人数也较以前有所增长，翻译学博士论文的产出也随之增长，我们期待更多如“全国优秀博士学位论文”这种高质量成果的产出，如张威（2007）的《同声传译与工作记忆的关系研究》，这样的研究成果更能体现我国的翻译研究能力。

近年，国内出版的高质量翻译学专著数量也呈现上升的趋势。外语教学与研究出版社推出“外语学科核心话题前沿研究文库”，其中就包含翻译学核心话题系列丛书，主编为王克非。许多著作产生了较大影响，多位学者撰写相关书评。由许钧担任总主编、浙江大学出版社推出的《中华译学馆·中华翻译研究文库》也产生较大影响，目前共推出四辑，大多专著聚焦中国文学译介这一话题。国外斯普林格出版社（Springer）出版的翻译学前沿系列著作（New Frontiers in Translation Studies）也能见到众多中国学者的身影，35部著作中15部著作的第一作者为中国学者[②]。

就教材而言，全国翻译硕士专业学位（MTI）系列教材已成为经典教材。该系列教材是国内第一套专门针对MTI学术编写的专业教材，包括笔译、口译、理论、通识和工具书等五大系列。许多成果，如穆雷主编的《翻译研究方法概论》（2011）、许钧的《翻译概论》（2009）都产生了深远影响。不过这套教材出版已经十余年，

① 该数据来自英国利兹大学王斌华教授在广东外语外贸大学高级翻译学院开设的讲座“国际翻译学近年研究动态管窥”。

② 此处的中国学者指国籍为中国且在中国高校工作的学者。

目前翻译的跨学科性和技术性正在加强，需要新的教材来指导现如今的MTI教育。

四、国家翻译研究能力未来发展

翻译学作为中国哲学社会科学的一个分支，需要回答国家发展建设中的重大问题。站在国家的高度审视翻译研究能力，也需要回答更深层次的问题——如何提高我国的翻译研究能力以提升我国的综合实力，这是中国译学界学者针对我国现实问题开展研究的学术努力目标。我们从以下四个方面论述我国国家研究能力未来发展。

（一）优化研究队伍

各层级研究人员和研究团队要重视人才培养、加强团队建设、强化交流合作，组成跨学科、交叉学科研究组合，采用扁平化管理模式。高校教师和研究团队要重视自身跨学科意识的养成，加强与不同学科背景学者间的合作，形成合力，实现理论、视角和资源等方面的优势互补。企事业单位和国家翻译机构要加强翻译研究中心建设，鼓励支持能力强的翻译实践人才投入翻译研究中，培养翻译高级研究员，强化与高校教师的合作交流，以推动翻译产学研的深度融合。

（二）加强研究规划

首先要增强国家翻译研究规划意识。国家作为翻译研究能力主体，可运用政治权利和制定相关政策对翻译研究动向进行干预、管理和调节。依据我们对翻译研究的对象划分，国家翻译研究规划也应做出不同标准的划分，如翻译实践研究规划、翻译认识研究规划。在制定翻译研究规划过程中要兼顾各种研究对象的规划，切忌顾此失彼。国家作为规划主体强化规划意识主要体现在加强翻译项目规划，科学预判未来翻译研究动态和走向。任何重大规划的具体制定和执行都会涉及政府部门、民间机构、社会力量和个人的多方配合。（董晓波、胡波，2018：88）对此政府部门和国家机构要制定整体战略目标，做好项目的组织、管理、监督与运营。各层级研究人员和研究团队要站在国家治理和国家发展的制高点，将翻译研究与“一带一路”、中国文学、中国文化等重要议题有机融合。

（三）改善资源建设

一方面，要鼓励和加强非通用语种的翻译研究，结合“一带一路”倡议有效挖掘非通用语种语料，服务于国家发展，就此通过国家机构主导或是社会企业经营多层次建立语种资源库。另一方面，要注重外语资源与社会学、文化学、历史学、政治学等跨学科视角的有机结合，以拓展语种资源的多向研究。此外，国家、高校和企业要加强翻译研究的经费投入和项目投入，增大翻译研究资金投入占总资金投入的比重，建立健全语种资源保障机制和评估机制，让广大翻译研究者敢于从研、乐于从研。

（四）搭建高质量翻译研究平台

国家机构、各类高校、企事业单位应当服务于国家战略需求，建立专门的翻译研究中心，制定相关研究机制，各层级研究中心可体现自身语种、主题、战略等特色。以“一带一路”研究中心为例，就语种特色而言，外文局和各类高校可以有不同语种面向的研究中心，尤其是非通用语种研究中心；就主题特色而言，可以涵盖翻译与文化、翻译与文学文化、翻译与社会、翻译与经济等主题；

就战略特色而言，翻译行业协会可以充分利用自身与民间社会的直接联络，进行共建“一带一路”国家翻译市场调研，负责其关键语言选择、文学文化作品规划、选择和出版、译者和出版机构的确定等核心工作。（董晓波、胡波，2018：89）各类高校可以充分挖掘利用学校馆藏资源，追溯“一带一路”翻译史，为翻译研究提供一级史料。值得一提的是，各层级翻译研究中心的管理和运营可以采用共享式和互助式管理模式。共享主要是指研究资源的共享，包括文献、工具、技术等，互助主要是指跨中心跨区域的合作性研究。如此一来，可以有效整合翻译资源，强化各层级的互动与合作，从而助力翻译研究的快速发展。

构建国家翻译能力理论体系和话语体系符合当下国家战略发展需求，国家翻译研究能力是国家翻译理论体系和话语体系的重要组成部分，体现了中国本土译学话语的再次创新，因此国家翻译研究能力体系的构建意义重大。本节在对国家翻译能力进行概念阐述的基础上提出了国家翻译研究能力指标体系，并基于这一指标体系梳理了我国国家翻译研究能力现状，最后从研究队伍、研究规划、研究资源和研究平台等四个方面对我国未来国家翻译研究能力发展提供了建议。

第六节　国家翻译技术能力

当今时代，随着“国家翻译能力”概念的提出和相关研究的开展，翻译学界越发清醒地认识到，提高对国家作为翻译主体的认知，提升对翻译实践民族性和国家性的关注意识，形成符合新时代需求的国家翻译能力建设体系，构建与时代气质相符的有效国家翻译体系，已成为国家能力建设中的现实需要。在科教兴国战略（1995）、《新一代人工智能发展规划》（2017）、《国家新一代人工智能标准体系建设指南》（2020）的战略方针和发展规划指导下，国家的科学技术实力不断向现实生产力转化，人工智能（AI）技术引领社会发展也已是大势所趋。AI驱动的翻译技术获得快速发展，对翻译产业格局、翻译教育生态、语言服务生态，乃至国家翻译实践、国家翻译能力的影响日益凸显。基于此，我们首次尝试对国家翻译技术能力的概念内涵、构成要素、主要特征等进行剖析，希冀为完善国家翻译能力的要素框架提供参考。

一、概念界定

根据上下位概念的层次性，按照由宏观到微观的逻辑顺序，在界定国家翻译技术能力之前，至少需要对“国家技术能力”、“国家翻译能力”及“翻译技术能力”三个部分进行概念融合与推演。下面将从上述三个方面入手，经过层层论证，最终推演出“国家翻译技术能力”这一概念的内涵。

（一）国家技术能力

国家技术能力这一概念最早是在由Fransman & King（1984）汇编的《第三世界技术能力》（*Technological Capability in the Third World*）论文集中被首次提及。在此研究中涌现出如Martin Bell、Jorge Katz、Frances Steward、Ronald Dore、Ashok V. Desai等一批优秀学者，学者们主要针对第三世界不同国家的具体情况，对这一概念内涵和技术能力形成的路径进行归纳，普遍认为国家技术能力的形成归因于技术的引进以及自主创新能力的形成。Lall在1992年发表的《技术能力与工业化》(*Technological Capabilities and Industrialization*)一文中指出，国家技术能力是能力、激励与机构之间的互动，三者之间高度关联，但往往不能“形成合力”(转引自翟翠霞、吴宏伟，2011：155)。翟翠霞、郑文范(2009)通过对国内外学者的主要研究成果进行梳理，发现相关研究多是从演化经济学、战略管理、技术创新、组织学习、制度经济学等不同视角对国家技术能力内涵进行界定，具体概念不尽相同。

自20世纪90年代起，随着技术能力理论的进一步发展，学界开始探讨微观层面的技术能力，逐渐在宏观国家技术能力以外形成中观视角的区域技术能力(Wang & Wang，2011；王震勤、王维才，2012)、微观视角的企业技术能力(Rush, Bessant & Hobday，2007；Sobanke et al.，2014；魏江、许庆瑞，1995；赵晓庆、许庆瑞，2002；魏江、王铜安、刘锦，2008)以及更为微观的个人技术能力(蔡声霞、池洁如，2008)等多个层次，研究对象也从第三世界国家延展到新兴工业化国家、经济发达的国家。国家技术能力是以国家为研究对象形成的技术综合体，包含各个层次的技术能力，内涵随着研究层次的形成得到进一步深化。科学技术发展的永恒性和主导技术的历史性规定了国家技术能力的动态性特点。(翟翠霞、吴宏伟，2011：157)因此，应该从动态性的视角理解国家技术能力系统的内涵，发展阶段不同，其内涵也会有所不同。我们认为，现阶段的国家技术能力可以理解为是一个国家从外界获取先进技术，经历技术引进、技术仿制、技术自主创新三个层次，最终达到技术知识积累与共享的能力，涵盖上述宏观、中观、微观和超微观等四个主体层面的技术能力总和。

（二）国家翻译能力

国家翻译能力作为近年来刚兴起的一个概念，代表着翻译大时代背景下学界对国家行为能力进行探讨的一个新视角、一种新现象、一次新尝试，是一个极具前瞻性的研究领域。目前相关研究尚处于起步阶段，代表性学者有高雷（2019），蓝红军（2021），任文、李娟娟（2021），杨枫（2021）等。其中，高雷（2019）认为强大的国家翻译能力是构建人类命运共同体的重要战略资源，尝试性地对“国家翻译能力”这一概念进行探讨，做出广义和狭义层面的概念解读，但未对其具体要素构成及概念外延做进一步分析。蓝红军（2021）在探讨国家翻译实践理论建构时提及，新时代的国家翻译能力建设是国家翻译实践理论构建的现实需求，但未对国家翻译能力进行定义。任文、李娟娟（2021）在分析语言学路径的国家语言能力研究和翻译学路径的国家翻译实践论基础之上，提出“国家翻译能力”的完整概念，并指出其包括翻译管理能力、翻译实践能力、翻译传播能力和翻译发展能力等四个子能力。（任文、李娟娟，2021：9）杨枫（2021：16）则将国家翻译能力简化理解为是以国家为主体或目的，指涉国家翻译规划、国家翻译教育、国家翻译实践、国家翻译技术和国家翻译传播等综合复杂的国家翻译行为能力。任文、赵田园（2023a）基于跨学科视角和前期既有研究，再次思考和提炼了国家翻译能力概念，将其界定为：一国依靠多元主体，通过翻译实践与传播，以及翻译管理、教育、研究和技术研发等活动，推动国内外不同语言间开展符合国家利益的对话交流与知识互鉴，服务一国软硬实力和国际话语权提升的能力。由此可见，前人对国家翻译能力概念的研究并未统一，在不断修正与完善之中。国家翻译能力具有国家性、动态性、复杂性、渐进性等典型特点，是一个内涵丰富、动态发展的概念体系。

（三）国家翻译技术能力

在国家翻译能力的相关理论研究中，前人隐性或显性地提及了国家翻译技术能力（以“技术研发能力”、“国家翻译技术”或“翻译技术开发能力”等表述为主）这一国家翻译能力的重要组成部分，（任文、李娟娟，2021；杨枫，2021；蓝红军；2021）但均未对其内涵做进一步探究。在相关实践研究层面，北京外国语大学国家翻译能力研究中心发布的首个“全球国家翻译能力指数”[①]中，通过指标筛选和量化评定，将翻译技术研发能力（占比30%）作为评估国家翻译发展能力（占比25%）的二级指标，具体可量化的三级指标涵盖翻译专利申请数量（占比20%）、自然语言处理专利数量（占比40%）及语音识别专利数量（占比40%）三部分。在2021年全球国家翻译能力指数中，二级指标中的翻译技术研发能力（占比11.40%）包含自然语言处理（翻译技术相关）专利数量（占比50%）、语音识别（翻译技术相关）专利数量（占比50%）两个三级指标。由此可以看出，前人已经注意到并愈加关注将翻译技术研发能力纳入国家翻译能力建设的必要性，对翻译技术研发能力形成了初步认识，但目前尚未将其形成独立课题进行深入研究。国家翻译技术能力是一个集合多元素的复杂体系，翻译技术研发能力作为其中一个具有代表性的能力为学者们所关注，然而从翻译技术对于国家翻译实践的推动力和作用机制来看，其内涵更加广泛，除研发

---

① 《2019年全球国家翻译能力指数》，2021年发布。

层面以外，还涉及翻译技术规划、标准化、研发、应用及传播等翻译实践全过程。

当前正处于蓄力发展国家翻译能力、国家翻译实践、国家翻译学战略研究的重要阶段，国家翻译技术能力作为一个新兴研究领域应运而生，服务于国家技术能力及国家能力战略，面临拓展理论性内涵及范畴和满足现实性需求的问题，是一个亟待进行深入探究的分支。我们在上述国家技术能力和国家翻译能力的概念基础上，取国家技术能力之要义，基于国家翻译能力之实际，抽取二者之共性特征，兼顾国家翻译技术能力之独特特征，进一步明确翻译技术能力和国家翻译技术能力的基本概念。

翻译技术能力随着翻译技术系统的应用而逐步形成。翻译技术系统由不同技术元素构成，不同技术对应相应的翻译实践环节，在不同环节处理不同的翻译对象，由此构成一个由简单到复杂的系统。翻译主体通过翻译实践运用翻译技术，形成翻译技术能力，参与和改造翻译活动。在翻译技术生态系统中，分别对应个人翻译技术体系、企业翻译技术体系和国家翻译技术体系，形成三位一体结构，发挥不同的作用。比如，提高个人翻译能力，增强翻译生产力，促进对外话语构建，推动翻译世界的良性循环。

对于个体译者来说，翻译技术能力是指综合运用多种翻译技术、工具和资源提升个人翻译效率和翻译质量的能力。对于团体来说，翻译技术能力是指通过部署翻译技术系统，优化翻译项目管理流程，总体提升团体翻译协作的能力。国家翻译技术能力兼具个体和团体的基本特征，将国家视为翻译技术能力体系的发展主体，包括个体译者、企业、机构及其他多元翻译主体。具体而言，国家翻译技术能力是指一个国家综合运用各种翻译技术手段、工具和资源发展翻译事业能力的总和。国家翻译技术能力作为一个动态发展的能力体系，是以国家为主体，在国家翻译实践中综合运用翻译技术资源助力国家翻译传播、中华文化走出去、国家形象及国家话语体系构建等方面的能力总和，也是衡量国家翻译能力强弱的重要的技术参数，明确其定义内涵有助于为国家语言能力与国家能力竞争打下重要基础，具有重要的战略意义。与国家技术能力、国家翻译能力相比，国家翻译技术能力具有典型的跨学科属性，其学科基础表征为以翻译学作为核心学科，以政治学、经济学、社会学、管理学、传播学、计算机学科、技术哲学等其他关联学科作为支撑学科，在客观上要求我们从跨学科视野审视其构成要素，进行深入研究。

二、要素构成

国家翻译技术能力的形成是多因素长期作用和协调发展的结果，是内外部相关同质或异质系统不断进行信息、资源交换的产物。根据通用技术流程和技术实施进程，结合可量化评估的现实需求，我们将国家翻译技术能力归纳为由翻译技术规划能力、翻译技术标准化能力、翻译技术研发能力、翻译技术应用能力和翻译技术传播能力等五个主要子能力要素构成的系统，并根据要素组成构建出系统内外部运行生态机制。

（一）要素阐述

从系统构成视角出发，每个子能力要素（一级指标）包含若干个二级指标，而二级指标下可以继续细分为可量化评价的三级指标（如图2-7所示）。下面将对各构成要素的概念及其分指标进行阐述，以期为将来构建一个可量化评估的指标体系奠定基础。

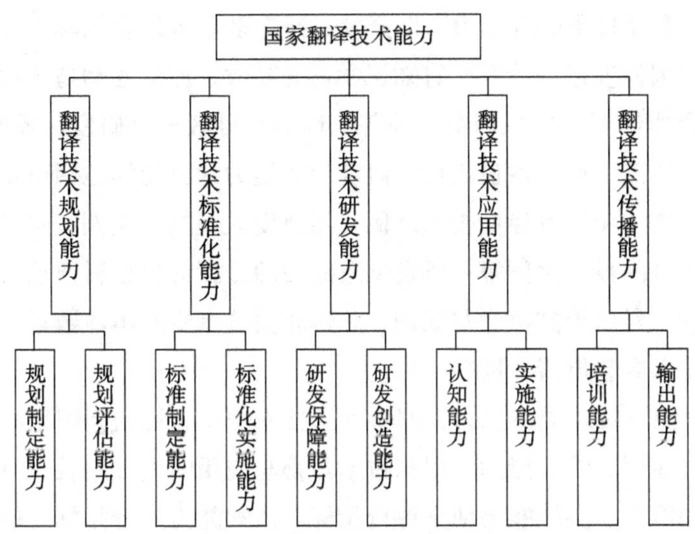

图 2–7　国家翻译技术能力构成要素及评价指标

1.翻译技术规划能力，即通过融合多因素发展愿景，对翻译技术整体走向中的预测力、调控力与应对力进行规划的能力，可区分为规划制定能力、规划评估能力两个评价指标。规划制定能力的分指标包括技术规划的主体层次、技术规划的主体数量、具体技术规划的数量等；规划评估能力的分指标包括技术规划的战略性、技术规划的可行性、技术规划的持续性等。

2.翻译技术标准化能力，即制定和实施有关翻译技术研发、规定、规则的统一和规范，并尽可能使其得以广泛应用的能力，可区分为标准制定能力、标准化实施能力两个评价指标。标准制定能力的分指标包括标准化机制健全程度、标准化专业人才比例、标准化专项经费数量等；标准化实施能力的分指标包括主导或参与的标准数量、被采纳的技术标准数量、已有标准化的实施程度等。

3.翻译技术研发能力，即开发、研究多语种综合性翻译技术的能力，因研发过程涉及已有知识学习与吸收、原创性制造（模仿创新、合作创新、自主创新）等各个环节，可区分为研发保障能力、研发创造能力两个评价指标。研发保障能力的分指标包括研发机构整体数量，年研发经费投入比例，年研发人员投入比例，引进、模仿和改进的投入比例等；研发创造能力的分指标包括科研项目数量与级别、科研论文数量与级别、总体相关技术专利申请数量、具体翻译技术专利申请数量等。

4.翻译技术应用能力，即将翻译技术普及和运用到国家翻译实践方方面面的综合能力，根据技术习得与应用的发展路径，可区分为认知能力、实施能力两个评价指标。认知能力的分指标包括翻译技术了解程度、翻译技术了解比例、翻译技术了解层次等；实施能力的分指标包括翻译技术采购数量、翻译技术部署比例、翻译技术部署效果等。

5.翻译技术传播能力，即有效连接翻译技术知识创新过程及应用过程，实现翻译技术知识转移、输出和转化，促进翻译技术共享，实现用户（或其他国家）应用与采纳的能力，可区分为培训能力、输出能力两个评价指标。培训能力的分指标包括翻译技术培训机构数量（政府机构、高校、企业）、接受翻译技术培训的人员数量等；输出能力的分指标包括翻译技术转移情况、翻译技术成果转化情况等。例如，日本、美国等发达国家引进我国研发的翻译技术数量、种类及级别（含专利转让、专利授权等），技术转移和技术成果转化的数量越多、种类越全、层次越高，一般来说翻译技术输出能力就越强。

国家翻译技术能力随技术升级改造、经济发展、政治环境变化而动态发展。在发展演进过程中，能力系统的构成要素不是一成不变的，还会有其他一些新的要素产生，或某些已列出的要素会因时代变迁而显得不再那么重要。新的构成要素生成，旧的构成要素增强或衰退，其间的连接关系以及功能也会出现不同程度的迭代。限于篇幅，我们遵循可量化评估的标准，尽可能归纳出影响系统的主要因素，通过主要因素呈现系统全貌。

（二）关系及作用分析

国家翻译技术能力系统中的各要素之间、要素与整体之间，以及整体与环境之间，存在着一定的有机联系。系统内部要素的层次自上而下进化，上一层级的目的服务于下一层级，在多方因素共同作用之下呈现出复杂性、层级性、战略性、协调性、动态性、关联性等系统论的显著特点。为分析整个系统的生态机制，我们引入系统动力学（system dynamics）理念，绘制出国家翻译技术能力系统构成图（如图2–8所示，见下页）。系统动力学是20世纪经济数学的一个分支，主要从系统内部的微观结构入手，通过把握系统内部结构、参数及总体功能，分析并把控系统的特性和行为。（许光清、邹骥，2006：72）该系统由5个流位变量、10个流率变量及其他变量构成。以5个流位变量为核心构成了5个子系统，分别为翻译技术规划能力系统、翻译技术标准化能力系统、翻译技术研发能力系统、翻译技术应用能力系统和翻译技术传播能力系统。通过识别技术能力系统中最活跃的因素、影响力最大的因素、具有决定性作用的因素，将翻译技术标准化能力、翻译技术研发能力、翻译技术应用能力界定为国家翻译技术能力的核心子能力。整个国家翻译技术能力的体系形成与发展，与国家技术共同体、国家翻译共同体

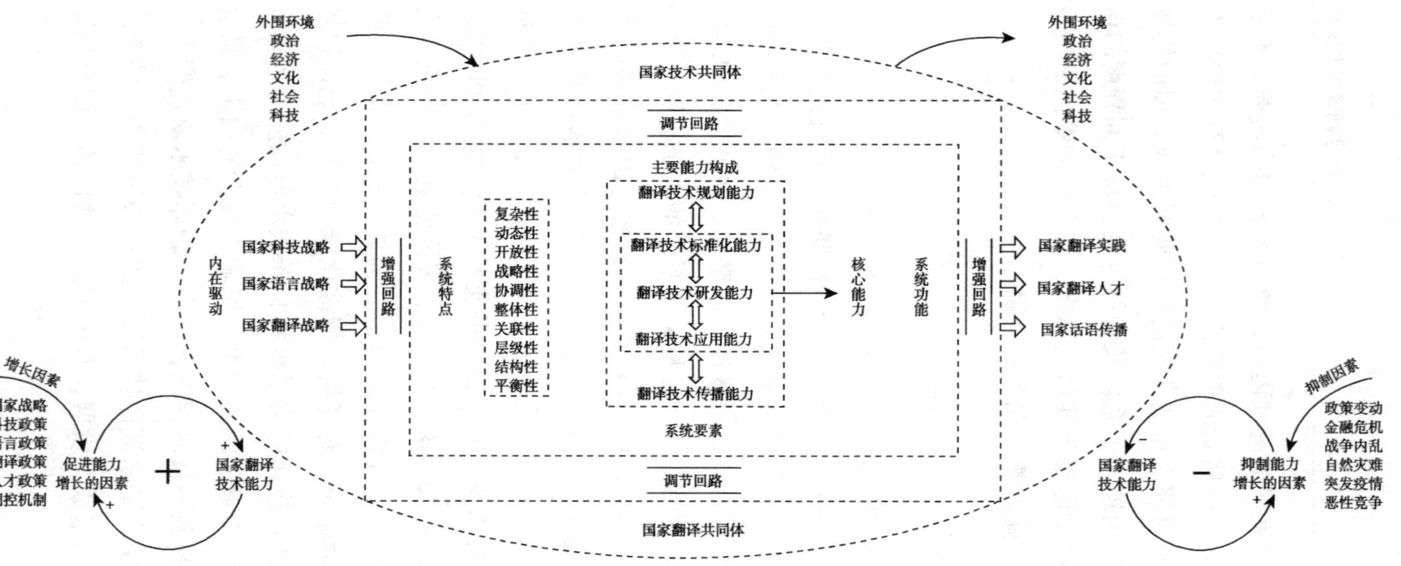

图2–8 国家翻译技术能力系统构成图

深深交融，以国家科技战略、国家语言战略、国家翻译战略为内在驱动力，以全社会翻译从业者为发展根基，从宏观、中观和微观多维视角联合国家、企业、高校、科研机构、行业协会、个人等多元能力发展主体，切实通过适应技术时代所带来的国内外社会环境的变化，适应技术化生存，达到推动国家翻译实践、培养国家翻译人才、助力国家话语传播的发展目的。

确定系统研究边界后，对国家翻译技术能力系统进行模拟与运作，发现该系统中包含不止一个闭合反馈回路（调节回路、增强回路），这些反馈回路相互连接，构成复杂的系统结构。系统会在外围环境（如政治、经济、文化、社会、科技等环境因素）的作用之下形成正反馈回路（增强回路）或负反馈回路（调节回路或稳定回路）。形成正反馈回路的因素有很多，如国家战略、科技政策、语言政策、翻译政策、人才政策、调控机制等，在这些增长因素的推动下，国家翻译技术能力会逐渐增强，形成良好的正反馈回路机制；形成负反馈回路的因素包括政策变动、金融危机、战争内乱、自然灾难、突发疫情、恶性竞争等诸多方面，在这些抑制因素的影响下，国家翻译技术能力会出现示弱倾向，系统规模受到遏制，影响发展速度，最终停留在一定水平上。

国家翻译技术能力概念的提出，是对翻译技术能力的“国家性”进行的探索，已经超越个体翻译技术能力层面，而成为无数翻译个体、企业和机构构成的翻译技术能力综合，具有服务国家意志的属性，关乎国家语言安全、国家话语传播、国家翻译实践路径、国家发展大局乃至世界发展大局等重要方面，是国家翻译学体系发展和国家翻译治理的基础性保障，对国家翻译事业与国家翻译能力的全局性、未来性发展具有重大技术引领性作用。国家翻译技术能力对接国家重大区域战略，影响国家翻译实践发展的重点领域技术创新需求，在国家翻译制度规划、国家翻译人才培养、国家翻译能力提升、国家话语权增强及国家文化形象提升等方面发挥长远性作用。

三、国家翻译技术能力建设案例分析

在人工智能盛行时代，技术对于加快国民经济的数字化转型、推动数字经济的发展、提高国民经济总体效益具有直接且重要的作用。建立以国家为主体，服务于国家语言服务战略发展需求的国家级翻译技术平台，是国家翻译技术能力的直接体现。翻译技术具有非常丰富的内涵，是一个包括机器翻译、计算机辅助翻译等多种技术动态发展的复杂系统。我们选取当今最具代表性的机器翻译，结合国家翻译技术研发能力和应用能力的基本构成，探索国家机器翻译平台对国家翻译能力的重要作用。

（一）中国机器翻译技术发展概况

机器翻译可以追溯至20 世纪40年代，随后经历了曲折而漫长的发展过程。我国非常重视机器翻译工作，首个机器翻译系统于1959年成功问世，这标志着我国继美国、苏联、英国和日本之后，成为第五个机器翻译实验成功的国家。20世纪70年代中期的748工程对机器翻译重新给予重视。1975年，成立了情报所、语言所、计算所、冶金所、林业部、核工业部、化工研究所、中国医学科学院等单位参加的全国机器翻译协作研究组，以冶金题录5,000条为试验材料，制定英汉机器翻译方案并上机试验。1976年粉碎“四人帮”后，机器翻译研究全面复苏。1978年，在计算所111机上进行“英汉冶金题录机器翻译系统”的抽样试验，抽样20条，达到了预期的效果。1987年，中国人民解放军军事科学院开发的“科译1号（KY-1）”机器翻译系统研制成功，后来被中国计算机软件与技术服务总公司开发为“译星”翻译软件。（冯志伟，2004：23）译星的诞生有着特殊的历史意义，它是我国第一个商品化的机器翻译系统。

在20世纪90年代，机器翻译研究者主要关注基于规则的机器翻译技术，但由于语法规则复杂，翻译效果不尽人意，机器翻译并未得到普及。21世纪初期，统计机器翻译技术逐渐发展起来，利用大规模双语语料库进行训练，效果有了显著提高。2014年以来，神经机器翻译技术得到了广泛应用，其基于神经网络模型的深度学习方法，更加符合人类的语言处理方式，取得了更好的效果。

当前中国机器翻译的主要技术引领者包括百度、阿里巴巴、腾讯等互联网公司，以及中国科学院计算技术研究所、清华大学、北京大学等高校的研究团队。百度作为国内最大的搜索引擎公司，推出了基于深度学习的神经机器翻译技术，并在各种机器翻译评测中表现优异。阿里巴巴则在机器翻译领域推出了自主研发的多语言机器翻译平台——阿里翻译，提供多语种的翻译服务。腾讯在机器翻译领域推出了“翻译君”等产品，支持中英日韩等多国语言，可满足口语练习、办公查询、出国旅游等基本翻译需求。中国科学院计算技术研究所的机器翻译团队一直致力于机器翻译的基础研究，推出了一系列机器翻译系统，并在多次国际机器翻译评测中获得了好成绩。清华大学和北京大学的机器翻译团队也在翻译技术的研究和应用方面取得了一定的成果。国内公司研发的机器翻译系统在技术上具有很强的竞争力，多次在国际机器翻译系统评测中名列前茅。

根据PatBase[①]数据统计，2020至2021年度，在翻译技术研发能力方面排名前10的分别为美国、中国、印度、日本、韩国、澳大利亚、加拿大、德国、英国、新加坡，中国仅次于美国，名列第二。根据国家市场监督管理总局企业注册信息数据库显示，截至2022年底，国内具有机器翻译与人工智能业务的企业达588家，相较于2021年实现了快速增长，年增长率为113%。根据中国翻译协会2022年发布的《中国翻译及语言服务行业发展报告》统计，2021年，全国具有机器翻译与人工智能业务的企业达到252家。语言服务行业普遍认为翻译技术大幅提升翻译效率，有91%的语言服务企业认为采用“机器翻译+译后编辑”模式提高了效率。语言服务提供商与服务需求方均表示看好机器翻译的前景，有89%的语言服务企业愿意在未来投入更多资金来提升企业在机器翻译相关领域的技术实力。从翻译语言服务需求方的角度来看，有91.3%的翻译语言服务需求方受访者认同翻译技术的使用能够提高翻译质量，九成需求方受访者认同翻译技术的使用能够降低翻译成本（94.7%）及提高效率（95%）。（中国翻译协会，2022）从上述数据可以看到，机器翻译在国内蓬勃发展，提升了翻译行业产能，得到了业界广泛的认可。

（二）机器翻译服务“一带一路”倡议

截至2021年1月底，中国已同140个国家和31个国际组织签署了205份共建“一带一路”合作文件，其中涉及12个语系、28个语

① PatBase数据库是由英国Minesoft专利资讯公司，联手RWS专业翻译集团共同打造的全球知名专利检索与分析平台。

族，约132种语言。[①]多种多样的语言会导致语言障碍，这是阻碍“一带一路”相关国家和地区加深交流的主要挑战之一。然而，由于近年来人工智能和自然语言处理技术的快速发展，机器翻译技术与人工翻译水平的差距不断缩小，机器翻译被认为是突破语言障碍的法宝，在“一带一路”经济、政治、外交和文化交流等方面将扮演越来越重要的角色。在当前背景下，政府积极支持领先的研究机构和企业，带头推动以“一带一路”多语种翻译为基础的机器翻译项目，并解决多语言翻译所面临的挑战，如语言资源分布不均衡、稀有语言资源匮乏、语言间差异大、部署成本高等，这对于提高我国国家翻译能力具有重要的现实意义。

鹏城实验室，又称深圳网络空间科学与技术省实验室，是中央批准成立的突破型、引领型、平台型一体化的网络通信领域新型科研机构，始建于2018年3月，主要从事该领域战略性、前瞻性、基础性重大科学问题和关键核心技术研究，是国家战略科技力量的重要组成部分。“鹏程·丝路2.0”翻译平台[②]（http://mt.pcl.ac.cn）是由鹏城实验室机器翻译团队与国内多家学术机构共同打造，该平台依托鹏城实验室的一流研发平台和“鹏城云脑”大科学装置的强大算力，基于超1.5亿条平行句对和100T单语言数据进行模型训练，并使用多模型集成策略进一步提升了性能。目前，“丝路”平台支持23种“一带一路”相关语言与中文的互译，在新闻报道等多个领域和多个语种上的翻译性能已经超越国内许多领先的机器翻译平台。

---

① https://nmlr.muc.edu.cn/info/1106/1649.htm.

② https://www.pcl.ac.cn/html/943/2022-09-09/content-4053.html.

作为以中文为核心的国家级多语言机器翻译平台，面对“一带一路”海量的翻译需求，实现年翻译千亿词以上，极大地促进了多语言与文化交流的效率。在翻译实践中，不断优化和提升多语言特别是资源稀缺语种与中文之间的互译性能，不断推进“一带一路”多语言资源挖掘与整合，致力于打破不同国家和民族之间的语言壁垒，实现无障碍的自由交流，对于推动国际交流和国家翻译能力建设发挥了重要的作用。

（三）国家级机器翻译平台建设的重要意义

国家级机器翻译平台建设对“一带一路”倡议以及国家语言能力发展具有重要意义，具体表现在以下几个方面：（1）提升国家的语言传播能力。随着“一带一路”倡议的推进，越来越多的国家和地区之间展开了合作。机器翻译技术可帮助人们在跨语言交流中进行高效的沟通，增强国家的语言交流能力，对于国家间的外交、商务、文化交流等方面都具有重要意义。（2）提升中国文化影响力。通过机器翻译技术，共建“一带一路”国家可以更方便地学习中文，了解中国文化，同时也可以更好地将自己国家的语言推广到全世界，在国际舞台上增强国家的文化影响力。（3）促进国家的文化多样性。机器翻译技术可以帮助国际人士更好地理解和欣赏中国的文化，对于增强国家的文化软实力和塑造影响国际形象具有重要意义。（4）增强国家的技术实力。机器翻译平台建设需要大量的技术支持和投入，这将促进国家在人工智能、自然语言处理、机器学习等领域的技术实力发展，提升国家在共建“一带一路”国家的技术实力。综上所述，国家机器翻译平台建设对于国家翻译能力发展具有重要意义，将带来多方面的积极影响和发展机遇。

四、国家翻译技术能力发展建议

从技术能力系统来看，各个元素相互影响、相互作用，随着客观环境的变化而发生变化，翻译技术能力客观上要求随着时空结构的变化而不断更新，不断推动技术组合创新。系统的功能不是各个要素简单的叠加,而是大于各个个体的功能之和，多种技术子能力的共同发展才能促进国家翻译技术能力的整体性发展。在AIGC时代，加强国家翻译技术能力发展，是未来国家翻译能力发展的重心所在。

（一）强化翻译技术创新能力

技术创新是翻译行业创新的内生动力，也是国家翻译技术能力发展的增强回路，推动翻译技术创新意义重大，主要措施如下：（1）增加翻译技术研发投入。国家应该加大对翻译技术创新的投入，尤其是对自然语言处理基础研究和大语言模型技术研发的支持。（2）加强技术创新人才引进和培养。国家应该引进和培养更多的高端自然语言处理领域人才，加大对翻译技术人才的激励和保障力度，吸引更多的人才参与人工智能翻译技术的创新。（3）推进翻译科技成果转化。国家应该加强翻译科技成果的转化工作，促进科技成果的产业化和应用，推动科技创新成果转化为切实可行的生产力，促进可持续发展的技术生态建设。（4）建立良好的翻译技术创新环境。国家应该建立翻译创新的法律法规、政策和制度，提供创新激励和保护措施，加强知识产权保护，鼓励更多企业和个人投身翻译技术创新和创业。（5）推进国际合作与交流。加强与国际翻译技术领先企业和机构的交流与合作，学习和借鉴国际先进技术理念和创新经验，共同推动翻译技术创新发展。

（二）促进翻译技术标准化建设

随着人工智能技术和翻译技术的快速发展和全国普及，翻译技术标准化建设的重要性日益凸显。（1）以国家战略部署和行业发展需求为出发点，从长远角度规划翻译技术标准建设的工作思路和方向，通过专家组、行业协会等机构，广泛征求各方意见，推动制定国家翻译技术标准体系框架，形成涵盖语言学、信息技术、数据、从业者、伦理等方面的体系框架。（2）不断完善口笔译机器翻译标准制定，开展翻译技术伦理建设，探索机器翻译硬件标准，加强语料加工与管理相关规范建设等。（3）加强对企业和公众的标准化宣传和教育，使其认识到翻译技术标准化的重要作用，增强全民翻译技术标准化意识和能力。（4）加强翻译技术标准化体系的落实和推广，促进标准化工作的全面开展，不断促进国家翻译技术水平和产业竞争力的提高。

（三）加强翻译技术专业智库建设

在当前大语言模型发力发展的背景下，建设国家级翻译技术智库势在必行。（1）建立专业化的翻译技术智库团队，包括专业翻译人员、语言学家、计算机科学家等多个领域的专家，对翻译技术进行深入研究和探讨。（2）建立国家级翻译技术智库平台，跟进国内外翻译技术硬件、软件基础建设布局以及数据库、智能语言服务平台和多语言智能翻译平台建设情况，围绕智能内容生产、智能采编、语音识别、文字转写、机器翻译、舆情分析等技术的普及和应用加强智库研究和成果转化，发布行业技术应用与发展报告，推动行业技术创新发展。（3）加强国家翻译技术智库与国内外相关机构的合作，加强与高等院校、科研机构、科技企业间的协同协作，开展行业技术研发与应用联合调研，及时掌握翻译行业技术发展动向，积极参与国际翻译技术标准化和规范化建设，提升国际交流和合作的水平和效果。（4）鼓励和支持翻译技术创新和创业，通过引入和孵化创新企业、提供资金和政策支持等方式，推动翻译技术产业的发展和壮大。（5）加强对翻译技术人才的培养和引进，为国家翻译技术智库提供强有力的人才支持。同时，建立健全的激励机制和晋升制度，吸引更多优秀人才加入到翻译技术智库建设中。

（四）加强翻译技术专业人才培养

面对ChatGPT技术带来的挑战，加强翻译技术人才的培养对国家翻译能力发展至关重要，可以从以下几个方面着手：（1）加大对翻译技术人才的支持力度。政府应该加强对翻译技术人才的政策支持，包括提供专项基金、税收和研究设施等方面的支持，鼓励更多的人才投身于翻译技术事业。（2）强化翻译技术人才的教育培养。学校应该加强创新人才的教育培养，建立翻译技术创新人才培养体系，提供包括人工智能、机器翻译等多样化的课程体系，增加技术实践教学，提升翻译技术创新人才能力。（3）建设国家级翻译技术创新人才培训基地。设立国家级创新人才培训基地，提供高质量的培训课程和实践机会，培养创新人才的能力和素质。（4）加强翻译技术创新人才的国际交流。加强对翻译人才的培养和引进，联合国内外头部翻译技术机构和企业，以实现技术资源共享，提高翻译技术人才培养的质量和效率。（5）创新翻译技术人才评价和激励机制。建立适合翻译技术创新人才的评价和激励机制，提高创新人才的积极性和创造性，鼓励创新人才在技术领域做出更大的贡献。

（五）深化翻译技术产学研协同机制

翻译技术的产学研协同发展是科研、教育、生产不同社会分工在功能与资源优势上的协同与集成，是国家翻译技术能力发展的必由之路，主要举措如下：（1）加强国家级协作平台建设，政府和企业整合行业优质技术资源，联合建立一系列产学研合作平台，包括智能翻译实验室、智能翻译研究中心、智能科技园区等，为翻译技术创新营造良好的产业创新环境，推动语言服务产业协同化发展。（2）鼓励校企之间知识产权合作。政府可以制定相关政策，鼓励技术创新企业和学术机构之间进行机器翻译知识产权合作，共同开发新技术和产品，促进翻译技术的创新发展。（3）加强翻译技术转移。政府可以建立翻译技术转移平台，促进翻译技术的转移和应用，促进产学研合作的成果更快地转化为实际应用，促进科技创新的发展。（4）与语言服务产业各方联动，共同打造智慧语言服务平台，构建产学研深度融合的创新体系，推进产业发展与技术深度融合，提升国家语言服务能力建设水平。（5）推动产业技术国际合作与交流，促进人工智能时代语言服务行业生态健康发展和良性循环，为国家翻译能力和国际传播能力建设提供强大助力。

开展国家翻译技术能力研究，将个体翻译能力上升至国家翻译能力层面，将普通翻译应用扩充至国家翻译应用，研究意义重大。在理论层面上，不仅可进一步拓宽翻译研究视角，丰富翻译研究方法，拓展翻译研究内容、范围和主体，利于翻译理论体系的完善。更重要的是，国家翻译技术能力的提出是学界适应我国对外话语体系建设、国家翻译能力提升、国家语言规划战略而展开的理论创新探索，是国家翻译学战略中的重要组成部分。在实践层面上，有助于加强国家翻译能力体系、国家重大翻译工程运行体系建设，促进国家翻译实践，培养国家翻译人才，推动国家对外话语体系建设，综合提升国家竞争实力。国家翻译技术能力是经济全球化、知识大爆炸、技术大变革的产物，也是全球科技发展到4.0阶段的新形态和新需求，未来将面临更多的机遇和挑战。当今世界正经历百年未有之大变局，我们应该把握人工智能革命和翻译产业革命的历史机遇，面向国家对外话语体系建设和国家翻译能力发展的重大需求，把加快培育和扶持翻译技术产业，把深入实施翻译强国战略放在推进产业化结构升级的突出位置。国家翻译技术能力，并非中国特有，它是人工智能时代对全球各国提出的客观要求，有责任有担当的国家都应该重视国家翻译技术能力，促进全球技术发展；它是人类技术命运共同体的组成部分，兼具时代必然性、环境可持续性及社会包容性。

第三章　国家翻译能力细分领域研究

第一节　国家法律翻译能力

古往今来，翻译一直扮演着人类社会推进器的角色。晚清以降，中华法系受到西方法律传统的冲击而解体，中国吸收和借鉴了一批来自大陆法系以及英美法系的概念和法律制度；（张法连，2023a）新中国成立后，我国又引进了苏联的法律和法学著作；改革开放后，更多的外国法律和法学著作进入中国，不断为中国的法律制度发展带来新理念和新思想，翻译实践在这一过程中发挥了重要作用。“中国法学是翻译法学”这一学界共识便揭示了法律翻译实践对于推动我国法律制度实现变革的重大意义；而且通过翻译形成的法律新词（如权利、共和、民主、公民、仲裁、破产等）为繁荣中国语言文字做出了重要贡献。从历史上看，法律翻译实践的主体主要有两类：“其一为外国来华的传教士、商人、学者等；其二主要为国内向国外派遣的使者以及留学人员”（吴苌弘，2013：22）。值得注意的是，京师同文馆、江南制造局翻译馆、福州船政学堂等由官方兴办的机构也为当时的法律翻译实践活动提供了大力支持。法律翻译实践的目的也有两类：其一，外国来华人士为保障外国在华侨民利益等实际诉求，考察我国当时的法律、社会和营商环境；其二，中国被迫打开国门，出于国家交往、维护主权的目的，并且为了实现法律制度变革，从而借鉴和引进外国的先进制度。（屈文生、石伟，2007；屈文生、万立，2019）概言之，历史实践表明，法律翻译关涉国家事权的属性明显，对于推进一国法律制度变革、丰富本国法律文化和法律语言的发展意义重大。

进入新时代，法律翻译活动的角色也应随之调整，从“翻译世界”走向“翻译中国”。多年来，中国在法治建设中取得的卓越成就未得到国际社会的充分了解，一些国家为了自身利益刻意忽视中国近年来取得的法治进步，刻意抹黑攻击中国法治形象，使中国法治形象屡受毁损。2023年2月26日，中共中央办公厅、国务院办公厅印发《关于加强新时代法学教育和法学理论研究的意见》，其中第十六条指出：加强我国优秀法学研究成果对外宣传，推动专家学者对外发声，创新对外话语表达方式，提升中国特色社会主义法学理论体系和话语体系的国际传播能力。认真总结我国法治体系建设和法治实践经验，阐发中华优秀传统法律文化，讲好中国法治故事，提升中国特色社会主义法治体系和法治理论的国际影响力和话语权。新时代背景下，讲好中国法治故事，向世界展示真实、全面、立体的法治中国形象，促进中国与世界法治层面的交流互鉴，离不开法律外语和法律翻译。基于历史实践的经验和时代的需求，国家法律翻译能力的建设和探索意义重大。本节将基于国家翻译能力的概念框架，尝试厘清国家法律翻译能力的构成要素并对其关系及其发展进行初步探索。

一、文献综述及关联概念辨析

（一）国家翻译能力

目前，对于国家翻译能力概念内涵的探讨主要从语言学路径和翻译学路径出发。语言学路径下，国家翻译能力关涉国家语言能力、国家外语能力、国家话语能力、国家语言实力。（任文、李娟娟，2021）这五种能力相互区别，但又有所联系，根据任文、李娟娟（2021：6—7）的论述可知，国家语言能力、国家外语能力、国家话语能力和国家语言实力或显性或隐性地均涉及翻译能力。翻译学路径下，无论是以国家为主体的国家翻译实践，还是翻译机构、个人以服务国家战略为目的的翻译实践活动，均可被定义为国家翻译能力的组成部分。国家翻译能力包括：国家为主体的话语外译能力，行业、非政府组织、其他社会机构和个人的翻译能力，官方语言与非官方语言之间、非官方语言相互之间的互译能力，译介他国文化产品和先进技术以丰富本国物质和精神生活的能力，推动翻译服务得以繁荣发展的翻译相关政策法规的编制和实施能力、翻译产品的传播能力、翻译人才的培养能力、翻译技术的研发能力。（任文、李娟娟，2021：8—9）

概言之，国家翻译能力能够服务于一国的软实力和综合国力提升，能够成为中国推动全球治理体系变革、提高国际话语权、参与协商和制定国际规则的重要基础。当前处于各国文化软实力和国际话语权竞争日益激烈的新时代，国际局势风云变幻，构建与中国不断提升的大国地位相适应的国家翻译能力，已经成为一项日益紧迫的战略任务。

（二）法律翻译能力

国内外学界对法律翻译能力的探讨都是从翻译个体即译者的能力建构出发，虽然对译者个体的法律翻译能力构成要素未形成统一看法，但基本都围绕翻译的基本能力和法学的语言与学科特征而展开讨论，强调掌握法律知识以及了解源语与目标语法律体系和文化差异的重要性。虽然当前研究并未谈及国家法律翻译能力的构成要素，但译者始终处于翻译实践的中心，是具体翻译实践的执行者，其个体翻译能力的影响因素能够为国家法律翻译能力的构成要素提供一些启发。

“法律翻译是一种专门用途翻译”（王海萍，2019：51），专门用途翻译能力应包含“多学科技能（multidisciplinary skills）”（Gotti & Šarčević，2006：10）。基于此，法律翻译能力与一般翻译能力不同，从个体层面来看，处于翻译活动中心的译者须具备跨学科能力，译者在“翻译、语言学及法律方面的知识和技能决定法律活动的成败”（Piecychna，2013：152）。此外，译者的工具能力（Prieto Ramos，2011；王海萍，2019）、术语能力（王海萍，2019）、法律语言能力（Piecychna，2013；Cao，2014；刘小林，2007；戴拥军，2009；曲艳红、张艳臣，2014）等均是法律翻译译者的核心能力。继而引发的问题是该如何培养和发展译者的跨学科能力，从而通过精准翻译更好地服务于国家涉外法治发展的需求，这个问题则需要从更宏观的层面，即国家法律翻译能力层面进行考量。

（三）述评

当前，我国服务“一带一路”基础设施建设、法律、金融、贸易、科技等行业的语言能力还有待增强；语言与行业的深度融合不够，对行业发展所需的语言大数据、语言智能等技术支持力度不够；特别是“一带一路”建设所需的高端法律外语人才，通晓国际规则、精通商务谈判的专门人才，知识产权等领域的高端翻译人才稀缺。（王辉，2019）随着我国对外塑造和传播法治中国形象的现实需求的出现，以及统筹推进国内法治和涉外法治的战略需要，我国法律翻译能力建设关涉“国家事权”的属性日益凸显。

国家法律翻译能力是国家翻译能力在具体领域的体现，其构成要素应在国家翻译能力的概念框架下，基于当前对于法律翻译译者个人能力的研究，从更宏观的层面进行考量，将对译者个人能力的培养上升到更高层次，更全面地考量如何实现和发展译者的跨学科能力、工具能力、术语能力、法律语言能力等。

二、国家法律翻译能力要素构成

法律是由国家制定或认可并以国家强制力保证实施的，反映由特定物质生活条件所决定的统治阶级意志的规范体系，是统治阶级意志的体现。法律的特性决定了法律翻译的特殊性。“国家法律翻译能力”能够体现以服务国家利益为首的法律翻译的国家意志性和法律严肃性。

国家法律翻译能力作为国家翻译能力不可或缺的组成部分，基于国家翻译能力的概念界定，其可定义为：一国依靠不同翻译主体，基于服务国家利益需求，通过法律翻译管理、法律翻译实践、法律翻译传播、法律翻译发展等子能力，提供法律翻译服务，处理法律翻译问题，为推进国家涉外法治建设、促进中国与世界法治层面的交流互鉴的能力总和。基于此，国家法律翻译能力的构成要素可在厘清核心子能力的基础上加以体系化建构，见图3-1。

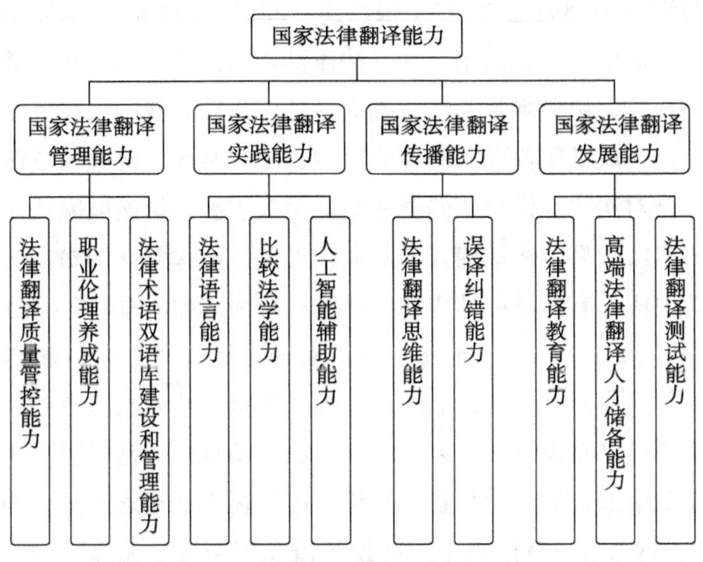

图3-1 国家法律翻译能力构成要素

（一）国家法律翻译管理能力

“翻译管理能力为翻译事业提供宏观软环境，引导和规范翻译活动”（任文、李娟娟，2021：9）。准确严谨是法律翻译的灵魂。实践中，精准的法律翻译能够在诉讼过程中切实保障当事人的合法权益，从而有效服务于涉外法律服务业的发展，推进我国法治的国际传播效能，讲好中国法治故事。而法律翻译的准确性一旦受损，则会导致“误译误国误企误民”。为了规范引导法律翻译活动，从宏观层面打造法律翻译事业的软环境、保障较高的法律翻译质量，国家法律翻译管理能力可具体细分为：法律翻译质量管控能力、职业伦理养成能力、法律术语双语库建设和管理能力。

“法律翻译过程是系统工程，翻译质量受译员水平、组织管理、资源协调等关键因素制约”（张法连，2021：121）。国家应从宏观上健全法律质量管控体制，加强法律翻译的组织管理，建立健全法律翻译规范，引导规范的法律翻译活动。当前，我国法律翻译市场混乱，由于缺乏职业准入制度的限制，乱象丛生。健全的法律职业伦理制度对法律翻译行业的健康发展至关重要，影响国家法律翻译能力的实践效果。法律翻译者职业伦理是“法律翻译译员在法律翻译活动中应具有的道德品质和应遵循的行为准则的总和”（张法连、李文龙，2021：104）。此外，法律术语是法律语言中最基本也是最重要的组成部分，其译名的精确性会直接影响到司法权威的公正性。术语译名必须统一而现实中又难以实现标准化是我国法律术语翻译实践中面临的一大难题。法律术语往往内涵概念专一、词义固定，“法律术语一旦出现术语变换，概念则会发生偏离”（刘法公，2013：84）。因此，为了规范术语译名实现同一性，保障涉外法律活动不受术语译名混乱的不良影响，国家机构牵头建设和管理法律术语双语库势在必行，是国家法律翻译管理能力的具体体现。

（二）国家法律翻译实践能力

“翻译实践能力具体表现为笔译、口译、手语传译和机译（机助人译、人助机译、AI/机器翻译）的产出能力”（任文、李娟娟，2021：10）。无论何种翻译活动，译者始终处于翻译实践活动的中心，是具体翻译实践的执行者，即便在如今人工智能急速发展的时代，法律翻译实践中译者仍不可能被机器替代。鉴于此，围绕译者在法律翻译实践中具有不可替代的主体性地位这一现实，国家法律翻译实践能力应包括：法律语言能力、比较法学能力、人工智能辅助能力。法律语言能力是国家法律翻译实践能力中须夯实的基础能力，缺乏法律语言能力，法律翻译则无从做起。比较法学能力是国家法律翻译实践能力中须重点培养的关键子能力，译者在学习法律语言的过程中，掌握源语与目标语系统法律体系与文化的差异性，才能在法律翻译过程中呈现准确、严谨、规范的译文。人工智能辅助能力在国家法律翻译实践能力中属于加分能力，可帮助译者节省脑力和时间成本。简言之，法律语言能力决定了译者能否“看得懂”、“说得出”，而比较法学能力决定译者能否“翻得准”，人工智能辅助能力帮助译者实现“又快又准”的翻译。

法律以语言表述规则，调整社会关系，发挥法律的功能。“法律语言是维护司法公正与社会公平正义的载体，也是承载法律文化的主体和透视法律文化的镜子”（张法连，2017：1）。在我国，法律语言能力包括法律汉语语言能力和法律外语语言能力。法律外语是法律翻译的基础，不懂法律外语，也就谈不上法律翻译。这里所说的法律外语并不等同于普通外语，法律外语也绝不是法律和外语简单相加，而是法律和外语的有机融合。法律外语属行业专门用途外语，法律汉语也具备明显的专业特点。法律语言作为一种专业语言，其基本的词法、句法和语篇特点区别于普通语言，法律翻译译者在进行中译外时首先应能够准确理解和把握法律汉语语言所传达的含义，在进行外译时应能够通过精确又恰当的法律外语传达原文的含义。以我国的立法语言为例，一些拗口的法律条文对普通民众来说理解困难，甚至语言学家也认为其表述根本不符合语法逻辑，但受过系统法学思维训练、掌握法律语言基本特点的专业人士则理解无障碍。法律翻译译者如果不具备基本的法律语言能力，则会误读、误解、误传达法律文本的原意，影响司法活动的公正性和权威性。

法律翻译不仅涉及跨语言转换，也关乎跨法系、跨文化转换。法律翻译过程中译者需对来自不同法系的概念和制度进行对比，确定是否存在对等关系，继而进行翻译，此种能力可概括为比较法学能力，强调译者能够透过不同法律语言，对比语言背后的法系差异和法律文化差异的能力。词汇层面，以凝聚了特定法律概念的法律术语翻译为例，法律概念间往往存在接近对等、部分对等、完全不对等三种情形，（Šarčević，1997）译者需要在对比两种法律语言呈现的法律概念的内涵和外延基础上，采取直译、词汇扩张解释、保留原词、造词或借词等不同的翻译策略，从而传达原文的准确含义。比如，汉语“陪审团”和“jury”一词是否可以画等号？在英美法律文化中，jury是“事实发现者”（fact-finder），即通过控辩双方的激烈辩论发现事实真相，从而对案件结果做出裁决。我国的人民陪审员则没有权利影响案件结果。因此“jury”一词翻译为“陪审团”是典型的误译，并未显示出英美法律制度中陪审团的裁决作用。同理，我国的陪审员更不能翻译为jury，中西法律文化中的陪审员制度具有实质差异。句法层面，法律条文注重事实及逻辑推理，相互之间的逻辑关系必须严谨准确。中西法律文本中都存在大量长句，在翻译法律语言的长句时，译者首先应从源语的语法分析入手，充分理解源语文本的意思，再用符合目的语语法的句子进行通顺表达。语篇层面，以英汉立法语篇的程式为例，由于法制史、法系归属、立法渊源等多方面差异，英汉立法语篇在构建程式、立法技术和篇章层次等各方面存在诸多差别，给英汉两种法律文本的理解和翻译增加了难度。从法律形式传承上看，中国沿袭传统中华法系的成文法，在不同时代均有较为完善的立法文本，遵循依法判案的传统；而英美国家注重对经典判例的整理，讲求遵循先例的原则。比如，按照我国《立法法》对立法语篇层次的技术要求，法律语篇按照逻辑顺序应当是“编—章—节—条—款—项—目”，然而英美国家在法律语篇的程式上并没有统一的立法技术标准，从而导致汉语的“编”既可以翻译成article又可以翻译成part等。面对此类情况，译者需从总体上把握中西法律语篇层次的共性与差异，厘清其层次关系再进行翻译，绝不能生搬硬套词典的释义。

科技的革新为翻译实践活动带来的机遇与挑战并存。人工智能辅助翻译技术对于时间短、任务重的翻译活动而言，能够大大提高翻译效率，帮助译者节省非脑力成本和时间。但是，即便如今的机器翻译技术更新迭代，将其运用于对准确性和严谨性要求极高的法律翻译中仍存在一些难点。法律翻译实践活动中，机器无法取代译者，因为机器难以实现“法律术语的语际理解与对等、多义词的法律含义选择与顺应、法律语言色彩的感知与再现、法律语句的逻辑判断与重建”（张法连，2020：53）。但是，法律翻译实践活动仍可以乘技术革新之风，利用强大的翻译记忆库、术语双语库等功能，确保法律翻译的同一性和规范性。这便要求译者具备有效利用人工智能技术辅助法律翻译实践活动的能力，在提高翻译效率的同时，保证高质量的译文产出。法律翻译译者不应该成为人工智能技术的附属品，而应是整个翻译活动中的主导者和掌舵人。译前法律术语双语记忆库实现规范化表达，译中以人工智能基础为辅助识别和修正误译之处，译后双语术语库和记忆库的维护和更新均依赖法律翻译译者的法律语言能力和比较法学能力。

（三）国家法律翻译传播能力

国家法律传播能力“突出体现国家翻译实践成果的效果与影响

力，翻译实践产生的产品最终要通过其传播效力才能体现其应有价值”（任文、李娟娟，2021：10）。新时代背景下，我国面临向世界展示真实、全面、立体的法治中国形象的现实需求，但同时面临他国刻意忽视我国法治建设取得的成就，甚至刻意抹黑我国法治形象的忧患。在此种“内需外忧”的情形下，法律翻译被时代赋予重大使命，提高中国法治国际传播效能势在必行。国家法律翻译传播能力可具体体现为两大要素：法律翻译思维能力和误译纠错能力。

翻译思维指“对翻译这一人类跨语言文化的转换、传播、交流行为的基本认识、原则主张等具有指引性的应策之道，涵盖认知和实施方略”（刘宓庆，2019：57）。翻译思维引导翻译实践，无论是国家机构在制定翻译政策、翻译规范时，还是译者在进行具体的翻译实践时，具备法律翻译传播思维能力能够以达到传播效果、维护国家利益为目的指引翻译实践活动，从而提升法治国际传播效能。基于当下的时代需求，法律翻译思维能力可具体体现为主体性思维、目的思维和效果思维。（李文龙、张法连，2022）其一，法律翻译中的主体性思维指“时刻考虑自身的身份与立场、权利与责任等因素，并以此作为翻译决策（如选择翻译策略、确定译名的参考范本）的判断依据”(李文龙、韩功华，2021：103)。法律翻译活动中贯彻落实主体性思维，有助于确保翻译作品在波云诡谲的对外法治交往活动中站稳立场，维护国家利益。以我国《民法典》为例，它是新时代我国社会主义法治建设的重大成果，承载我国的法治理念和法律文化，其英译不可一味照搬他国的概念进行套用，以免误入话语陷阱。《民法典》英译应体现中国特色社会主义法治文化、道路、理论和制度自信，凸显出中国民法理念和制度的发展与进步。（张法连、马彦峰，2022）其二，法律翻译中的目的思维指以时代需求为指引，通过明确的翻译目的指导翻译实践活动。如前文所述，法律翻译的历史实践表明，不同时代的法律翻译活动服务于不同的时代需求。全球化背景下，不仅国家间法律交往活动频繁，越来越多的企业、公民进行跨国活动，必然需要了解和熟悉与之息息相关的各项法律规定，法律翻译服务需求随之产生。一方面，法律翻译实践活动需要通过精准翻译达到帮助当事人了解一国法律规定，规避法律风险的目的。另一方面，法律翻译实践活动也可以成为迁移和转化一国法律制度，传播一国法治理念、法律文化的媒介。其三，法律翻译中的效果思维不同于目的思维，强调译本最终产生的影响，其有可能超越或未曾达到预期的翻译目的。效果思维要求“心中有读者”（李文龙、张法连，2022：128）。如前文所述，我国如今面临“内需外忧”的情形，法律翻译活动应注重传播效果，在译本层面要实现准确严谨、避免误译；非译本层面则要注重丰富传播的形式和考虑受众心理需求，比如利用多媒体由不同主体对外讲述一国普通民众的权利保障故事，而非一味由官方讲述，以免造成受众的抵触心理。

翻译思维能力旨在从正向维护和塑造一国法治形象，而误译纠错能力旨在从反向纠正和重塑因误译引发的不良影响，双管齐下，从而提升国家法律翻译传播能力。国家法律翻译实践客体涉及一国法治思想、法律体系、法律相关政策等，误译不仅妨碍正常的司法活动、损害当事人正当权益，甚至会影响国家的法治形象，有损于国家利益。海外一些媒体经常将“中国共产党”故意翻译为Chinese Communist Party（CCP），从语言上混淆视听，弱化了中国共产党在中国的领导地位和重要性，将中国共产党等同于世界上130多个共产党之一。由于此类译法在互联网广泛传播，未能得到及时纠正，一些译者在对外翻译时误用CCP代表中国共产党，掉入了他国的话语陷阱。中国共产党法定意义上的英文名称是the Communist Party of China，of短语通常表示法律意义的指称，体现中国共产党在中国的合法执政地位，强调在我国“党政军民学，东西南北中，党是领导一切的”。面对此类情形，一方面国家应有相应政策正面回应和纠正误译内容，从而弱化因误译造成的不良影响；另一方面，应加强纠错机制建设，通过系统化管理和强化误译纠错意识，对未发现的错误主动查错并加以防范、已发现的错误主动回应并在公众中加强宣传教育，由上至下共同提高误译纠错能力。

（四）国家法律翻译发展能力

“翻译发展能力虽不能直接产出翻译产品，却是可持续翻译能力的重要保障和支撑”（任文、李娟娟，2021：11）。国家法律发展能力具体体现为法律翻译教育能力、高端法律翻译人才储备能力、法律翻译测试能力，三种能力互相促进、共同保障国家法律翻译发展能力。

其一，以服务于国家战略需求为己任提升法律翻译教育能力。“国家人才培养的客观需要是翻译教育的动力之源”（杜磊、许钧，2021：6）。新时代背景下，我国对外开放向纵深发展，通晓国际规则、能够熟练运用外语并参与国际法律事务的高端复合型人才是确保对外开放质量的重要保障，提升法律翻译教育能力势在必行又任重道远。法律翻译教育能力既包括传统的法律翻译教学能力，以高校为主、行业为辅，培养译者的法律翻译实践能力和法律翻译传播能力；还应注重对法律翻译译者职业伦理的养成，培养译者和行业机构为国家服务的意识和精益求精的工匠精神。

其二，提升高端法律翻译人才储备能力的前提是厘清人才培养的规律。法律翻译人才的培养是系统工程，不能一蹴而就。宏观来看，培养掌握基本语言技能的法律外语人才是高端法律翻译人才的起点和基础。换言之，优秀的法律外语人才不一定是高端法律翻译人才，因其不一定具备服务国家法律翻译需求的知识和技能，而高端法律翻译人才一定是基础素质过硬的法律外语人才。比如在我国，以英语语言为依托，掌握基本英美法律和国际法律知识的人才经过系统化培养可以发展成为高端法律翻译人才。因而落实到微观层面，高端法律翻译人才的培养应划分阶段，在初级阶段注重培养基础语言技能和基础法学知识积累，中级阶段强化翻译技能并细分口笔译方向，高级阶段注重实战演练，在翻译实践中不断磨砺和提升各方面能力。

其三，测试是检验教学效果的有效手段，通过专业的法律翻译技能测试能够检验和提高法律翻译教学质量，反哺国家法律翻译发展能力的综合提高。在我国，2008年推出的法律英语证书（LEC）全国统一考试（以下简称“LEC考试”）是目前国内唯一的全国性法律英语专业考试。LEC考试旨在为从事涉外业务的企业、律师事务所提供招募国际性人才的客观标准，同时督促国内法律从业人员提高专业英语水平。LEC考试在测试题型、考查内容等方面与美国的律师资格考试（BAR）相近，同时又突出了法律英语语言运用的特色，并结合中国的实际增加了法律英语翻译测试。LEC考试以其科学合理的测试设计以及总体良好的信度、效度、实用性和后效作用，已经成为从事涉外法律服务工作人员专业英语水平的权威证明，并且得到越来越多的英美法学院认可。实践证明，凡在国内通过LEC考试的人员，在英美国家法学院学习一年以上，可以基本达到涉外法治人才的素质要求。

三、国家法律翻译能力各要素关系及发展前瞻

构成国家法律翻译能力的四种子能力互相联系，相辅相成。（见图3-2）国家法律翻译管理能力属于顶层设计，引导和规范其他三个子能力的发展；国家法律翻译实践能力和国家法律翻译传播能力直接关系到国家法律翻译能力的落地和成果检验，国家法律翻译实践能力的目的和效果直接影响国家法律翻译传播能力，而国家法律翻译传播能力又可以反哺国家法律翻译实践能力；国家法律翻译发展能力是其他三个子能力长远发展的必要保障，为其提供源源不竭的动力。其中，国家法律翻译管理能力和国家法律翻译发展能力是国家法律翻译能力的隐性体现，而国家法律翻译实践能力和国家法律翻译传播能力是国家法律翻译能力的显性体现。

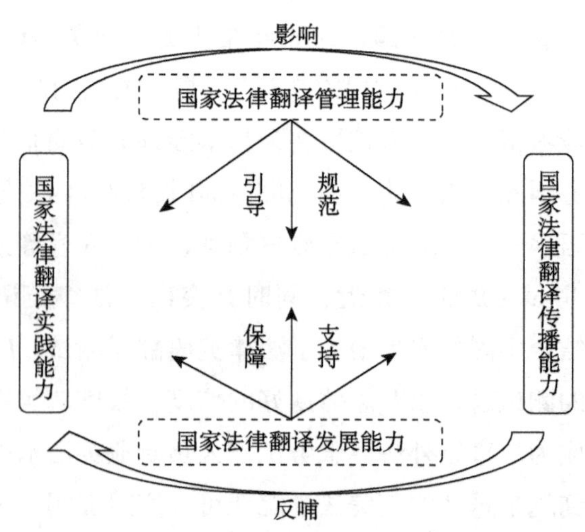

图3-2　国家法律翻译能力构成要素

基于上述四个子能力的关系，可以发现国家法律翻译能力培养是系统性工程，不可一蹴而就。为了实现国家法律翻译能力的长远发展，我国国家法律翻译能力未来可从以下四个方面夯实促进。

其一，掌握高端法律翻译人才培养规律，夯实师资力量。高端法律翻译人才作为复合型技能型人才，不应是“杂家”而应是“专家”，应具备良好的翻译技能和科学的知识结构。法律翻译课程的开设应依据其培养目标，构架出合理的课程体系。如前所述，高校要掌握法律翻译人才的培养规律，分阶段做好课程规划。在我国，将法律英语或法律翻译作为专业方向的院校虽然数量并不庞大，但开设法律翻译课程的院校已经基本囊括了外语院校、政法类高校、综合性大学、理工科院校和师范院校五大类。成立了法律英语或法律翻译专业的院校可以系统化培养高端法律翻译人才，而其他开设了法律翻译课程的院校可以为研究生阶段的法律翻译人才培养输送掌握了基本法律英语语言技能的法律英语人才。师资方面，目前“大多数从事法律翻译教学的高校教师多为传统外国语言文学专业出身”（许多，2017：17）。因此，建设一支高水平专业性强的法律翻译教师队伍刻不容缓。

其二，建立法律翻译职业准入制度。法律翻译职业准入制度就是以考核的方式评定参评对象是否具有从事法律翻译职业资格的制度。多名政协委员提案建议使法律翻译证书成为翻译人员上岗从业的职业资格证书，尽快推动法律翻译资格认证工作。（黄友义等，2010）国家人力资源和社会保障部人事考试中心、全国翻译专业资格（水平）考试办公室、中国外文局翻译专业资格考评中心已经在2019年上半年开始调研论证“全国法律职业翻译能力考试”。国家建立法律翻译职业准入制度微观上可以保障诉讼程序的顺利展开和保护被告

人权利，宏观上有利于推进中国的司法改革，助力法律翻译行业的健康成长和实现法律翻译职业化发展。（许多、屈文生，2014）

其三，完善法律外语证书考试制度。国家法律翻译能力是涉外法治人才的必备能力，要建立一支德才兼备的高素质涉外法治工作队伍，进一步完善法律外语证书考试制度十分必要，更加完备的LEC考试评价体系也应成为法律翻译职业准入制度的门槛之一。根据当前对涉外法治人才的需要，LEC考试将来可以考虑增加法律英语听说测试、国际法基本知识测试等。完善LEC考试，更加密切联系法律英语交叉学科理论知识和涉外法务实践工作，以考促教、以考促学、以考促研，切实助力法律英语学科发展和涉外法律服务水平提升。此外，应逐步有序开展法律法语、法律俄语、法律德语、法律西班牙语等法律外语证书考试，更全面地服务于我国改革开放纵深发展带来的涉外法律服务需求。

其四，强化法律翻译职业伦理培养意识。高校和行业机构在法律翻译教学和培训中，应注重培养译者为国家服务的大局意识和精益求精的工匠精神，不断提高译者对职业伦理的认知和重视，以基本翻译职业伦理为起点，帮助译者在今后的法律翻译执业过程中逐步塑造并完善自身的职业伦理观。法律翻译者之外的其他社会主体也应为法律翻译译员职业伦理建设做出努力。全社会都应该正确认识法律翻译的内涵，给予法律翻译事业应有的重视，尊重法律翻译者及其翻译活动，有力保障法律翻译质量，促进法律翻译事业发展，推动法律翻译在我国对外开放向纵深发展、构建“人类命运共同体”中发挥更为重要的作用。（张法连、李文龙，2021）

国家法律翻译能力是贯彻落实习近平法治思想，统筹推进国内法治和涉外法治的关键抓手。提升国家法律翻译能力，首先要完善法律翻译管理的顶层设计，强化国家法律翻译实践能力，从而才能有效提高国家法律翻译传播能力，要夯实国家法律翻译发展能力，为国家法律翻译能力的综合发展提供源源不竭的动力。国家法律翻译能力的提升是讲好中国法治故事的前提保障。本节仅作为国家法律翻译能力体系建构的初步探索，每个子能力下的构成要素还须随着实践需要进一步发展和调整，以期服务于国家战略需要，响应时代需求。

第二节　国家外宣翻译能力

近年来，语言在国家治理和社会发展中的作用愈来愈受到关注。语言不仅是思维工具和知识载体，而且也是国家处理国内外事务不可或缺的重要工具。事实上，国家应用语言能力的高低会在不同程度上对国家社会治理水平产生影响。鉴于此，学界开始提出国家语言能力的概念，（Brecht & Walton，1993）分析了国家语言能力的界定、属性与特征。（Brecht & Walton，2000；李宇明，2011a；赵世举，2015；魏晖，2015）近年来，国家翻译能力开始进入学界的视线。（魏晖，2015；任文、李娟娟，2021）事实上，国家翻译能力有别于公民个体翻译能力，是指国家作为机构在翻译不同文献时整体上呈现的翻译能力，其中包括国家翻译对外宣传文献或外宣资料的能力，即国家外宣翻译能力。

自新中国成立以来，党和政府一直高度重视外宣翻译工作，外宣翻译研究一直得到学界的关注。学界分别探讨了外宣翻译的属性和特征（张健，2016；熊道宏，2018）、外宣翻译策略和方法（胡芳毅，2014；余秋平，2016）、外宣翻译译者主体性（李春光，2012；曹韵之，2022）以及外宣翻译与意识形态（胡芳毅、贾文波，2010）等。不过，迄今为止，学界尚未对外宣翻译能力开展研究。必须指出，外宣翻译能力的高低事关我们能否卓有成效地向世界各国宣传我国治国方略以及社会发展现状，塑造我国良好的国际形象。为此，我们在厘清外宣翻译以及与其相关的概念基础上，参考国家语言能力和国家翻译能力的相关阐述，分析国家外宣翻译能力的界定和构成，探讨我国外宣翻译能力的现状与未来发展方向。

一、文献综述及相关概念辨析

（一）外宣

外宣，又称对外宣传，是指采用各种形式宣传本国的历史文化、社会发展成就、大政方针，以及对国际问题的看法和立场，以塑造本国正面、美好的国际形象。外宣是一种跨语言、跨文化、跨地域的信息传播与交流活动，旨在向国际社会介绍中国，让国际社会了解中国，树立良好的国际形象，从而为我国经济建设与社会发展营造有利的国际环境。外宣本质上是一种由内向外的单向传播，即由一国政府向另一国家的民众介绍本国的文化传统、发展成就和治国方略等。根据刘建明（1993），外宣是指面向国际社会的宣传，包括向外国宣传本国的方针政策、国内情况和本国对国际问题的立场。赵启正（2005）认为外宣是信息的对外共享与传播，包括基本情况的对外宣传、时政新闻的对外报道、热点问题的对外介绍和解释。

外宣不同于国际传播。国际传播是指不同民族、国家或其他国际行为主体之间开展的跨文化信息交流与沟通。国际传播有广义和狭义之分。广义上，国际传播是指跨越国界的人际传播和大众传播，包括国家之间的外交往来以及凭借大众传媒手段所进行的国家之间的信息传播与交流。国际传播包括由外向内的传播和由内向外的传播。前者是指将国外文化、政治、经济以及社会发展等方面的信息传递至本国民众，后者指把本国的相关信息传达给国外民众。狭义上，国际传播仅指跨越国界的大众传播。

（二）外宣翻译

外宣翻译，顾名思义，是指外宣资料或外宣文献的翻译，包括新闻外宣、政治外宣和文化外宣资料的翻译。张健（2016）认为外宣翻译是以完成那些对外宣传材料的翻译任务为基本内容的翻译实践活动的总和。在他看来，外宣翻译有广义和狭义之分。广义的外宣翻译包括各行各业、各级部门从事对外宣传的翻译活动，即大外宣。狭义的外宣包括各种媒体报道、政府文件和公告、政府及事业单位的介绍、公示语、信息资料等实用文体的翻译。朱义华（2013）认为外宣翻译是一种跨语言、跨文化和跨地域的信息转换与思想传播活动，也是翻译在对外宣传领域的一种具体表现形态。吕和发、邹彦群（2014）指出外宣翻译是与国家形象的确立和推广、和谐国际发展环境的构建以及文化和企业“走出去”国家战略的实施关系最为密切的应用翻译门类。作为特殊的外宣实践，外宣翻译是指将汉语译作外语的由内向外的单向翻译活动，所涉及的源语文本是汉语文本，目的语文本是外语文本。外宣翻译旨在通过翻译途径，让国外民众了解并理解中国，增进我国民众与国外民众之间的相互理解，塑造中国积极向上、可敬、可信、可爱的国际形象。一般而言，外宣翻译包括新闻外宣翻译、政治外宣翻译和文化外宣翻译。新闻外宣翻译主要是指汉语新闻报道的外译，旨在向国外民众宣传我国发生的重大新闻事件以及我国社会经济发展取得的重要进展。政治外宣翻译旨在通过包括我国政府发布的文件和相关信息资料，以及领导人政治著作等在内的政治文献的翻译，介绍我国政府的治国方略、治国理政经验及其对重要国际问题的立场和看法。文化外宣翻译涉及关于我国历史和文化资料的翻译，具体包括我国文选作品、文化典籍、传统文化艺术、旅游景点和公示语等。

（三）外宣翻译研究

自20世纪七八十年代我国实施改革开放政策以来，对外宣传和对外交流的需求越来越旺盛，外宣翻译工作的重要性日益凸显。在这一历史背景下，学界先后从外宣翻译的属性与特征、外宣翻译策略与方法以及跨学科视域下外宣翻译研究等角度对外宣翻译进行较为系统、深入的研究。

1.外宣翻译的属性与特征

外宣翻译的属性与特征可以从“外”和“宣”这两个汉字角度来分析。“外”是指外宣翻译的外向性，即将汉语母语文献译作外语。“宣”指向外宣翻译的对外宣传属性，即主动让国外民众分享我国的相关信息，使国外民众了解我国。根据张健的观点（2016），外宣翻译的特点在于它是跨国家、跨文化、跨语言的传播，必须承担传递信息、澄清事实、开展舆论战的多种功能，具有敏感话语的严肃性、传播语言的准确性和语言转换的灵活性等特征。曾剑平（2018）认为外宣翻译兼“宣”和“译”的属性，具有受众多样性、传播效果差异性、文本选择性和翻译策略灵活性等特征。朱义华、张健（2021）指出“在我国，外宣翻译首先是一种信息的公开与共享，其目的是向世界说明中国，让世界了解中国”。

2.外宣翻译策略与方法

与其他类型的翻译相比，外宣翻译在翻译策略与方法的应用上一方面存在共性，另一方面由于其属性与特征不同于其他种类的翻译，拥有自己的个性特征。袁晓宁（2005）在分析大量翻译实例的基础上，探讨了外宣英译的策略及其理论依据。他指出在外宣英译过程中，译者应尽量化解汉英语言在风格、逻辑和文化等方面的差异，让读者明确无误地理解译文所传递的信息。具体而言，英语译文应避免汉语措辞中的同义反复，应在语言表达风格上与原文功能对等，充分发挥代词的指代作用。译者应设法化解由文化、社会背景差异带来的理解困难；以自然段为翻译单位，忠实再现原文意义层次。陈小慰（2007）依据肯尼斯·伯克提出的西方修辞学“认同”理论，分析了外宣翻译引入“认同”的必要性和意义，从确保信息本身的可信度，遵循译语受众的信息表达方式等角度探讨了如何在外宣翻译过程中构建“认同”，以实现对外宣传目的，获得最终理解认同。

卢小军（2012）依据关联理论，探讨了“译+释”并举翻译策略在外宣翻译中的应用及其具体表现形式，指出“译+释”并举翻译策略是外宣翻译的“必须”，操作性强，适用面广，对于提高我国外宣翻译质量和传播效果大有裨益。

3.跨学科视域下外宣翻译研究

众所周知，翻译学本质上是跨学科研究，而外宣翻译更是表现出显著的跨学科研究特征。外宣翻译不仅关涉语言学、文学和文化理论等，而且也与翻译学、符号学和传播学密切相关。学界先后依据传播学、叙事学、经济学及其他学科理论围绕外宣翻译相关问题开展研究。（吕红周、单红，2018；尹佳，2019；徐珺、自正权，2020；陈敏，2022）

李春光（2012）根据传播学理论分析了外宣翻译的原则。他强调外宣翻译具有信息突出性、信息召唤性、信息简洁性特征。为此，外宣翻译应当考虑到文化因素和读者的心理，把两种语言文化融会贯通起来，使译文读者产生与原文读者同样的反应，达到信息传播的目的。

胡芳毅（2014）以勒菲弗尔操纵理论为理论依据，以政治文本翻译为例，分析了意识形态对外宣翻译的影响。他认为在政治文本的翻译中，译者必须充分考虑意识形态对于翻译的操纵，在顺应国外读者思维习惯的同时保持高度的本土意识，在准确地传达原文内容的基础上对原文适当改写，以确保达到最佳翻译效果。

许宏（2018）依据叙事学理论分析了外宣翻译的具体步骤。在她看来，叙事学认为文本在建构事实的同时也建构认知，为做好外宣工作提供了启示。选择性采用、时间性、起框定作用的角度、复现的故事情节、体裁性等叙事技巧能够引导读者进行认知建构，因此译者应系统采用下列步骤来实现预期外宣目的，即分析外宣语境与目标受众、选择性采用“原文”的内容材料、框定角度并重新组织文本叙事时间、写作并完善目标语文本。

孔令翠、刘巧玲（2018）借鉴并运用营销领域的 SWOT 分析法，在梳理对外宣翻译发展所面临的优势和劣势、机遇与挑战基础上，提出了与 SWOT 象限图对应的翻译策略，特别提出翻译策略首先应包容并蓄，并根据需要对各象限的翻译策略进行必要的调整和整合，以便提升中国的国际话语权与文化软实力。

综上所述，随着外宣翻译活动日益活跃，外宣翻译研究呈现蓬勃发展的局面。然而，该领域研究一直关注外宣翻译的客体即翻译文本以及翻译策略和方法的应用，对于包括译者在内的外宣翻译主体未曾给予充分关注，尤其是对于国家这一翻译主体的关注则更少。与其他翻译不同，外宣翻译的主体不仅包括直接参与翻译活动的译者个体，而且还包括作为翻译活动发起人、赞助商和组织者的国家、企业和团体等机构。迄今为止，我们对于国家、企业或团体在外宣翻译中的角色和作用不甚清楚。此外，国家翻译能力研究近年来得到学界的关注，（蓝红军，2021；杜占元，2022；于涛，2022）但尚未讨论国家外宣翻译能力的构成与特征。有必要指出，外宣翻译能力研究不仅可以阐明国家作为外宣翻译主体的角色和作用，而且可以为国家翻译能力尤其是国家外宣能力的建设与发展提供理论支撑。因而，国家外宣翻译能力研究应当提上议事日程。

二、国家外宣翻译能力的界定与构成

国家外宣翻译能力是指国家满足各种对外宣传材料翻译需求的能力，以及掌握、利用翻译资源，提供外宣翻译服务，处理外宣翻译问题的能力。通常，国家外宣翻译可大致划分为企业外宣翻译、社团/组织外宣翻译和政府外宣翻译，因而国家外宣翻译能力具体表现为企业外宣翻译能力、社团/组织外宣翻译能力和政府外宣翻译能力。无论是企业外宣翻译能力或社团组织外宣翻译能力，还是政府外宣翻译能力，均以个人外宣翻译能力为基础。不过，国家外宣翻译能力不能简单地等同于所有个人外宣翻译能力相加。毕竟，个人外宣翻译能力主要是指其翻译实践能力或双语语言转换能力与翻译技术应用能力，而国家外宣翻译能力不仅与国家翻译层面的翻译实践能力相关，而且还与国家外宣翻译的政策和指导方针、外宣翻译人才的储备、翻译技术的研发和应用以及外宣翻译的传播力和影响力相关。正如杜占元（2022）所言，国家翻译能力不单指语言转换能力，也不单是某个个体或机构的能力，而是一个国家在翻译领域整体能力的集中体现，是通过翻译行为建构对外话语、开展文化传播、塑造国家形象的综合能力。国家翻译能力涵盖了翻译人才队伍建设、对外话语体系建设、重点语种建设布局、翻译技术研发和应用、重大翻译项目组织协调、翻译行业管理与服务等领域。鉴于此，我们根据任文、李娟娟（2021）关于国家翻译能力的划分，将国家外宣翻译能力划分为国家外宣翻译管理能力、国家外宣翻译发展能力、国家外宣翻译实践能力和国家外宣翻译传播能力。

（一）国家外宣翻译管理能力

国家外宣翻译管理能力是指国家从事外宣翻译工作所需要的翻译能力及其运用的规划、发展、运用、管理与维护的宏观能力，直接关系到国家外宣翻译能力的建设与发展等方面。具体而言，国家外宣翻译管理能力表现为国家层面关于外宣翻译的政策制定和指导方针的确立。如果一个国家政府重视外宣翻译工作，制定外宣翻译政策，明确外宣翻译工作的指导原则和基本方针，外宣翻译管理能力就比较强。反之，外宣翻译管理能力则弱。此外，国家外宣翻译管理能力还涉及专门负责外宣或外宣翻译工作的机构或机制的建立及其作用的发挥，具体包括国家或地方有关宏观管理部门和领导机构，与外宣翻译相关的高校或培训机构，以及直接承担外宣翻译工作的机构。这些机构的设立旨在对外宣翻译工作进行宏观管理，调动各种资源，推动外宣翻译工作。它们可以在重大外宣翻译项目组织与实施、翻译行业管理与服务以及外宣翻译人才的培养等方面发挥重要作用。从这个意义上讲，国家外宣翻译管理能力是国家外宣翻译能力的组织保障。

新中国成立以来，党和政府一直十分重视包括外宣翻译在内的外宣工作，并根据时代的发展和历史条件的变化，制定相应的外宣翻译政策，就外宣翻译工作提出具体要求。习近平总书记多次就外宣翻译工作做重要讲话，强调要构建“融通中外”的对外话语体系。此外，在中央层面，我国成立了中央外事领导小组，统筹全国外事和外宣工作。中宣部、中联部、外交部、商务部和文化部等部门指导不同领域的对外宣传工作。国务院新闻办公室负责推动中国媒体向世界介绍中国的方针和政策、经济社会发展状况，以及中国历史、科技、教育、文化等发展状况。新华社、中新社、中国外文局和中央编译局等机构则承担外宣和外宣翻译任务。其他一些国家机关和地方政府也成立了专门负责对外宣传的机构和翻译机构，如外交部的翻译室等，直接或间接参与外宣翻译工作。这些机构的设立与运行为我国外宣翻译工作提供了重要组织保障。显然，无论是从外宣翻译政策和指导方针的制定角度看，还是从外宣或外宣翻译机构的设立角度看，我国外宣翻译管理能力都是比较强的。

（二）国家外宣翻译发展能力

国家外宣翻译发展能力是指包括外宣翻译人才队伍和翻译技术在内的外宣翻译资源的储备、调用与开发能力，是国家外宣翻译能力得以发挥并实现可持续发展的重要物质基础。

外宣翻译人才队伍是指一个国家能够从事外宣翻译、外宣翻译培训和外宣翻译研究的人员，具体包括外宣翻译研究专家、外宣翻译译者和外宣翻译培训者。外宣翻译研究专家可以就外宣翻译原则和外宣翻译策略与方法等问题开展研究，为外宣翻译工作提供理论支持。外宣翻译译者从事外宣翻译工作，是国家翻译能力的展现者和释放者，直接决定了外宣翻译能力的高低。外宣翻译培训者包括高校和培训机构的教师，他们直接参与外宣翻译人才的培训。一般而言，外宣翻译人才队伍规模的大小和外宣翻译人才所掌握语种数量的多少直接关系到外宣翻译工作的效率以及外宣翻译文本传播的范围，并对国家外宣翻译发展能力产生影响。通常，外宣翻译人才数量越多，或他们所掌握的外语语种数量越多，国家外宣翻译发展能力越强。此外，外宣翻译人才队伍的外语水平也会对外宣翻译的质量产生影响。理论上讲，外宣翻译人才队伍的外语水平越高，外宣翻译质量越高，国家外宣翻译能力便越强。

翻译技术是指能够直接或间接应用于外宣翻译实践的各种语言技术，包括机器辅助翻译系统、机器翻译系统、网络词典、语料库、数据库和外宣翻译教学平台等。凭借机器辅助翻译系统和机器翻译系统，我们可以快速处理外宣材料的翻译，提高外宣翻译的效率。尽管机器翻译质量尚有许多令人诟病之处，但机器翻译系统的性能在不断改进，最终有望部分取代人工翻译，提高外宣翻译的速度。网络词典、语料库和数据库可以直接应用于外宣翻译实践和外宣翻译研究之中，帮助译者找到一些词汇或短语的最佳译法，掌握外宣翻译的特征和规律，从而提高外宣翻译质量。翻译教学平台则可直接应用于外宣翻译教学之中，提升外宣翻译人才培养的质量。从这个意义上讲，翻译技术的应用能够有效推进国家外宣翻译能力的提升。事实上，随着人工智能技术的快速发展，翻译技术已发展成为未来国家外宣翻译能力建设与发展的推进剂。

（三）国家外宣翻译实践能力

国家外宣翻译实践能力是指国家在从事外宣翻译实践、处理外宣翻译问题时所展现出来的能力，包括双语转换能力和翻译技术应用能力。双语转换能力是指国家作为外宣翻译主体整体上所拥有的双语转换能力，该能力以个体译者双语转换能力为基础。通常，个体译者双语转换能力取决于译者的母语和外语水平，而国家层面的双语转换能力不仅与个体译者的母语和外语水平相关，而且也与译者数量和译者掌握的外语语种数量相关。翻译技术应用能力是指国家利用翻译技术解决外宣翻译问题的能力。前文述及，包括机器翻译系统和语料库在内的技术的应用可以提高外宣翻译的效率和质量。不过，这种可能性能否转变为现实在很大程度上取决于翻译技术应用能力。在人工智能技术日新月异的时代，翻译技术愈来愈广泛地应用于外宣翻译实践，人机合作模式已成为外宣翻译实践的主要模式。因而，翻译技术应用能力应视为国家翻译实践能力的重要组成部分。

应当指出，国家外宣翻译实践能力是国家外宣翻译能力的核心。没有国家外宣翻译实践能力，国家外宣翻译能力便成为一纸空谈。一方面，没有国家外宣翻译实践能力，国家外宣翻译管理能力和国家外宣翻译传播能力便失去了存在的必要性。另一方面，没有国家翻译实践能力，国家外宣翻译传播能力便成为无米之炊。同样，国家外宣翻译管理能力和国家外宣发展能力则分别为国家外宣翻译实践能力提供组织保障和可持续发展的物质基础，而国家外宣翻译传播能力则是国家外宣翻译实践能力的价值所在。

（四）国家外宣翻译传播能力

国家外宣翻译传播能力是指国家通过大众传播媒介或自媒体，利用国家外宣翻译作品进行跨文化、跨国界的信息交流与沟通，宣传本国历史和文化、治国方略以及社会发展成就的能力。国家外宣翻译传播能力可从推广力和影响力两方面来讲。国家外宣翻译的推广力是指国家在外宣翻译传播实践中展现出来的能力，具体表现为国家在外宣翻译传播实践中能够做多少，涉及国家外宣传播的信息量、信息覆盖面、传播速度和精度。推广力通常取决于国家在外宣翻译传播实践中所能利用的大众传播机构的数量及其影响力，以及国家在外宣传播实践中投入的资源，包括人力资源、经费和设备等。影响力是指国家让外宣翻译作品为受众所接受并产生效果的能力，具体表现国家在外宣翻译传播实践中做得如何。一般而言，国家外宣翻译传播的影响力受到传播内容、传播形式和传播策略等因素的影响。传播内容是指外宣翻译作品的主要思想。如果国家外宣翻译传播的内容与国外受众的审美需求不一致，就会被国外受众抵触、排斥；如果国家外宣翻译传播的内容反映全人类共同价值观，则容易为国外受众所接受。传播形式是指传播的介质，包括物质形式和符号形式。前者是指多边或双边会议或其他相关活动；后者是指包括书面形式和口头形式在内的文字形式和包括影像资料和图片资料在内的多模态形式。传播策略是指外宣翻译传播的指导方针和具体方法，涉及传播内容的选取、传播形式的选择、传播主体和传播客体或受众的选择等。

三、我国国家外宣翻译能力的现状与未来发展

自新中国成立以来，党和政府一直高度重视国家外宣翻译工作，采取了一系列重要举措，如建立中国外文局等国家外宣翻译机构，设立中华学术外译项目，推动中国文学走出去等，在国家外宣翻译能力建设方面取得了重要进展。无论是国家外宣翻译人才队伍建设或翻译技术的研发与应用，还是国家外宣翻译质量或国家外宣翻译传播的广度、深度和效果，均取得了长足的进步。在当代，越来越多的国外民众开始了解中国文化和历史，认同中国政府的治国方略，认可中国社会经济发展的成就。然而，遗憾的是，我国国家外宣翻译能力仍然存在这样或那样的不尽人意之处，有待采取行之有效的措施加以解决。

首先，从国家外宣翻译管理能力角度来看，习近平总书记多次对外宣和外宣翻译工作做出重要指示，为我国外宣翻译工作指明了发展方向。而国家外宣翻译机构以及相关工作机制的建立则为我国外宣翻译工作提供了强有力的组织保障。然而，我国外宣文本的起草部门、翻译部门以及传播部门一直各自为政，很少在一起讨论外宣文本的起草、翻译与传播问题，导致我国外宣文本的构建、翻译和传播工作严重脱节。一方面，我们在构建外宣文本时，很少思考外宣文本的翻译问题，更谈不上分析外宣翻译文本的传播，往往过分强调外宣文本的民族性，频繁运用体现中国文化特色的术语和典故等，导致外宣文本很难译成外语。另一方面，外宣文本的起草未与外宣文本的翻译研究或传播研究有机结合起来，学界很少从翻译或传播角度分析外宣文本的起草，也未从翻译角度讨论外宣翻译文本的传播，相关研究结论难免片面、肤浅。事实上，外宣文本的起

草、翻译与传播可以作为一个整体来研究。为此，未来应当建立国家外宣文本起草、翻译和传播工作联动机制，从整体上分析外宣文本的起草、翻译与传播问题，探讨外宣文本的起草、外宣文本的翻译与外宣翻译文本的传播有机结合的途径和方式。

其次，就国家外宣翻译发展能力而言，我国从事外宣翻译工作的译者队伍规模不大，现有译者队伍所掌握的语种数量并不多，仅有包括联合国官方语言在内的一些主要国家的官方语言。据不完全统计，能够熟练地将汉语外宣文本译成阿拉伯语的译者仅有十余人，精通印地语的译者数量更是少得可怜。这一现象与日益旺盛的外宣翻译需求显然不成比例。普遍认为，外宣翻译不仅仅是两种语言文字之间的转化，更是不同文化间的交流与碰撞，受到包括诗学传统、意识形态和读者接受心理等在内的源语和目的语社会文化因素的制约。作为政治性强的机构翻译，外宣翻译对译者的要求远远高于其他翻译，而且难度也大。一方面，外宣翻译译者既要忠实于原文，又要考虑目的语读者的审美需求和阅读习惯。另一方面，外宣翻译文本政治性和民族性往往很强，这给译者带来不小的挑战。很明显，要成功地将外宣文本译成外语，需要一大批中文和外文造诣深厚、学贯中外的优秀翻译家。不过遗憾的是，目前我国能够直接从事外宣翻译工作的优秀译者相当匮乏。黄友义在讨论中国文学外译现状时指出“中国文学介绍不出去，主要还不是钱的问题，而是人的问题——没有好的译者和出版者。……现在我国汉译外的需求空前增加，几乎各行各业都有需求，但翻译队伍的数量和质量远远满足不了需要”（石一宁，2004）。较之于文学翻译，优秀外宣翻译译者数量则更少。鉴于此，未来应大力推进外宣翻译译者队伍的建设，通过翻译专业学位教育和研修等形式，着力培养优秀外宣译者，尤其是精通非通用语种的译者，努力建设能够满足我国外宣翻译工作实际需求的外宣译者队伍。此外，我们还应引育并举，既要从国外引进包括外籍专家在内的知名翻译研究学者，又要通过项目驱动和政策支持等手段培养现有外宣翻译研究学者，努力建设一支能够为我国外宣翻译工作提供有力理论支撑的翻译研究队伍。

众所周知，在人工智能技术迅猛发展的当代，翻译技术已发展成为国家外宣翻译发展能力的重要组成部分。然而，我们尚未研发出能够直接应用于外宣翻译工作的机器翻译系统，也未研制出外宣翻译专用语料库和数据库。因此，未来应当积极推进外宣翻译专用机器翻译系统以及外宣翻译专用语料库和数据库的研发与应用，努力提高外宣翻译的效率和质量，以期提高国家外宣翻译发展能力。

再次，就国家外宣翻译实践能力而言，我国外宣翻译译者的双语转换能力尤其是将汉语译成外语的能力尚有很大的上升空间。而且，他们大多为外语专业出身，几乎没有接受任何技术教育，往往谈“理”色变，逢“技”则手足无措，其翻译技术应用能力差强人意。为此，未来应加强外宣翻译译者的培养，着力提高他们的中译外能力和翻译技术应用能力。

最后，从国家外宣传播能力角度来看，我国先后成立了一批专门向世界介绍中国的对外传播机构，如中央电视台的国际频道、《中国日报》和《人民日报海外版》等。这些机构在世界各地设立分支机构，其推广力和影响力与日俱增。然而，总体上看，我国外宣翻译传播形式单一，以文字符号形式为主，不大采用影像、图片等多模态形式。虽然一些外宣翻译作品改编成视频作品，但受众基本为国内观众，专门面向海外受众的外宣翻译作品的绘本、漫画本以及相关影视剧很少见。这一现象在一定程度上对我国国家外宣翻译传播能力产生负面影响。此外，我国外宣翻译作品的传播长期以来主要依赖国家机构，很少发挥其他传播主体作用，其结果直接导致这些作品对外传播的效果不尽如人意。一般而言，外宣翻译传播的主体一般包括国家机构、企业、社团/组织和个人等。不同主体具有不同优势，可以在外宣翻译作品传播中发挥不同作用。

针对这些问题，未来可采取柔性传播、多形式传播和多主体传播等策略，以提高国家外宣翻译作品的影响力。

柔性传播策略，又称为共情策略，是指增进国外受众对外宣翻译作品内容认同的策略。具体而言，我们一方面可以选择具有世界意义或体现人类共同价值观的外宣文本进行翻译和传播，以增加我国外宣翻译作品与国外受众之间的文化接近性与认同性。另一方面，我们应关注目标读者的阅读习惯和接受心理，在重视再现原作思想的前提下，尽量运用归化策略，以减轻译本给读者带来的文化陌生感。多形式传播策略是指采取物质形式和符号形式相结合的方法，以多角度、立体式地传播外宣翻译作品，从而扩大受众覆盖面。多主体传播策略是指发挥国家机构、社团/组织、企业和学者等多个传播主体在外宣传播中作用的策略。我们可以依托国家机构组织外宣翻译作品的出版，组织社团或相关机构召开以外宣翻译作品为主题的学术研讨会，举办图书展销会，支持企业拍摄电影、电视剧或专题片，以推进外宣翻译作品的传播。我们还可以动员学者个人通过发表国际学术论文和组织国际学术会议等形式宣传外宣翻译作品。

本节在梳理外宣翻译研究的进展与问题基础上，依据国家语言能力和国家翻译能力的相关阐述，重点分析了国家外宣翻译能力的构成，探讨了我国国家外宣翻译能力的现状及其未来发展方向。我们认为作为国家翻译能力的重要组成部分，国家外宣翻译能力是指国家处理外宣翻译事务的能力，具体包括国家外宣翻译管理能力、国家外宣翻译发展能力、国家外宣翻译实践能力和国家外宣翻译传播能力。总体上看，我国国家外宣翻译管理能力较强，但国家外宣翻译发展能力、国家外宣翻译实践能力和国家外宣翻译传播能力等尚有很大的上升空间。鉴于此，未来应当积极推进外宣翻译人才队伍建设，大力推动翻译技术的研发和应用，提升外宣翻译传播的影响力，努力提高我国国家外宣翻译能力。有必要指出，国家外宣翻译能力的研究可以为国家外宣翻译能力的建设与发展提供理论支撑。未来学界可以进一步探讨国家外宣翻译能力建设与发展的原则、方法与路径。

第三节　国家商务翻译能力

任文、李娟娟（2021：13）指出，国家翻译能力研究有利于更准确衡量并继续提升翻译对经济硬实力的贡献。Melitz（2008）研究表明，有效的语言沟通可以有效促进双边贸易流量。翻译服务可以减少语言障碍，在中外人文交流和经贸往来中发挥重要作用。双边和多边的政府间经贸活动的翻译行为是国家翻译实践的组成部分。我们基于国家翻译能力的理论框架，从语言学和翻译学的理论中梳理国家商务翻译的构成要素，并结合已有学理基础，尝试构建国家商务翻译能力的概念和分类。

一、文献综述及相关概念讨论

任文、李娟娟（2021：5）通过梳理语言学和翻译学两个路径的相关概念，首次提出国家翻译能力的定义。她们的研究指出，国家翻译能力属于国家语言能力。我们采用同样的路径和学理依据，梳理国家商务翻译能力的相关概念及构成要素。

（一）语言学路径

语言学路径为构建国家商务翻译能力提供了概念和逻辑关系的学理依据。

1.国家语言能力

文秋芳、张天伟（2018：3）把国家语言能力看成是一国综合国力的要素之一，与国家政治、经济、文化软实力和国家形象密切相关。他们的国家语言能力概念包括军事语言能力、商务语言能力、政务语言能力、社务语言能力。这是首次明确提出商务语言能力属于国家语言能力的子能力。张天伟（2022）改进了国家语言能力指标体系，在“发展能力”指标下增加了“服务力”二级指标。“服务力”主要包含语言服务社团数量、语言服务从业人数及语言服务岗位语种数量。发展能力是国家通过语言开展相关工作的能力，是国家语言能力的具体实践。（张天伟，2022：3）服务力体现了一国语言能力的高低，在语言服务的对象上，王立非、栗洁歆（2022：6）指出，语言服务面向“一带一路”建设、国际传播能力建设、自贸试验区建设、国际知识产权保护等国家战略，主动服务高质量发展。由此可见，语言服务的主要对象之一是经济建设与发展，作为国家语言能力的“发展能力”，在商务语言服务层面发挥作用。

2.国家话语能力

文秋芳（2017：69）认为，国家话语能力是国家语言能力的重要组成部分，是对国家语言能力内涵的拓展。国家话语能力是检验与国家战略相关的语言事务处理是否有效的终极能力。她将国家话语能力进一步细分为话语战略事务管理能力、国家领导人话语能力、国家机构话语能力、国家媒体话语能力和国家话语外译能力。李琳、王立非（2019）认为，经济话语是国家话语的一个重要组成部分。经济话语的概念从商务话语发展而来，（王立非等，2022：5）经济话语可分为宏观、中观、微观三类。其中，宏观经济话语主要指国际组织经济话语和国家官方经济话语，是用于预测、介绍、论述、发布、探讨国际或国内宏观经济形势的口头或书面话语。（王立非等，2022：7）经济话语体系包含经济话语能力，指维护国家经济利益所需的话语能力。（王立非等，2022：9）由此可见，从商务话语发展而来的经济话语，包含了国家经济话语以及经济话语能力。商务话语、经济话语均属国家话语能力的组成部分，分属不同的国家话语子能力。

3.商务话语能力

前文梳理表明，商务话语能力是国家语言能力的一部分。商务话语是商务场合的连贯性话语，指任何在内容和结构上构成一个整体的言谈或文字，包括整段讲话、对话、整段篇章等。商务话语是商务英语学科研究的对象，它不仅仅将语言看成是一个词汇语法系统，更强调语言和语境的相互关系和作用，强调商务语境中口头和书面语言的功能和使用，强调语言作为交际的工具和属性，把语境

化的语言作为概念的核心，关注在商务组织机构中人们如何有效沟通。（王立非、张斐瑞，2016：64）

商务语用研究是商务话语研究的重要领域，（王立非，2016：4）商务翻译/口译则是商务语用的热点。（王立非，2016：6）由此我们可以得出，商务翻译能力及其研究，是商务话语能力的子能力，是不可分割的一部分。

对比三个术语的内涵和外延可以清楚地看出，国家语言能力包含国家话语能力，国家话语能力又包含商务话语能力。国家语言能力的评价指标体系中，"服务力"占据一定权重，语言服务在其具体服务对象上，包括"一带一路"建设、国际传播能力建设、自贸试验区建设、国际知识产权保护等国家战略，属于商务语言能力的具体作用层面。其次，从商务话语发展而来的经济话语，属于国家话语，自然也是国家语言能力的一部分。第三，商务翻译能力是商务话语能力的一部分。可以看出，服务于国家经济利益的商务翻译绝不是个人翻译行为，而是包含国家翻译意志的集中统一行为。因此，构建国家商务翻译能力概念应主要着眼于商务翻译在服务国家战略，增强国家翻译能力、国家经济话语能力、国家经济传播能力方面所起到的作用。

（二）翻译学路径

翻译学路径为构建国家商务翻译能力的相关概念提供了具体的内容、实施主体和所需的能力指标。

1.国家翻译学

国家翻译能力的核心理论基础是国家翻译学，国家翻译学是研究国家翻译行为和国家翻译活动的理论体系，涵盖国家翻译理论和国家翻译实践两个部分，以及若干子领域。任东升、高玉霞（2023）指出，翻译具有服务国家的功能，可以服务于国家对应领域的建设，如商务翻译可服务于国家的商业发展和经济建设，法律翻译可以服务于国家的法治建设和司法实践等。任文、李娟娟（2021：5）指出，国家翻译能力是国家语言能力的一部分，国家语言能力是国家能力的分支，这样就形成了“国家能力—国家语言能力—国家翻译能力”的概念逻辑层次。国家翻译研究包括翻译的国家功用引发的国家相关议题，如国家话语、国家修辞、国家形象、国家利益、国家治理、国际治理等。相关议题是对国家能力的整体提升。（任东升、高玉霞，2023：80）国家翻译学为国家翻译能力及其细分领域的能力研究与建设提供理论支撑。

2.国家翻译实践

国家翻译实践能力是国家翻译能力的一个子能力，也是最直接最重要的体现。国家翻译能力直接关涉国家翻译实践的效果。（任东升、高玉霞，2023：81）与一般的翻译实践不同，国家翻译实践的内涵是指国家作为翻译主体的实践活动或国家把翻译上升为国家行为的实践活动。判断一种翻译实践是否是国家翻译实践，首先要看其发起者是否具有国家主体资格或者主体权限。（任东升，2019：69）相应地，国家翻译实践要维护的是国家在各个层面的利益，其中也包含了经济利益。国家翻译实践与一般翻译实践的另外一个不同，在于国家翻译实践是制度化的翻译，（任东升、高玉霞，2022：6）不是市场化的翻译。因此，国家翻译实践更多靠国家翻译制度推动。商务翻译制度是国家翻译制度的一个组成部分。（高玉霞、任东升，2022a：89）由此不难看出，国家商务翻译是商务翻译制度推动下的一种实践，而国家翻译实践体系下的国家商务翻译，也应是以国家作为实践主体，以商务文本为对象，目的是维护国家的商务和经济利益的一种翻译实践。

3.商务翻译能力

商务翻译能力与普通翻译能力的区别在于翻译的内容是否涉及“商务”。因此，讨论商务翻译能力，离不开对商务翻译本身内涵的讨论。国内外学者对商务翻译的内涵和外延均进行过相关论述。Biel & Sosoni（2017：2）认为，商务翻译是与法律翻译、医疗翻译平行的专门领域翻译，其主要目的是进行商务沟通。他们认为，商务翻译主要是对商务话语进行的翻译，翻译的对象有正式的商务文本，如国家的商务文件、经济协定等，也有诸如广告、网站等非正式文本。由此可见，翻译任何与商务内容有关的文本都是在进行商务翻译。王立非等（2013：28）认为，商务翻译应重点包括WTO法律文献翻译、商务经典翻译、中华文化外译等，这是对商务翻译服务国家发展的有力说明。

商务翻译的内容定义了商务翻译所需要的能力。Huang（2022：4）总结出商务翻译具有的四个特点：时效性、专业性、唯一性、多样性，他通过回归分析发现，商务英语翻译更注重专业性和多样性。因此，在商务翻译中，专业的商务能力必不可少。同时，由于商务翻译的本质是为了商务沟通，良好的沟通能力则是沟通得以进行的关键。此外，商务翻译本质上要服务于对象客户，因此服务能力也应被纳入考量，如语言服务能力、翻译技术能力、本地化能力、翻译管理与翻译营销能力等。

翻译学路径的文献梳理可知：首先，国家翻译学的主要研究对象是国家翻译，国家翻译能力及其子领域能力是国家翻译的研究内容之一，国家翻译学应成为国家翻译能力的主要学理依据，为其概念界定和研究内容提供支撑。其次，国家翻译实践能力直接体现国家翻译能力，国家翻译实践主要通过国家行为和国家翻译制度实现。商务翻译制度是国家翻译制度的一个组成部分，国家商务翻译也应是国家作为制度推动的翻译实践。这就明确了国家商务翻译的实施目的，主要是维护国家的商务和经济利益，讲好中国的经济故事，传播好中国的经济声音，以此提升我国在经贸、商务领域的国际传播效能，助力构建国家翻译能力体系。再次，商务翻译的主要内容是商务话语和商务文本，文本的特点和翻译的目的规定了商务翻译所需要的能力。我们从翻译学路径的角度，可以得出：国家商务翻译能力是国家翻译能力的子领域，重点关注实践能力；国家翻译实践能力的概念定义了此类翻译实践必须是以国家意志为主体，以维护国家利益为目的，国家翻译学为国家商务翻译能力的具体内容、实施主体提供理论支撑。商务翻译的内容要求商务翻译能力应主要聚焦在翻译能力、商务能力、服务能力和传播能力上。

二、国家商务翻译能力概念界定与体系构建

依据文献梳理和概念辨析，我们在国家翻译能力理论框架下，尝试给出国家商务翻译能力的定义：国家商务翻译能力是国家翻译能力的子领域，是指一个国家实施商务翻译行为、提供商务翻译服务、处理和解决商务翻译问题、提升商务传播效能等一系列组织化能力的总和。国家商务翻译不是个人翻译行为，是体现国家意识和意志的有组织的国家行为。国家商务翻译能力主要服务于国家对外

开放、国际贸易、国家间的经济利益，直接关系国家对外商务和经济形象塑造，旨在维护国家的对外经济话语权。其主要翻译对象为宏观经济话语，如国民经济发展规划、国家间签署的贸易协定、提交给相关经济组织的文件等。国家商务翻译能力的实践客体涉及我国的经济主张、经济政策、经济体制等。根据国家翻译能力的构成要素，国家商务翻译能力主要应包括翻译能力、商务能力、传播能力和服务能力四个子能力。图3–3展示了国家商务翻译能力的四个子能力。

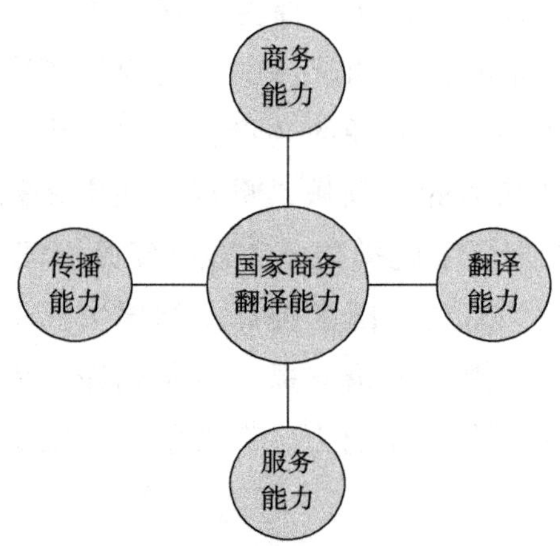

图3–3　国家商务翻译能力构成

（一）翻译能力

翻译能力是商务翻译能力的核心要义。国家商务翻译能力属于国家翻译能力的子领域，因此，对国家商务翻译能力中翻译能力的考量，应以国家翻译能力的翻译实践能力和翻译发展能力维度为主，具体指标可参见“国家翻译能力构成要素”（见绪论图0–2）。

需要说明的是，国家商务翻译能力应考虑到学生商务外语的相关技能。因此，开设商务英语专业，以及商务翻译开设院校数量和语种的情况也应被纳入考量，这与衡量普通翻译能力不同。根据国家商务翻译能力的概念和实施主体，翻译实践能力应主要关注政府和企业这两个国家主体的商务翻译能力。

（二）商务能力

商务能力是商务翻译能力区别于其他翻译能力的根本特征，也是商务翻译能力的核心内容。国与国之间的商务往来，本质上是跨语种、跨文化的商务交流，其目的是维护本国的核心经济利益。因此，国家层面的商务能力应首先考虑商务合规能力的情况，主要从国家在对外经济活动中的立法、规范、标准，以及国家签订贸易协定的数量进行观测。此外，商务团体/协会情况、专业化商务人员从业资格情况等涉及商务管理能力的指标，也应成为商务能力的重点观测数据。

（三）传播能力

传播能力是国家商务翻译能力的最终目的。在国家层面，商务翻译主要是为了加强各国间的经济沟通，宣介本国的经济主张，维护国家经济利益。宏观经济话语也受到宏观经济环境的影响，并反作用于经济环境。王立非等（2022：32）认为，在某种程度上，经济话语权决定着政治话语权、军事话语权、外交话语权、文化话语权、科技话语权、学术话语权。相关研究集中表明了经济话语传播过程中所产生的经济价值。因此，传播能力也是国家商务翻译能力需要考量的子能力。任文、李娟娟（2021：10）以媒介能力和影响力定义国家翻译传播能力。结合国家商务翻译能力的定义和经济话语的特点，我们将传播能力细分为翻译传播数量和传播影响力。传播数量主要考察一国经济政策类文件的译出情况，及国际组织经济类文件译入情况，影响力主要考察翻译传播能力对经贸关系的影响，以此反推传播能力的大小。

（四）服务能力

服务能力是国家商务翻译能力的质量保证。在国家层面，商务翻译能力主要服务于国家间的经济交往，维护国家的经济利益，掌握对外经济话语权，坚实的服务能力是国家商务翻译的质量保证。张天伟（2022：5）指出，国家语言能力包含服务力，可从语言服务社团数量、语言服务从业人数、语言服务岗位语种数量、应急语言服务语种数量等方面考察国家语言能力的服务力。国家商务翻译能力指标可包括商务语言服务从业人数、商务语言服务岗位数量、提供商务语言服务的公司数量等。此外，近年来，语言技术得到了长足发展，翻译技术，尤其是神经机器翻译的处理率大幅提高。商务文本的规范性较高，语体较为正式，商务翻译采用机器翻译等语言技术可以大幅度提高商务翻译的效率，有效提升商务翻译能力。结合国家商务翻译的实施主体，我们将技术服务能力也纳入服务能力观察指标，主要包含企业机器翻译的应用情况、企业翻译工具应用情况、企业翻译语料库应用情况等。

国家商务翻译能力的指标体系及评价指标见表3-1。

表3-1　国家商务翻译能力指标体系构建

一级指标	二级指标	三级指标
翻译能力	翻译实践能力	政府商务翻译能力
		企业商务翻译能力
	翻译发展能力	商务英语专业开设数量
		商务翻译开设院校数量
		商务翻译语种数量
商务能力	商务合规能力	对外经贸立法
		签订贸易协定数量
	商务管理能力	商务团体 / 协会情况
		专业化商务人员从业资格
传播能力	翻译传播数量	我国经济政策类文件译出情况
		国际组织经济类文件译入情况
	传播影响力	翻译传播能力对经贸关系的影响
服务能力	人力服务能力	商务翻译服务从业人数
		商务翻译服务岗位数量
		语言服务企业的数量
	技术服务能力	企业机器翻译普及情况
		企业翻译工具普及情况
		企业翻译语料库拥有情况

三、国家商务翻译能力案例分析

为了直观了解我国的国家商务翻译能力的现状，我们根据上文梳理的相关定义和范畴，选择世贸组织（WTO）相关文件译入情况和《中华人民共和国国民经济和社会发展第十四个五年规划和

2035年远景目标纲要》(以下简称《纲要》)为案例，分析我国的国家商务类文件译入和译出现状。

(一)世贸组织文件译入分析

通过查阅已有的文献书籍和商务部世界贸易组织司网站“世贸组织文件资料”板块，我们得到以下代表性WTO文件的中文译入情况：

表3-2　世贸组织代表性文件译入统计

序号	文件名称	发布主体	发布日期
1	服务贸易国内规制参考文件	商务部世贸司	2022.12
2	世贸组织第12届部长级会议成果培训班课件		2022.8
3	世贸组织第12届部长级会议成果文件		2022.6
4	2019年世界贸易报告		2019.11
5	2018年世界贸易报告		2018.11
6	TBT委员会决议和建议汇编		2017.12
7	SPS透明度规定——《履行协定透明度义务(第7条)建议规程》		2017.12
8	《TRIPS协定》全文(2017年1月23日修正，中文)		2017.3
9	世贸组织第十届部长级会议成果文件		2015.12
10	世贸组织《贸易便利化协定》文本		2015.10
11	WTO第九届部长级会议巴厘岛宣言及决定(中英文版)		2014.4
12	中国加入世界贸易组织法律文件(中英文对照)	对外经济贸易合作部世贸司	2002.1
13	服务贸易总协定(GATS)	中国民用航空局政策法规司	1994.4

表3–2显示，WTO代表性文件译入呈现以下两个特点：

一是关键性文件译入较为完整，包括中国加入世界贸易组织法律文件中英文对照、世贸组织相关规则，以及近年来的相关更新规则等涉及贸易规则的文件，几乎都进行了译入。相关文件的译入，对了解世贸组织的运行规则和我国与世贸组织的合作原则有较大帮助，也可以为国内有关行业开展经贸活动提供依据。

二是译入的文件类型较少，译入文件的多样化有待提升。非法律类文件的译入，主要集中在部长级会议的成果文件和世界贸易报告文件。经查阅WTO官网“文件、数据与资源”板块可知，WTO官网提供的文件主要分为：官方文件、出版物、统计数据文件、经济研究文件等。相关文件覆盖WTO的法律法规、经济统计数据、相关行业产业的报告、各类贸易协定、贸易准入原则等，以上文件均无中文版本。这些文件对我国及时了解世贸组织运行规则、开展对外贸易、分析世界经济状况及制定经济政策有重要参考价值，也应有计划进行译入工作。

（二）《纲要》译出统计

1.翻译传播角度

《纲要》的发布主体、外语版本发布平台及语种数量见表3–3。

表3–3 《纲要》翻译及传播情况
（信息来源：当代中国特色话语外译传播平台）

中文版发布主体	外文版发布主体	外文版翻译机构	外文版语种数量
十三届全国人大四次会议表决通过	当代中国特色话语外译传播平台	中国外文出版发行事业局、当代中国与世界研究院、中国翻译研究院	9个语种包括：韩、葡、法、西、俄、德、英、阿、日

表3-4显示，《纲要》的中文发布主体为全国人民代表大会，这表明其属于官方文件，从内容上看，《纲要》主要涉及国家的经济规划和经济发展，内容上属于商务文本的范畴。任东升（2019：69）指出，在我国翻译领域能够代表国家实施翻译实践的主要机构有中国外文局、中央编译局、中国民族语文翻译局、中国翻译研究院等及其委托的各级翻译主管机构等。因此，《纲要》的翻译属于国家翻译实践的范畴，其翻译行为属于国家翻译实践。我们可以认为，《纲要》的翻译属于国家商务翻译的范畴，其行为是国家翻译实践，其翻译情况可以体现我国的国家商务翻译能力译出情况。

从翻译传播的角度看，《纲要》的外文版共包含了9个语种，一定程度上可以覆盖部分我国主要贸易伙伴国家，但与我国经贸往来密切的东盟国家、上合组织国家以及共建“一带一路”合作国家的多个非通用语种版本仍有缺失，传播中国经济声音的覆盖面不够，传播效能仍需提升。

2.译文风格角度

为了能够直观研究《纲要》英文版的译文风格，我们使用Biber（1988）提出的多维分析框架，结合Nini（2022）开发的MAT1.3.3工具（Multidimensional Analysis Tagger），计算《纲要》英文版的6个功能维度得分，考察《纲要》的译文整体风格。为保证结果准确，我们在计算时将《纲要》中与经济发展关系较小的第十三篇、第十六篇、第十七篇、第十八篇予以剔除。处理后的文本约3.9万字。

《纲要》英译本在6个功能维度的得分情况见表3-4。

表3-4 《纲要》英译本6个功能维度和语域类型评估

维度1	维度2	维度3	维度4	维度5	维度6	最接近文本类型
–21.99	–6	18.62	3.39	–0.66	–2.81	学术说明文

综合分析《纲要》英译本在各个功能维度上的得分，结合Biber（1988）提出的多维分析框架，我们发现，《纲要》的英译本的信息性特征较强，叙事性特点较少，译文的指称明晰性较强，对语境的依赖较少。《纲要》英译本表达的显性观点较多，文本使用了较多的劝说性表达方式，译文语言比较具体，抽象性不明显，译文语言的信息组织精细度较强。

统计显示，《纲要》的英译本总体文本类型属于"学术说明文（learned exposition）"中的"官方文件（official document）"子类型。这表明，《纲要》的译文整体风格延续了中文版的风格，英译本仍使用了官方语言表达。《纲要》主要讲述中国未来五年的国民经济规划，英译本保持了官方文件的风格，政策解读和信息传递完整，译文的叙事成分较低，不具有叙事文体特有的故事情节和生动形象特征，符合政府官方文件特点，很好地保持了汉语原文件的官方色彩和权威性。

案例分析显示，从译入情况来看，我国对WTO关键性法规文件的译入较为完备，但其他类型的WTO文件译入较少，目前译入的文件以会议成果文件为主，缺少针对WTO的一些规则、协定以及关于经济发展的研究报告等文件的译入，WTO文件译入对我国及时了解世界贸易组织规则、分析世界经贸关系和行业发展，进而针对性制定经济发展规划的助力作用有限。从译出情况来看，我国的国家商务翻译主要由国家级翻译机构通过制度化的手段推动，译文语种有所增加，但缺少与我国经贸往来密切的东盟国家、上合组织国家以及共建“一带一路”合作国家的多个非通用语种版本，讲述中国经济故事的覆盖面有限。从商务文本的译文风格角度来看，文本严格保留了官方语言风格，完整准确传递了政策信息，但文本的叙事成分较少，语言的“融通中外”和经济主张的精准传播仍需加强。总体来看，国家商务翻译能力建设取得了一定成效，但国家商务翻译能力在塑造我国对外经济形象、讲述中国经济故事、构建我国对外经济话语权等方面的助力作用仍需进一步提升。

四、国家商务翻译能力未来发展

综合前文研究，我们对国家商务翻译能力未来发展提出以下几点建议。

（一）加强国家商务外译能力建设

一是以国家翻译人才队伍建设规划为指引，协调国家商务主管部门、经济主管部门以及国家级翻译机构，多角度联动、系统科学规划国家商务翻译能力建设的路径和实施方案。加强能力建设，在译入世界主要经济组织的多种类型文件基础上，要特别重视我国经济发展方针政策、官方经济文件、行业和产业报告、中国企业发展的成功案例等外译工作，向全世界传播中国的经济主张和经济思想，特别是社会主义市场经济的成功经验，以及中国式现代化道路。二是进一步优化、完善国家商务翻译能力的指标体系验证，准确评测国家商务翻译能力。同时，联合多部门开展国家商务翻译能力在推动对外贸易发展、维护国家利益、构建国家对外经济话语权等方面的专题研究，探讨国家商务翻译能力与其他国家翻译能力子领域各个能力的联动作用，进而整体推动国家翻译能力的全面提升。

（二）加强多语种商务翻译人才储备

目前，我国已与152个国家、32个国际组织签署了200余份共建“一带一路”合作文件。2022年，区域全面经济伙伴关系协定（RCEP）正式生效。中国翻译协会2022年的《中国翻译及语言服务行业发展报告》指出，非通用语种服务需求突出，阿拉伯语、俄语、德语为语言服务急需语种排行前三位。截至2021年底，全国翻译硕士专业培养语种包括英语、俄语、日语、法语、德语、朝鲜语、西班牙语、阿拉伯语、泰语、意大利语、越南语等11个语种。目前翻译专业语种数量还远不能满足共建“一带一路”合作及RCEP的需求，相关的语种数量还应继续增加。应审时度势，增加翻译专业开设的语种。以国家对外合作及对外贸易的主要方向为导向，针对性培养通晓商务知识、熟练使用外语的复合型人才，助力国家商务翻译能力的进一步提升。

（三）加强商务翻译教学

从三个角度加强商务翻译教学：一是实现商务翻译教学课程的升级迭代。以内容融合语言教学理念为指导，充分将商务知识、商务能力的培养与翻译课程结合，让学生在提升翻译能力的同时，充实商务知识，夯实商务能力。二是加强商务翻译课程师资建设。商务翻译课程的师资应同时具备较强的翻译能力和商务能力。对商务翻译教师进行持续培训，同时考虑聘请具有多年商务翻译实战经验的从业人员或企业管理者进行授课。三是推进商务翻译教材研发。推进教材的“多模态”升级，以虚拟仿真实验、慕课、微课等多维度教学资源为手段，有效促进商务翻译教材的立体化，让学生亲身实践，全面获得商务翻译能力。

（四）加强商务翻译技术研发

以数字经济的蓬勃发展为驱动，加大商务翻译技术的研发力度。重点研发商务翻译机器翻译模型、商务翻译术语库等技术，提升国家商务翻译的服务力。以社交网络媒体的纵深发展为引领，加强对语音识别、语义网络等技术的研发，提升商务沟通、商务交流与谈判中的语言转化效率，加强商务翻译的传播能力。此外，还需加强商务翻译资源库和多语种转换平台建设，进一步促进商务翻译能力与其他翻译能力的多角度联动，合力提升国家翻译能力。

本节对国家商务翻译能力进行了定义，构建出国家商务翻译体系框架。同时，以WTO文件的译入情况和《中华人民共和国国民经济和社会发展第十四个五年规划和2035年远景目标纲要》的译出情况为案例，分析我国的国家商务翻译能力情况。研究表明，我国的国家商务翻译能力建设取得了一定的成效。针对WTO关键文件的译入较为完备，但译入的文件类型较为单一。我国相关经济主张文件的译出文本能够严格遵循原文传递相关信息，但外译文件的语种、语言的生动性仍需加强。国家商务翻译能力在塑造我国对外经济形象、讲述中国经济故事、构建我国对外经济话语权方面的助力作用仍需进一步提升。未来应重点挖掘国家商务翻译能力在多语种翻译人才培养、翻译教学、翻译研究及翻译技术研发层面的潜力，加强国家翻译能力子领域的各个能力联动，齐心协力，通力合作，全面提升国家翻译能力建设，更好更精准地在世界舞台打造更为生动立体的国家形象，助力国际传播的长效发展。

第四节　国家科技翻译能力

科学技术是第一生产力，我国向来重视科技能力的发展与培养。自20世纪90年代中期以来，在我国相继提出并实施的诸如科教兴国战略（1995）、人才强国战略（2003）、创新驱动发展战略（2012）等关乎国家长远发展和生计的战略中，都强调了对科技能力和科技人才的培养和发展。而当下伴随数字化、网络化、智能化等科学技术的快速发展、交叉融合，其所催生出的新一轮科技革命正迅速且激烈地重塑着世界科技面貌与国际政治格局，我国科技发展又迎来了新的契机，“这既是千载难逢的历史机遇，也是面临差距拉大的严峻挑战”（习近平，2018：8—9）。在面对新的科技革命所引发的知识、经济、社会快速发展浪潮，世界各国均做出了相同的战略回应，即将科学技术的创新与发展作为国家整体发展的主要牵引力，通过增强国家科技能力来提升国际竞争力和话语权。在新时代全球化趋势愈烈、国际格局深刻变化的当下，大国之间的竞争核心越来越凸显出在科技维度的角逐。与此同时，任何国家孤立于世界就不可能得到发展，交流与合作是所有国家在这场角逐中的必然选择，而在这一过程中科学技术维度的对话交流和知识互鉴显得尤为重要。尽管我国科技能力正在许多方面赶超国际科技强国，在科技人力资源和全社会研究与试验发展（research and development，RD）人员全时当量上也已连续多年蝉联全球第一，[①]科技与创新能力不断加速走向国际第一方阵。但同时，也要看到我国科技影响力在国际科技地位、国际科技制度与标准、科技传播等方面的诸多困境，（陈巍、王永进，2022：168）以及我国国际一流科技人才紧缺、青年科技人才缺乏国际前沿科技探悉途径和全局观念意识（陈姗姗等，2023：134）等现实问题。因此，积极参与国际科技竞争、产业分工与标准制定，提高我国科技国际化发展水平，提升我国国际科技影响力和话语地位，加快具有国际视野的科技人才培养，改进科技话语传播手段策略和方式方法，建设并壮大我国科技对外宣传队伍，优化我国科技对外传播效果，不仅是我国现阶段立足新时代背景下科技国际化建设在发展层面的目标需求，更是国家参与国际竞争、优化产业布局在现实层面的实际需要。

现阶段，以汉语形态呈现的世界话语产品不多，（杨枫，2021：15）因此，翻译是上述实现科技国际化发展目标要求和现实需要可以倚靠的重要手段和途径。作为“国家能力”的重要补充，“国家翻译能力”的提出与建设不仅是“翻译学参与并回答中华民族伟大复兴和国家建设发展中的理论与实践问题”（蓝红军，2021：22）的重要实践创新，更是“助力国家软硬实力和国际话语权提升”（任文、赵田园，2023a：44）的重要实现抓手和方式。而作为“国家翻译能力”的细分领域中的重要组成成分，“国家科技翻译能力”的提出与建设恰应当下正在酝酿的新一轮全球科技革命和产业变革的时机而生，其是服务于一国现实科技层面的向内发展及对外

① 详见由中华人民共和国科学技术部颁布的《中国科技人才发展报告（2020）》，https：//www.most.gov.cn/kjbgz/202109/t20210907_176742.html。

传播，开展语际、国家间在科技层面的对话交流与知识互鉴，以提升国家科技形象和国际科技话语权位，最终实现国家国际竞争力提级的所有因素有机构成的整体能力呈现。

一、国家科技翻译能力概念界定

在对国家科技翻译能力相关概念进行界定之前，按照概念的上下位关系、组成成分和逻辑理路，我们依次从“科技能力”、“科技翻译”、“国家翻译能力”三方面，分层解构、逐级推演至“国家科技翻译能力”的内涵与外延、结构与框架。

（一）科技能力及国家科技能力

首先谛视“科技能力”的内涵。有关科技能力概念，学界暂无统一之界说。但对其的探讨由来已久。1994年，在世界经济论坛和瑞士洛桑国际管理学院（International Institute for Management Development, IMD）联合发布的《1994年国际竞争力年度报告》中首倡“科技能力”概念，并用以评价与基础研究和应用研究密切相关的科学技术情况。（彭建娟、李建华，2005：52）国内学者对“科技能力”这一概念的关注也早已有之，如赵红州（1984）、茅国平（1985）、王树恩和陈士俊（2001）、彭建娟和李建华（2005）等都曾尝试对其相关范畴和内涵进行划分和界定。其中，茅国平分别从科技的科学和技术维度出发，认为科学能力是“发展科学和运用其成就的潜力总和”，而技术能力则指代“为了生产上应用而准备的研究、开发结果的总和”（茅国平，1985：153）。这一阐述为后续界说奠定了重要基础。在《中国科技发展研究报告》中，编写组将科学研究与创新能力视为一体，认为其是科技投入能力、科技资源配置能力，以及从科技到创新的能力的总和。(《中国科技发展研究报告（2000)》研究组，2000：66—70）科技活动作为一种社会行为，其相应的能力应体现出科学技术或相应知识在适应、推动和改造社会各层面协同演化和渐进发展的能力上，“包括潜在、现实以及决定性的作用力与影响力”（陈劭锋等，2001：74），最终以向社会提供相应的产品或服务来获得表征，并使社会各层面向好向善发展，实现在科技投入层面的有效增值。借由上述相关界说，我们可以拓展出“科技能力”的广义和狭义范畴，即狭义上的科学技术和知识在投入、配置、输出等直接相关方面的所有因素综合而成的能力，广义而言，其并包诸如教育、政策制度、经济和人文基础以及社会环境等能够对科技活动产生能动作用的其他外部环境因素。概言之，就“科技能力”的内涵和外延而言，其包含培养和保障科技发展和发挥的“科技潜力”、基于科技各类资源利用和转化的“科技实践力”、呈现科技成果转换为实际生产水平的“科技效力”以及可持续提供科技研究、开发和创新等条件的“科技发展力”。

落脚到“国家科技能力”概念上。地理区域因素在“科技能力”的形成过程中起着基础性的作用，科技在多数情况下是“特定区域资源、知识，以及其他的投入和产出组合的产物”（彭建娟，2006：39)。同时，“科技能力”的建设与发展，不仅反映出特定主体对自身社会角色的理解，也体现出特定主体在对待发展问题时的态度观点。（Eade，1997）因此，“国家科技能力”中的“国家”一词既是对“科技能力”概念在特定主体和空间地理上的划分，同时也昭示了内蕴在其中的特定目标和价值导向。借由上述种种范畴和定义，我们据此可以认为“国家科技能力”是以国家利益和事权的正向发展为价值导向，以服务于国家科技进步从而适应经济社会发展、提升国家国际科技竞争力为目标，其是一国科技发展在政策、制度、立法、投入等配套支持上的潜力，科技资源利用和转化实践力，科技成果产出和贡献效力，以及科技持续创新发展等的所有因素有机构成的能力整体的展现。它在客观上具有对市场发展的引领、经济社会整体水平的提高、国际竞争力的提升等正向作用。

（二）国家翻译能力

在中国文化“走出去”持续深入推进、“一带一路”倡议逐日履践，以及新一轮科技和产业革命席卷全球等多方机遇和变局交织激荡的当下，国家翻译能力作为应时而生的新兴概念，其不仅是对翻译研究学术视野的提升，也是对翻译理论的改造、整合与升华，（杨枫，2021：19）更是我国翻译学科立足新时代背景下向跨学科和纵深发展的必要和开拓性工作。

在学界种种对“国家翻译能力”在内涵与外延上的界定中，译学方家们基于各自理解和不同学术“惯习”的视角虽言人人殊，但从中可以看出作为新兴概念的“国家翻译能力”在构建过程中的开放姿态和动态发展的特点，也可凝练出内蕴在该概念之中的“跨语言性”、“国家性”、“能动性”、“交流对话性”和“知识互鉴性”等共识特点。就其本质而言，“国家翻译能力”是以翻译学为本体，糅合经济学、传播学等多学科知识背景的方式，以国家意志为转移，服务于国家以文化、科技、经济、社会等为表征的软硬实力长远且可持续地发展，推动国内、国际、语内、语外的交流对话、知识互鉴，从而树立良好的国际国家形象，抬升国际话语权位，提升国家国际竞争力。

（三）科技翻译及国家科技翻译能力

科技一词是科学、技术的合用积习而来，其在中文语境中的创造和使用具有丰厚和深刻的历史文化背景。对此，许明武和聂炜（2021：93—95）两位学者对科学、技术两者的传统、研究范式和现代以来的相互关系，以及科技一词的由来有过详尽探讨，此处不再做概念缕析。我国科技翻译活动亘古至今，但对建立科技翻译学的首倡和实施却是20世纪七八十年代以后的事情。尔后，在我国科技翻译学先后经历了舍去国别建立科技翻译学、泛化科学建立科学翻译学的两次更名后，使得在中文语境中本就边界隐晦的科技、科学、技术概念，在译学学术研究、学科发展上愈益微茫。近来，译学界对科学、技术、科技辨析的概念史研究已然渐起，（许明武、聂炜，2021；胡卫伟、张旭，2023）其为我们在追溯并呈现三者历史演进进程的同时，也廓清了科学、技术、科技的内涵与外延。科技翻译顾名思义，是包含对科技的上下位词及其内涵与外延、传统范式与现代关系全部范畴的翻译活动；其既包含围绕科学在其哲学传统、现代范式的范畴意义上所开展的翻译活动，也包含围绕技术在其实用传统、现代发展的范畴意义上所进行的翻译活动，亦包含围绕科学和技术在现代以来互为同构关系中所衍生出的范畴意义上开展的翻译活动。借此观之，我国以广义上科技为名的翻译活动上起佛经翻译时期，依附于佛经而传入的古印度天文、历算、医药等知识，以及后来隋唐时期依附伊斯兰教而来的阿拉伯天文、数学等知识，构成了我国最初的科技翻译活动雏形，至今已有一千多年的历史。而纵观我国翻译活动发展历史，科技翻译活动在推动我国经济社会文化的发展过程中，扮演了至关重要的作用，并在我国自古洎今绵延两千余年的翻译活动中掀起了自明末清初到清末民初持续数百年之久的阶段性翻译大潮，从而深刻改变了中国社会的方方面面。

在我国赓续一千多年的科技翻译活动中，以官方及代表官方的机构或个人开展的"国家翻译实践"形式层出叠见。尤见在积贫积弱的中国近代时期，以国家翻译实践为主导形式的科技翻译活动不仅是西学东渐文化进程中的重要力量，也是其时围绕"救亡图存、匡国济时"所开展的救国运动中的"中流砥柱"。从1861年京师同文馆首创近代中国官办编译之机构，到1868年官设江南制造局翻译馆、1898年创设的南洋公学译书院，再到1932年创设的"国立"编译馆等，他们从对西方声光化电的植引到政法哲思的介绍，以对西方科学知识和技术器物的汲取作为显性取向，触发了其时社会思想的激烈变革，也为以科学和理性为表征的现代性在中国的生发起到了重要的训蒙作用，从而为传统中国走向现代中国奠定了重要思想理论来源和物质技术基础。新中国成立以来，我国尤为重视对科技的发展，国家主导的科技翻译活动也赓续不断，对社会经济文化向好向善发展起到了重要推进作用。国家先后设立的诸如中共中央编译局、外交部翻译科（现外交部翻译室）、人民文学出版社、中央文献翻译部、国际新闻局（现中国外文局）等一批官方机构成为新中国成立以来翻译事业开展的中坚力量。其中，在上述机构开展的国家翻译实践中，对"科学技术的翻译工作是最活跃和最重要的领域之一"，并"有效促进了我国科教兴国战略的实施和科学技术现代化的进程"[①]。在"科学技术是第一生产力"思想的指导下，科

① 参见中华人民共和国中央人民政府网《中国与世界之间的桥梁——新中国60年翻译事业综述》一文，https：//www.gov.cn/govweb/jrzg/2009-09/29/content_1429905.htm。

教兴国战略持续推进，科技翻译活动也随之勃兴，进而深刻改变着我国科技面貌与水平，重塑并推动着社会、经济、文化、教育等方方面面的发展。

翻译之于国家而言，是树立国际形象、维护自身国际利益、提升自身综合竞争力、构建国际话语权的重要途径。（蓝红军，2021：20）在国际政治格局正发生深刻变革、国际核心竞争力越发聚焦科技之维的当下，我国科技翻译活动的开展应具有回应时代需求、着眼国家和社会发展重大关切的国家意识。在我国翻译活动正逐步由“翻译世界”走向“翻译中国”与“翻译世界”并重的当下，国家作为翻译活动的发起者、统筹者、策划者、赞助者和推动者的角色及主体作用愈发凸显。（任文、李娟娟，2021：5）因此，“国家翻译能力”的应时而生，并下设“国家科技翻译能力”细分领域的能力建设，是翻译学界自觉探索新时代、大变局之于翻译学科建设与发展的新目标、新要求的理论应答。“国家科技翻译能力”作为“国家翻译能力”细分领域中的重要维度之一，是在围绕以翻译管理、翻译实践、翻译传播、翻译发展能力建设过程中对科技翻译活动维度的强调。借由“国家翻译能力”的概念含义，我们据此厘定，“国家科技翻译能力”指一国依靠科技相关的行业、机构或个人等的多元主体，借由科技翻译管理、科技翻译实践、科技翻译传播以及科技翻译发展等活动的开展和推进，来推动跨国家、跨语言（语际）间的交流对话和知识互鉴，从而服务于一国在科技软硬实力上的建设与发展、参与国际科技话语体系的构建和国际科技相关标准的制定，从而助力于一国在国际科技领域话语权位和国际核心竞争力的提升。

二、国家科技翻译能力框架、构成及现状

就“国家翻译能力”构成要素而言，任文、李娟娟（2021：9）将其划分为国家翻译管理能力、国家翻译实践能力、国家翻译传播能力以及国家翻译发展能力四个一级指标能力。四个子能力之间并非形孤影只，而是相辅相成，彼此之间通过显性或隐形关联形成有机互动。我们既要看到“国家翻译能力”的“主体具身性和实践依存性”（蓝红军，2021：20）之特点，同时也要看到其复杂开放性、动态发展性、日臻精进性等特点。基于此，我们结合上述提及并论述的“国家科技能力”概念框架，结合“国家翻译能力”概念框架和相应指标要素（任文、李娟娟，2021；任文、赵田园a，2023）拟议了“国家科技翻译能力”概念框架。见图3-4。

（一）国家科技翻译管理能力及现状

国家科技翻译管理能力旨在为科技翻译活动提供宏观软环境，是一国科技翻译活动得以推进和发展的“外部环境”的能力表征，与上述“国家科技能力”中的科技潜力在内涵与外延上部分一致，是一国围绕科技翻译活动和事业在相关制度的建立、立法规划的制定和执行、考评体系的建立与实施、相关资源的投入与配置等方面的能力。国家科技翻译管理能力对国家科技翻译实践、国家科技翻译传播、国家科技翻译发展能力的理论建设与实践活动有引领、协调和控制的作用。

需要强调的是，任文、赵田园（2023a：47）在采纳国内相关专家的建议后，在原有“国家翻译管理能力”一级指标下增设了“发生紧急事件时极为重要的‘应急翻译管理能力’指标”。这同样

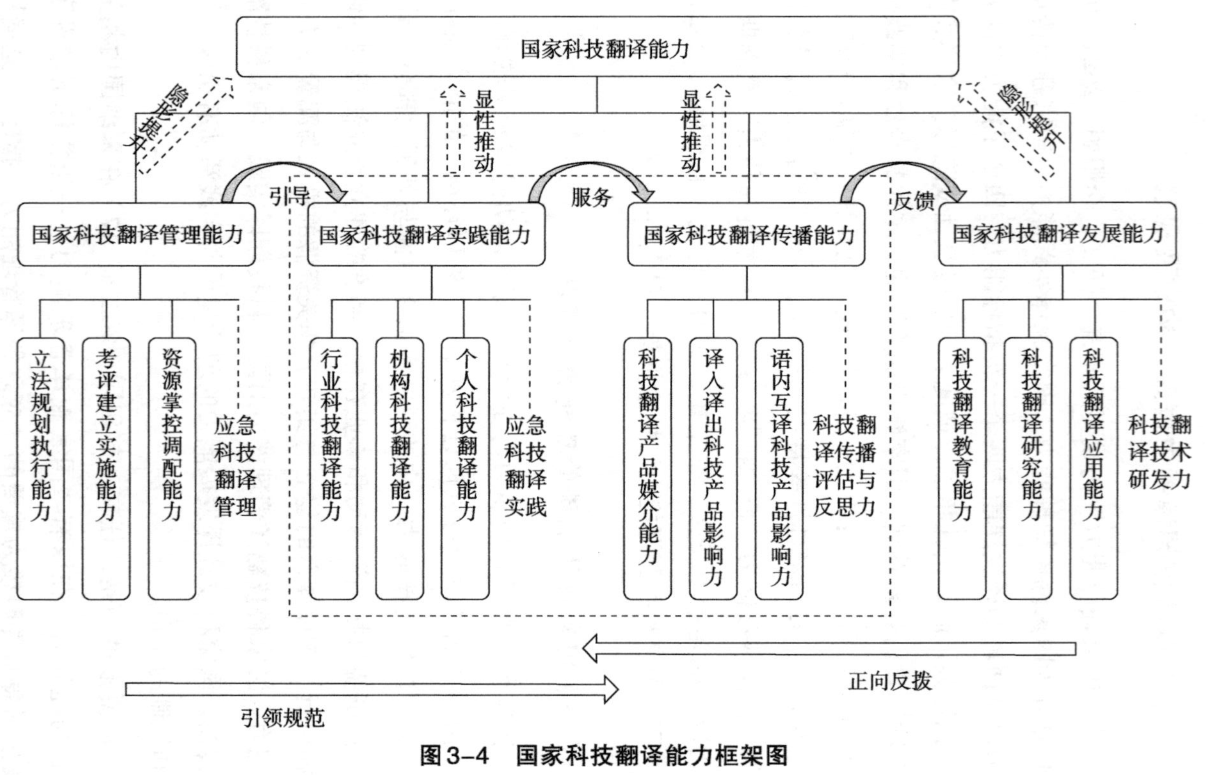

图 3–4 国家科技翻译能力框架图

适用于国家科技翻译管理能力的建设，尤其在近年来我国接连遭遇的诸如地震、疫情等突发重大公共卫生安全事件时，国家科技翻译管理能力的功能与重要性就愈发突显。如2008年汶川地震发生后，“中国21世纪议程管理中心”就即刻组织了国家抗震救灾专家组饮用水领域的相关专家，翻译并整理了由美国环保局提供的世界卫生组织和英国、澳大利亚等国环保部门关于灾区饮用水处理的技术资料，并最终完成了技术知识汇编《地震灾区饮用水处理技术汇编》①。再如2019年，新冠疫情暴发后，我国及时组织专家将基于自身抗疫斗争中积累的宝贵经验而成的《新型冠状病毒肺炎诊疗方案》以及《新型冠状病毒肺炎防控方案》翻译成多国语言，为受疫情影响的国家提供经验和技术分享。②

（二）国家科技翻译实践能力及现状

国家科技翻译实践指以服务国家意志和利益为导向的主体（包含机构、个人，以及人工智能等）在科技维度所开展包含笔译、口译、手语传译和机译（包含人机协同或交互式翻译、AI/机器翻译）等形式的翻译实践。而国家科技翻译实践能力是表征一国在利用相关资源从事科技翻译实践在产出产品上的转化水平或利用程度，其与前面述及“国家科技能力”中的科技产出力在内涵与外延上部分一致。由于科技翻译的复杂性和特殊性，其通常

① 参见中华人民共和国科学技术部网站专题报道《中国21世纪议程管理中心组织翻译〈地震灾区饮用水处理技术汇编〉》，https：//www.most.gov.cn/ztzl/kjkzjzjzzt/kjkzjzjzzx/200805/t20080529_62051.html。

② 参见外交部《2020年3月25日外交部发言人耿爽主持例行记者会》，https：//www.mfa.gov.cn/web/wjdt_674879/fyrbt_674889/202003/t20200325_7815961.shtml。

不包含手语传译的形式。科技翻译实践能力也是国家科技翻译能力最直接的体现。

仅就国家机构主体层面举隅，科技翻译自古暨今一直是国家翻译实践的重要内容。从宋朝的四方馆、元朝的会同馆，到明设四夷馆、清设四译馆及会同四译馆，这些官设翻译机构在各自时期都曾以“国家翻译实践”的方式不同程度地涉足科技翻译活动，为我国科技文化的繁荣与交流做出了一定贡献。不仅如此，回溯古代中国官方对外交流的几大通道，从陆上丝绸之路到海上丝绸之路，从茶马古道到万里茶道，中国与世界在科学技术之维的交流与互鉴历史绵久悠长。张骞两次出使西域，为西方带去了凝结中国古代科技知识和经验的铜器、丝绸等器物以及制铁、纺织等技术，深刻促进了中西文明在器物技术层面的交流和互鉴。而借此开启并渐成的陆上丝绸之路，不仅是古代中西经济贸易往来的交通要道，也是中西科技文化交流的重要通道。据可考史料，中国古代造纸术正是在3世纪沿着丝绸之路进入阿拉伯半岛，后进一步传至西方世界，进而极大促进了西方文艺复兴和宗教改革的发生和发展，[①]对阿拉伯世界乃至欧洲大陆文明的进步具有极为重要的催化作用。可以说，中国自古及今借由文化交流、文明互鉴的通道对外输出的科学技术对于世界文明发展与进步的影响和贡献居功至伟。应当强调的是，中国科学技术西传的影响也是双向的。近代以来，中国向西方科学技术层面的撷取，亦是西方一定程度结合了中国古

① 西方学者评价认为，造纸术和纸张传入西方，是发生文艺复兴和宗教改革的重要因素，其使欧洲文艺复兴时期的成果得以保留，也使宗教改革思想得以广泛传播。而同时，纸的出现还促使诸如书法、绘画、印刷等与纸有关的各类工艺、技术等在阿拉伯及欧洲世界快速发展起来，进而使得社会面貌更加丰富多彩。（葛红，1994：61）

代科技的改进与创造,[①]这些新的科学技术的东传，又促进了现代中国科学技术的发展与进步。

在当下全球化进程日益疾进、科技翻译活动生机蓬勃的时代，无论是自由译者还是机构译者在绝大多数情况下都不可避免地会接触到科技文本，甚至有研究显示世界翻译总量百分之九十以上都是技术和商务翻译。(Olohan，2016：2；袁亦宁，2005：51）科技翻译实践愈趋日常化、普遍化，但翻译市场中也不乏一些翻译产品鱼目混珠的现象。同时，国际市场的激烈竞争对翻译产品的规范化、标准化要求越发严格。因此，国家科技翻译实践能力建设与发展的重要性不言而喻。例如在2015年国务院办公厅印发的“关于做好与贸易相关部门规章英文翻译工作的通知”[②]中，就明确要求译文质量应“便于国内外各方面更加全面、系统、准确地了解我国与贸易相关的部门规章”，“应确保与贸易相关的部门规章的英文译本符合立法原意，专业术语准确，格式体例规范、统一”；并在“通知”最后对国务院各部委、各直属机构做了“应注重培养精通法律、英文的专业人才，指定内设机构承担翻译工作”的相关要求。

（三）国家科技翻译传播能力及现状

国家科技翻译传播能力指一国在科技翻译实践上产出相关产品的效果与影响力，并具体以科技维度翻译产品媒介能力、科技维度

① 例如指南针的西传，极大促进了西方航海事业的发展；火药及火器的西传，不仅使得西方创建了化学学科，也对西方的军事武器、工业发展起到了重要促进作用。（葛红，1994：61）

② 参见中华人民共和国科学技术部《国务院办公厅关于做好与贸易相关部门规章英文翻译工作的通知》，https：//www.most.gov.cn/szyw/yw/201503/t20150323_118690.html。

译入译出产品的影响力及国内语言科技维度互译产品的影响力等为表征，其与上述“国家科技能力”中的科技效力在内涵与外延上部分一致。

就传播影响力层面而言，从中国古代科技之于世界的影响来看，中国古代四大发明的西传对西方文明及人类历史的发展都产生了不可估量的影响。（葛红，1994：58）中国自古以来通过陆路丝路、海上丝路等官方对外交流通道，向外输出的科学技术为世界科技文明的发展做出了重要贡献。如纸张及造纸术的西传对欧洲文艺复兴的生发，指南针的西传对世界航海业的发展及地区间文化交流的促进，火药的西传对西方现代军事工业发展的催发以及西方化学学科的创立等。李约瑟（Joseph Needham）曾在评价中国古代科技时认为：“中国在3到13世纪之间保持着一个于西方力所不及的科学知识水平”（Needham，1954：3）。就当下中国科技之于世界的贡献而言，近年来，伴随我国在诸如计算机技术（超级、量子）、通信技术（5G）、基础设施建设技术（特高压、高铁、造桥）、航空航天技术、人工智能运用等领域相继取得世界领先水平，[①]我国已渐由世界制造工厂逐渐跻身世界科技创新先进国家行列，对外科技援助和输出屡见不鲜。同时，对外科技援助已成为中国科技部的重要工作之一，仅自2001年到2006年间，就面向发展中国家主办了176场技术培训班，90多个国家的2,947名管理和技术人员参加了学习和交流。[②]但就传播能力层面而言，“中国科技对世界科技发展

① 参见国家自然科学基金委员会网站《BBC盘点领先世界的中国科技：以惊人速度赶超美国》一文，https：//www.nsfc.gov.cn/publish/portal0/tab446/info76017.htm。

② 参见中华人民共和国科学技术部《科技部首次在境外举办科技援外技术培训班》，https：//www.most.gov.cn/kjbgz/200801/t20080116_58520.html。

的贡献尚未得到国际广泛认同”（梅阳春，2014：70），中国科技英译与传播事业不发达是造成这一事实的原因之一。因此，发展国家科技翻译传播能力的重要性显而易见。而对科技翻译传播能力的建设在近年来也得到了国家层面的重视。例如在2021年11月，科技日报社国际部就与中国外文局外文出版社面向科技外宣工作人员举办了一场“讲好中国故事”专题讲座，并同时呼吁加强我国科技外宣能力的建设。[①]

（四）国家科技翻译发展能力及现状

国家科技翻译发展能力是表征一国在科技翻译研究、开发和培育等方面所能提供的基础和条件，指一国在科技翻译资源培育、科技翻译教育、科技翻译应用及研发等方面的能力，与上述“国家科技能力”中的科技发展力在内涵与外延上部分一致。

就国家科技翻译发展能力表征中的科技翻译教育而言，其中的重要一环即是对科技翻译人才的培育与储备。从当下国家科技研究层面来看，我国“科技论文总量和被引次数连续位居世界第二、发明专利申请量和授权量居世界首位”（陈姗姗等，2023：133），科技创新正在多个维度赶超国际科技强国。与此同时，在2021年由全国人民代表大会常务委员会发布的《中华人民共和国科学技术进步法（2021年修订）》[②]中，不仅强调要加强国际科学技术合作，还

① 参见中华人民共和国科学技术部《科技日报社国际部党支部组织举办“讲好中国故事”专题讲座，加强科技外宣能力建设》，https：//www.most.gov.cn/zxgz/jgdj/jcdt/202112/t20211215_178545.html。

② 参见中华人民共和国科学技术部《中华人民共和国科学技术进步法（2021年修订）》，https：//www.most.gov.cn/xxgk/xinxifenlei/fdzdgknr/fgzc/flfg/202201/t20220118_179043.html。

鼓励企业事业单位、社会组织要“通过多种途径建设国际科技创新合作平台”、“参与和发起国际科学技术组织”从而“提供国际科技创新合作服务”、“增进国际科学技术合作与交流”等。进而法案提出国家层面将持续“支持科学技术研究开发机构、高等学校、企业和科学技术人员积极参与和发起组织实施国际大科学计划和大科学工程”。而无论是科技的学术研究还是成果转化，但凡有国际化的需求，就避免不了广义范畴意义上的翻译的参与。综上举凡，可窥得国家在加强科技国际化发展过程中对科技相关翻译人才的持续需求，同时也可以看到，科技翻译发展能力的提高对国家科技国际化发展的正向促进作用。

三、我国科技翻译能力发展前瞻

国家科技翻译能力作为一种新兴概念，它的提出是在国际政治格局剧烈变革、全球新一轮科技革命浪潮迅速席卷、国际产业分工与布局竞争日益激烈等国际形势相互交织的背景下，翻译学科结合自身发展之需，以及应对当下国家和社会发展所面临的重大实际问题和需要所做出的回应和探索。在国际竞争力日益聚焦科技维度的当下，各国越来越重视本国科技的国际化发展以及国际科技话语权位的提升。国家科技翻译能力的提出与建设在积极推动一国科技国际化发展水平、服务一国参与国际科技标准制定、助推一国国际科技话语体系构建，从而提升一国国际竞争力方面具有重要的理论构建价值和实践应用意义。

我们在对助力美国科技进步和发展以及国家科技发展战略制定

提供政策决策咨询的三大机构[①]进行网页内容通览及相关关键词检索后，暂未搜集到与翻译直接相关的政策法规的颁布与实施，而这与英语作为世界通用语不无关联，同时也反映出美国在全球科技领域继续保有的领先地位，使其无须经由翻译的手段来构建和强化自身国际科技话语及话语权位。但从最近美国官方发布的《美国政府关键和新兴技术的国家标准战略》（United States Government National Standards Strategy for Critical and Emerging Technology, 2023）中突出强调在"全球标准制定中继续保持领导力"[②]的表述来看，其对参与国际科技标准制定的坚定决心的宣示，恰恰反映了现当下非英语国家科技翻译能力发展的急迫性。借由一国国家科技翻译能力的建设与发展，积极并广泛参与到全球科技话语与标准的构建与制定、科技进步与发展的事务中，从而提升本国国际竞争力。

本节从"能力"的概念缕析出发，依次借由对"科技能力"、"科技翻译"等上下位概念的逐级推导，初步厘定了"国家科技翻译能力"框架雏形、可能要素及其内涵与外延，并通过举凡现状、发展前瞻的方式，突显了"国家科技翻译能力"建设的必要性和紧迫性。需要强调的是，作为新兴概念，国家科技翻译能力的提出与

① 白宫科技政策办公室（White House Office of Science and Technology Policy, OSTP）、美国国家科学技术委员会（National Science and Technology Council, NSTC）以及总统科技顾问委员会（The President's Council of Advisors on Science and Technology, PCAST）。

② 参见美国白宫网"FACT SHEET: Biden-Harris Administration Announces National Standards Strategy for Critical and Emerging Technology"一文，https：//www.whitehouse. gov/briefing-room/statements-releases/2023/05/04/fact-sheet-biden-harris-administration-announces-national-standards-strategy-for-critical-and-emerging-technology/。

建设并非一蹴而就，其具有开放性、动态发展性等特点。新时代背景下，在推动中国特色哲学社会科学理论话语体系走向世界的过程中，我们既要强调理论的推陈出新，也要看到理论的螺旋式上升的发展规律——即通过学界相关领域学者的通力合作，指摘不足、修正完善从而达至对新兴理论概念的拓展和健全。

第五节　国家影视翻译能力

影视翻译自无声电影时期开始，在以视听作品为载体助力文化传播、推动中外文化互通互鉴的过程中发挥了重要作用。依据翻译方向，我国影视翻译实践以外国影视作品汉译（输入型影视翻译实践）、中国影视作品外译（输出型影视翻译实践）及民族语译制（国内语际型影视翻译实践）三种类型为主，其中有国家的赞助与主导，也有商业翻译活动及非营利、自发性的翻译行为。国家赞助体系下的影视翻译实践，以国家为影视翻译活动的策动者、赞助者和翻译主体，是“主权国家为实现自利的目标而自发实施的自主性翻译实践活动”，符合高玉霞、任东升（2018：132）的国家翻译实践概念界定。因此，我们认为国家赞助体系下的影视翻译实践可称为国家影视翻译实践，隶属于国家翻译实践。国家影视翻译实践在我国广泛存在，外国影视作品汉译实践中的院线进口电影译制，受国家赞助及其制定的翻译政策约束。中国影视作品外译在近年来逐步受到重视，自2012年以来，我国政府先后实施“丝绸之路影视桥工程”、“当代作品翻译工程”、“中非影视合作创新提升工程”等项目，对中国影视作品的对外译制与传播予以大力支持。（金海娜，2020b）民族语译制则是我国“为了使少数民族人民能够看上电影、看懂电影、看好电影”（金海娜，2020a：148），以政府资助的方式将电影译制为少数民族语言。除国家影视翻译实践外，商业翻译及自发性翻译行为也是我国影视译制实践的重要组成部分，以民间力量配合国家政策，推动中国影视文化“走出去”，同时也译介外国影视作品。

一国翻译实践的成败与国家为翻译实践及传播创造的政策环境和发展战略息息相关，考察一个国家对翻译实践的管理、实践、传播及发展能力，即国家翻译能力，对一国的翻译实践有充分的理论意义和实践意义。（任文、李娟娟，2021）作为我国翻译实践重要组成部分的影视翻译实践，探索其实践能力亦对影视翻译实践本身的思考与探讨有积极意义。同时，在当前国内外视听翻译学术领域研究中，关于影视翻译能力的考察主要聚焦在语言习得、译者主体翻译能力与机器翻译能力等方面，而非在国家层面构建影视翻译能力。在语言习得和语言能力训练方面，将影视翻译作为学生语言技能（McLoughlin & Lertola，2014；Talaván，2019；Fernández-Costales，2021）和跨文化交际技能（Horbacauskiene & Bartaskevicius，2019）获取的手段和方式进行研究；在译者主体翻译能力方面，主要通过分析译者的字幕翻译培训模式，间接探讨译者或学生译者的影视翻译能力；（McLoughlin，2009；Eser，2022）在机器翻译方面，机器辅助下的影视翻译能力是该领域学者研究的重心（Bywood，Georgakopoulou & Etchegoyhen，2017）。研究国家影视翻译能力是对国内外视听翻译能力研究领域的有益补充。国家影视翻译能力的构建过程，是把影视翻译放在社会学视角下，将影响其发展的行为主体要素不断显化的过程，丰富视听翻译研究的研究对象的同时，有助于影视翻译研究的社会学转向，勾勒影视翻译学科发展全景。此外，国家影视翻译能力指标体系的构建在宏观上为决策者提供我国影视翻译实践的全景，为衡量影视翻译在提升国家文化软实力和经济硬实力方面提供量化参考。在研究国家翻译能力的建构时，能体现国家利益的“一国之内非国有企业、非政府组织、外企和私人机构的翻译能力，官方语言与非官方语言之间、非官方语言相互之间的互译能力”（任文、李娟娟，2021：11）均纳入了国家翻译能力的考量。因此本节对我国影视翻译能力的探讨将同时包含对国家影视翻译能力和非国家影视翻译能力的考察，结合我国翻译实践现状，探索影视翻译能力的构成要素并将其显化，形成能力要素体系，为丰富国家翻译能力研究添砖加瓦。

一、国家影视翻译能力概念界定及要素构成

国家影视翻译能力的上位概念为国家翻译能力，我们结合国家翻译能力的概念界定，将其具象化处理，使之符合我国影视翻译实践的现状。国家影视翻译能力不仅反映在语言转换能力方面，即影视翻译实践能力，也是国家通过影视翻译行为推动政策实施、开展文化传播、塑造国家形象等能力的综合体现，涵盖由政府、市场、行业等不同翻译行为实施主体的影视翻译实践能力。在社会学视域下考察翻译，翻译实践活动具有社会属性，有制度化倾向。作为一项社会交往活动，会随着实践复杂程度的增加，逐渐走向“依托组织制度的规范化、有序化的固化模式”（任东升、高玉霞，2015b：19—20），在维持自身顺利发展的同时，去向维护更高级社会组织

的意识形态及利益。在我国影视翻译实践图景中，不论是国家影视翻译实践，还是民间影视翻译力量，均会发展为有计划的、有组织的、服务于国家和民族的翻译实践。因此，在衡量国家影视翻译能力时，影视翻译的管理能力作为上述趋势的重要推手和保障，成为关键要素之一。依据国家翻译能力概念和影视翻译实践实施运转的相关要素，国家影视翻译能力划分为四个子能力，影视翻译管理能力、影视翻译实践能力、影视翻译传播能力、影视翻译发展能力。各子能力分别包含二级能力，见图3-5。

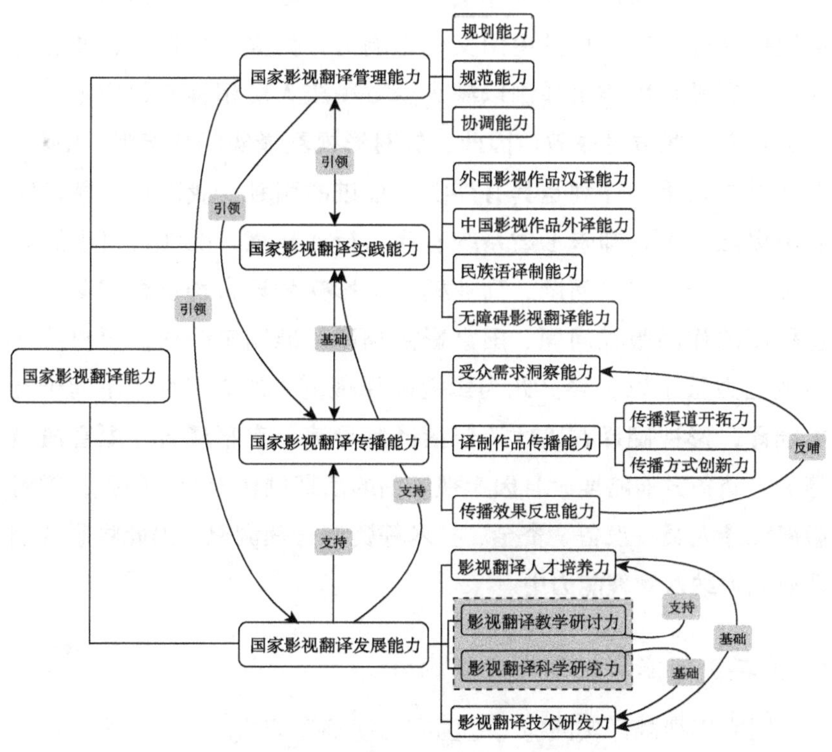

图3-5 国家影视翻译能力构建图

（一）国家影视翻译管理能力

鉴于我国国家影视翻译实践与民间影视翻译实践并存的现状，以及影视翻译实践配合国家对内对外治理的政治功能，我们将一个国家对影视翻译实践的规划能力、规范能力和协调能力纳入国家影视翻译管理能力。民间影视翻译实践是我国影视翻译实践的有益补充，通过合理合法地引导可服务于我国将影视作为公共外交名片的政策落实。国家影视翻译实践具有计划性和组织性，且持续时间长。通过影视翻译实践实现国家政治目标，如通过中国影视作品外译工程提升中国文化影响力，树立文化自信，通过将国产电影进行民族语译制以满足少数民族人民精神文化需求，需经历长期实践方见成效。因此，针对影视翻译实践从宏观、中观、微观颁布政策、计划是其有序实施推进的引领。我国影视翻译实践历史虽久远，却未形成系统有序的行业环境，院线进口电影译制实践中译者署名问题、商业模式下影视翻译市场价格问题、粉丝翻译的作品版权问题、国家影视翻译标准制定等均需要权威性的规范力量予以引导。此为影视翻译规范力的必要性。不同于文本翻译，影视翻译在人才（包括译制导演、字幕译者、配音演员等）的储备方面略弱，且因影视译制的后期制作专业性较强，需对影视翻译人员、设备、资金、技术等资源合理调配，因此将影视翻译协调力纳入管理能力中。

（二）国家影视翻译实践能力

国家影视翻译实践能力是国家影视翻译能力的核心能力，体现为外国影视作品汉译能力、中国影视作品外译能力、民族语译制能力及无障碍影视翻译能力。毋庸置疑，语际、语内转换能力是衡量翻译实践的核心参考要素，而影视翻译实践包含除语际转换之外的诸多要素，对译制作品的最终呈现有不可或缺的作用。我国影视翻译实践的开展有着相似的步骤和流程，所涉及的要素理应纳入影视翻译实践能力体系，如译制影片遴选能力、译制机构或行业资源调配能力、译者群体的字幕翻译能力和配音文本生产能力（即对口型）、译制导演的配音演员挑选能力及导演能力、配音演员的配音表演能力、字幕员的上字幕能力、录音师的混录能力、后期的合成制作能力、译制质量审查能力等。

此外，作为重要组成部分的语际、语内转换能力不仅包含译者的外语语言运用能力与水平，也包含译者掌握外语语种数量。在民族语译制中，民族语言的保护与传承能力和民族语言译者培养能力对民族语译制能力的提升有重要作用。语内转换能力，即口述影像能力、手语能力、现场解说能力等，是构成无障碍影视翻译能力的重要子能力。

（三）国家影视翻译传播能力

对于国家影视翻译传播能力的构建，本节拟从译制作品传播的前期准备、中期传播过程及传播后期反思三个阶段入手。译制作品传播前，需精准洞察和了解受众的偏好和禁忌，广泛开展受众调研，以在作品遴选阶段筛选贴近受众文化诉求和文化消费心理的影视作品，此为受众需求洞察力。

国家影视翻译传播能力在影视作品的传播阶段，包含传播渠道开拓力和传播方式创新力。以中国影视作品外译“中非视听共享”工程实施为例。在传播渠道方面，项目制作方不断开拓和丰富传播渠道，选取线下+线上，传统媒体与新媒体融合的播出渠道，充分利用线下活动、线上互动、电视、网络流媒体平台等传播译制作品，有助于覆盖更广泛的受众。在传播方式方面，采用在海外流媒体平台YouTube搭建中国影视剧专有频道，邀请对象国流量主播助推等创新性传播手段对译制好的中国影视作品宣传推广，取得了良好效果。

除关注传播渠道与方式外，传播效果和受众接收情况的评审评估研究为后期反思提供参考，在及时发现问题、汲取经验的同时，也为影视翻译传播前期的受众偏好调研提供可参考信息。

（四）国家影视翻译发展能力

国家影视翻译发展能力聚焦影视翻译实践的延展要素，即影视翻译人才培养能力、教学研讨能力、科学研究能力及技术研发能力，为影视翻译实践的可持续发展提供基础和保障。影视翻译实践在我国广泛存在，与之匹配的人才储备远远不足，专业影视翻译译者和语种的数量是一方面，译制导演等专业技术人才是另一方面。国家开设影视翻译专业，开展译制技术培训的能力是国家影视翻译人才培养能力的体现。而与之相关的教学探讨和科学研究为影视翻译实践提供理论指导和引领，是人才培养能力的支撑。影视翻译技术研发以影视翻译人才和科学研究为基础，推进影视翻译实践革新。

国家影视翻译能力并非是国家影视翻译管理能力、国家影视翻译实践能力、国家影视翻译传播能力和国家影视翻译发展能力四种相互独立的子能力的简单叠加，而是四种子能力相互作用、相互影响的结果。国家影视翻译管理能力的提升为影视翻译实践、传播和发展提供政策支持和规划，为其提供优质发展环境，影视翻译在人才培养、教学研讨、科学研究及技术研发等方面发展能力的提升基于影视翻译实践与传播经验，又能反作用于实践与传播，为其提供指导，推动其发展革新，是相互统一的辩证关系。

二、我国影视翻译实践现状

当前我国的影视翻译实践由国家影视翻译实践、商业性影视翻译活动及自发性非营利翻译实践组成。国家翻译实践的本质是制度化翻译，即以意识形态为导向的、服务于国家政治体制稳固和国家战略实施等政治价值目标的实现，（任东升、高玉霞，2015b：21）承担着对内建设文化、对外传播文化的重任。国家影视翻译实践亦是如此，包含着眼对内文化建设的院线进口电影译制和民族语译制，以及着眼对外宣传树立国家形象的中国影视作品外译。商业影视翻译活动本质为市场化翻译，以市场为导向，以商业利益与受众喜好为主要驱动力，通过影视翻译换取价值利益。自发性非盈利影视翻译实践为个人或组织自主发起的非盈利、公益性的影视翻译实践活动，有影视作品接收用户发起的粉丝翻译，是用户导向型文化传播活动，由粉丝自行选择翻译片目，审查字幕翻译内容等。同时也有如高等院校、广播电视机构、图书馆、商业性机构等组织自发进行的无偿性无障碍影视翻译实践，利用口述影像、听障者字幕、手语翻译等方式为听障、视障人士译制影视作品。我国影视翻译图景见图3-6（下页）。

院线进口电影的译制由国家发起、赞助并指派国有译制机构，前期的译制影片甄选及后期的译文内容审查均由中国电影集团公司和国家电影局等国有单位把控，不受国外片方干预。在我国，院线

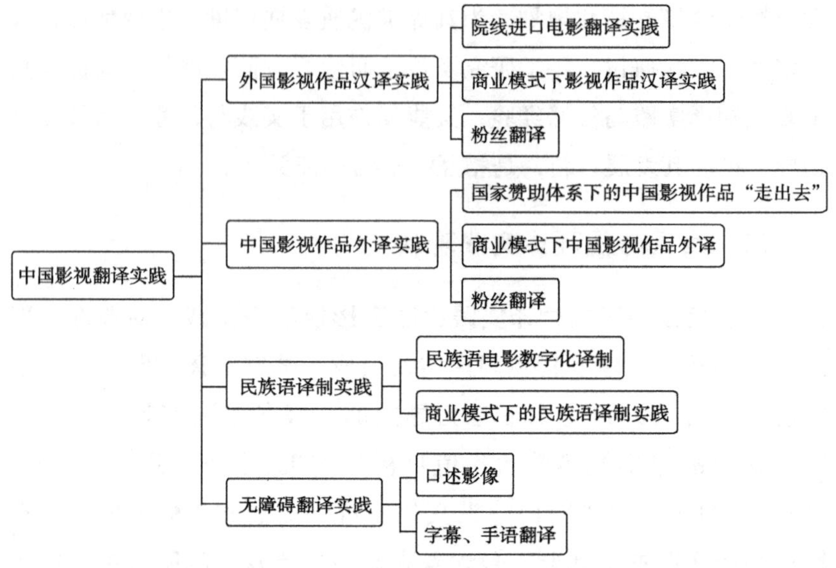

图3-6　中国影视翻译实践图景

放映的外国影片由中国电影集团公司批准进口，中影集团电影进出口公司和华夏电影发行有限公司发行。进口电影的甄选标准与数量制定系国家行为，以维护国家利益、推动国内电影市场发展为出发点。1994年广播电影电视部[①]召开的全国广播影视宣传工作会议确定中影公司每年要组织进口、译制好可以“基本反映世界优秀文化成果和当代电影艺术、技术成就”的10部影片，旨在以外国电影的引进推动实施国家电影发展战略，促进影院建设更新换代，激发国产电影创作活力，丰富电影文化多元发展，推动电影市场逐步健全。（张若琪、孙晖、刘汉文，2014：11—12）

1999年11月15日，中美就中国加入世界贸易组织签订了双边

① 现国家广播电视总局前身，为1986年1月20日至1998年3月10日使用名称。

协定，将分账片的进口扩展到20部，同时确保在协定签署第一年中国至少进口国外影片40部（包括分账片在内），到第三年达到50部（分账片20部，买断片30部）。[①]2012年，中美就院线进口电影达成谅解备忘录，中国在进口20部分账片的基础上，每年至少再以分账形式从美国进口14部特种分账片即3D或IMAX电影。[②]随着进口影片数量不断增加，外国电影的进口同时给中国电影市场带来了残酷竞争，加速其转型升级。外来价值观的输入亦不断挑战中国文化核心价值观，为此，"中国在尽力扩大本土电影市场占有率的同时，也肩负着维护中国文化核心价值观的历史使命"（贾磊磊，2012：4）。于是，2004年，国家广播电影电视总局[③]曾出台进口影片甄选新规：在每年引进的20部分账影片中，美国大片不能超过14部，以保证进口影片风格、产地的多样性。（陈众议、叶隽，2014：164）除此之外，进口电影的译制环节在维护中国文化核心价值观上也发挥了重要作用。我国学者在构建国家翻译实践概念体系时将翻译实践的主体构划分为高位主体、中位主体和低位主体。（任东升，2019：70）高位主体为翻译实践的决定主体，即主权国家；中位主体为翻译实践的发布主体，即国家授权的翻译实践落实组织或机构；低位主体为具体翻译行为的操作者，如译者、配音演员、译文审校员等。我国院线进口片译制的高位翻译主体为国家，中位翻译主体为国有译制机构，即长影集团译制片制作有限责任公

① 数据源自1999年签订的《中美入世双边协定》。

② 数据源自2012年4月15日在日内瓦签署的《中美谅解备忘录》，该备忘录确定了中国院线的电影进口配额。

③ 国家广播电影电视总局：现国家广播电视总局前身，为1998年4月8日至2013年3月21日使用名称。

司、上海电影译制厂、中国电影股份有限公司译制中心、八一电影制片厂。以每年院线进口影片的数量为参照，各国有译制机构专职译员无法承担大量的译制任务，因此，其低位主体除专职译员外，也包含部分以国有译制机构名义委托的翻译个体或机构。进口电影的字幕文本与配音文本受国有译制机构和国家电影局双重审查，是典型的“自控型”翻译实践，翻译质量以自评为主。

中国影视作品外译实践以我国自2012年起陆续推出的“中国当代作品翻译工程”、“丝绸之路影视桥工程”、“中非影视合作创新提升工程”等影视译制与传播工程为主要构成部分。该实践在我国国际传播能力建设发展规划等战略规划的指导下，以社会主义核心价值观为引领，力求讲好中国故事、展示中国魅力，按照区域国别精准向世界翻译推介我国优秀文艺作品，包括电影、电视剧、纪录片、动画片、科教节目等，属于国家影视外译实践。国家广播电视总局和中国电影局作为中位主体牵头并评选优秀国产影视作品，通过招标方式将作品译配委托给低位主体（即译制单位）承担，作品的译制质量委托低位主体中广联合会影视译制与传播委员会控制和把关。为确保译制作品在对象国的有效传播，国家影视外译实践划分区域，如“丝绸之路”沿线国家、非洲地区、阿拉伯地区，甄选贴合对象地区受众喜好、能与其产生共鸣的优秀影视作品进行译制，并辅以丰富的传播模式吸引受众。

市场化影视翻译和自发性、非营利翻译活动作为民间影视翻译力量是我国影视翻译实践的重要组成部分。除院线上映的外国电影外，其他外国影视作品，如电视剧、电影、动漫、纪录片等，主要依靠民间力量的引进与翻译。不同于国家影视翻译实践，民间译制以成本较低的字幕翻译为主。在商业模式下，我国影视公司如腾讯、优酷、爱奇艺等买进海外影视作品版权，译制后在其旗下流媒体平台播出，获取利润。而中国国产电影历来有加注中英双语字幕的传统，一方面方便海外受众欣赏中国影片，另一方面也为国产影片的海外展映、宣传、销售和上映提供了便利。（金海娜，2017b：102）国内影视公司也成立译制部门，在YouTube等海外视频平台上开设频道，播放译制版国产影视作品。海外影视机构，如美国流媒体平台Netflix，也会购入中国影视作品译制推出。此外，国内翻译公司也纷纷开启影视翻译业务，承接字幕翻译和配音翻译任务，成为影视作品流通的有益补充。

自发性、非营利的影视翻译活动主要由粉丝字幕组翻译和公益性的无障碍影视翻译行为构成。新世纪伊始，中国开始兴起由外国影视作品粉丝组成的字幕组，秉承“源于粉丝，服务粉丝”（“by fans for fans”）的理念，志愿翻译海外影视作品。20年后的今天，粉丝字幕组已形成规模，其译制作品播放量可观，成为外国影视作品进入中国的主要推动力量。此外，中国影视作品在海外也有相应的粉丝群体，如以呈现亚洲影视作品为主的Viki视频网站，聚集了数量庞大的各语种字幕翻译志愿者，部分中国影视剧被译入多达三十余种语言，有力推进了中国影视作品“走出去”。另一种公益性的影视翻译活动为无障碍影视翻译。为进一步满足我国视听障碍者对影视作品的需求，部分社会组织如高等院校、图书馆、广播电视台、商业机构等通过口述影像、现场解说、字幕及手语等方式自发对影视作品进行无障碍翻译。

为满足各民族人民群众精神文化需求，我国自20世纪50年代起将电影译制为民族语言，经过六十余年的发展，现已形成11个民族语译制中心组成的全国统一的译制体系，以国家影视翻译实践为主，商业翻译为辅。（金海娜，2020a：148）至2020年，我国汉语普通话普及率达80.72%，仍有接近20%的人民群众无法直接欣赏汉语影视作品。（赵婀娜、吴月，2020）国家通用语言普及率较低的地方集中在边远民族地区，因此，定期将影视作品译制为民族语言有其必要性和重要性。

国家影视翻译能力指标系统庞大复杂，我们只是尝试提出其框架，构成要素的考量及每一个要素的内涵延展均需要广大研究者分别探讨。国家影视翻译能力研究拓宽了视听翻译研究的外延，将视听翻译放置在社会组织体系中进行考察，丰富了视听翻译研究的内涵。

当今，我国影视翻译实践是国家对内文化建设和对外文化传播的重要手段，能力指标体系的构建为我国政策决策提供指标性引导，为影视翻译实践成果质量提供衡量标准，为影视翻译科学研究和技术发展提供方向，是将影视翻译实践发展成为我国文化建设推手的重要参考。

第六节　国家文学翻译能力

近些年来，中国文化“走出去”已经上升到国家战略的高度。自中国共产党十七届六中全会提出让中国文化走向世界，提升中华文化的国际影响力以来，中国政府对于作为“软实力”范畴的文学给予了前所未有的重视和关注。特别是进入新世纪以来，国家出台了多项文化输出战略，相关部门先后推出“中国图书对外推广计划”（2004）、“中国当代文学百部精品对外译介工程”（2006）、“经典中国国际出版工程”（2009）、“丝路书香出版工程”(2009)、“中国文化著作翻译出版工程（2009）”、“中国文学海外传播工程”（2010）。中国文化对外翻译与传播研究中心（CCTSS）自2016年起从651部中国当代文学作品中选出192部小说编成《中国当代文学作品指南》，在网站上向全球招募译者，纳入亚马逊年度海外翻译出版计划。

但是，总体来看，中国文学在海外的传播力还比较有限，在全球发行量中所占比重也较少，翻译作品的生成和传播机制还存在着诸多薄弱环节，在世界文学与文化的交流当中仍然处于比较被动的位置。西方汉学近些年来虽然越来越重视中国的经济、政治、国际关系研究，但是整体而言，中国文学在世界文学大家庭中还处于边缘位置。

国之交在于民相亲。要深入、科学有效地推进中国文化对外传播，实现国家和民族之间的文化交流和民心相通，除了民间交流外，从国家层面而言，还需要加强对国家文学翻译能力的深入研究。基于此，本节尝试回答以下两个问题：传统译论中中西方学者对文学翻译能力都有哪些论述？国家文学翻译能力的概念及其构成如何界定？在以上概念界定和现状分析的基础上，就国家文学翻译能力的未来发展提出一些建议。

一、文学翻译能力概念辨析

一般而言，翻译有文学翻译和非文学翻译之分。相应地，翻译能力有文学翻译能力和非文学翻译能力的区别。若探讨一个国家的文学翻译能力，需要首先了解中西方学界对“文学翻译能力”是如何界定的。下面我们将简单回顾中西方传统译论中有关文学翻译能力的论述，尝试阐明什么是文学翻译能力。需要指出的是，中西方翻译史中明确以翻译能力为话题来论述文学翻译的并不多见（因为翻译能力这一概念本身就是一个现代的翻译学概念），但是却有不少论述涉及译者从事文学翻译所应具备的条件和应具备的素质。这些论述虽然是经验式的译家译论，但却是理解国家文学翻译能力及其构成要素的前提和基础。

（一）中国传统译论中有关文学翻译能力的论述

五四运动以前中国有三次翻译高潮：从东汉到宋的佛经翻译，明末清初的科技翻译和圣经翻译，以及鸦片战争以后的西学翻译。由于文学翻译在历史上的这三次翻译高潮中仅是涓涓细流，是翻译大潮中的浪花，在考察传统译论中有关译者文学翻译能力的论述时，我们参考陈福康（1992）对中国译学史的阶段划分，聚焦于近代、现代和当代三个阶段。

近代译论始于鸦片战争后，止于五四运动前。这一阶段对译者能力有颇多论述的是倡导翻译政治小说以强国的梁启超。梁启超在《变法通议》（1897）中专辟一章《论译书》，明确提出了“必以译书为强国第一义”的观点，提出了国家应该“养能译之才”。对于什么是能译之才，他解释说：“凡译书者，于华文、西文及其所译书中所言专门之学，三者通具，斯为上才；通二者次之；仅通一则不能以才称矣。”除了强调译者要具备中外文语言能力外，梁启超认为一个合格的译者还需要了解所译之书的题材，其学识能力要达到著作者的学术能力。用当代的话语阐释梁启超的“能译之才”，就是说译者应具备双语能力、题材知识以及与作者相当的学识修养。这一阶段对于译者能力有所论述的还有林纾。林纾不懂外语，但却与其口述者合作翻译了180多部外国小说，在翻译的数量上时人无所能及。苦于不懂外语，需依赖他人从事翻译，他特别强调外语学习的重要性，认为自己的翻译“均恃耳而屏目”，是“吾生大不幸”，“颇自恨不知西文”。他提出学堂中应该中文和西文并重，以培养像严复一样的翻译人才。另外，他还谈到了译者学识水平之难能，提出“非史才便不敢任译史书”的观点。可见，他对双语能力以及专门知识在翻译人才培养中的重要性都有颇为深刻的认识和见解。

茅盾在20世纪20年代初对译者的条件和修养做过重要论述。他认为，翻译文学作品的人，首先要了解文学，掌握一定的批评文学的知识，了解原作的意义和特色；第二最好有专门研究一国或一家文学的人来翻译某文学家的著作，因为“专一自然可以精些”。他明确提出了翻译文学的译者应具备的三个条件，认识到译者本身的素质条件是成功进行文学翻译的保障。茅盾在30年代又进一步强调了文学译者应具备的两个能力：彻底理解原作的能力和写作的能力。除茅盾外，这一时期对译者的条件进行了较为详尽论述的还有郁达夫。郁达夫认为翻译有外在条件和内在条件两个方面：严复提出的信达雅是翻译的外在条件，是译者翻译一般作品时应遵循的标准；而学、思、得则是译者从事翻译之前应该具备的内在条件。在这三个条件中，郁达夫认为“最要紧的一个条件”是“得”。译者“动手翻译之先，至少先要完全了解原作者的精神，而原作者精神的了解，不是单因通外国文字可办得到的”（转引自陈福康，1992：277）。郁达夫所提出的翻译的内在条件是自彦琮提出译经者的“八备说”以来有关译者应当具备的前提条件的较为详尽的论述。他的贡献不仅在于对严复的翻译理论做了进一步的补充，还在于对于文学翻译者应该具备怎样的内在条件才能做好翻译做了较为深刻的论述。（陈福康，1992：276）30年代对译者的条件做过较为详尽论述的还有林语堂。林语堂认为翻译是艺术，在《论翻译》一文中论及翻译艺术所依赖的条件时，他谈到了译者应该具备以下条件：第一是译者对于原文文字上及内容上透彻的了解；第二是译者有相当的国文程度，能写清顺畅达的中文；第三是译事上的训练，译者对于翻译标准及手术的问题有正当的见解。他认为一个合格的译者需要具备三样责任心：对原著者的责任、对中国读者的责任以及对艺术的责任。"三样的责任心备，然后可以谓具有真正译家的资格"。作为一个优秀的文学翻译家，傅雷对文学译者应该具备的条件有极为深刻的认识。他认为，一个文学翻译工作者须对原作有深刻的理解、体会和感受。对于一部要翻译的作品，译者需要读四五遍，才能"把情节、故事，记得烂熟，分析彻底，人物历历如在目前，隐藏在字里行间的微言大义也能慢慢琢磨出来"。其次，一个文学翻译工作者还须认清自己的所短所长，弄清楚自己适宜翻译哪类文学作品，不适宜翻译哪类作品。"不善于说理的人不必勉强译理论书，不会做诗的人千万不要译诗"，免得"用哈哈镜介绍作品"，做"文艺的罪人"。第三，文学翻译工作者要想译好伟大作家的作品，还需要丰富的人生经验和全面的学识修养，需要训练自己的"观察、感受和想象的能力"。

（二）西方传统译论中有关文学翻译能力的探讨

西方翻译史历时两千余年，有关翻译的论著也是汗牛充栋，其中不乏文学译者翻译能力的论述。贯穿西方翻译史的有两条主线：

一是文学翻译，一是《圣经》翻译。下面的探讨以文学翻译能力为主。

古罗马著名演说家、政治家西塞罗（公元前106—前43）被西方译界视为西方翻译史上的第一个翻译理论家，他对翻译标准和翻译方法都有深刻的见解。在谭载喜归纳的西塞罗的四点翻译见解中，第三点谈到了译者的条件：翻译狄摩西尼的人必须自己也是狄摩西尼式的人物，强调了译者应该与作者一样具有同样的演说能力。（2000：23—24）

英国诗人、翻译家温特华斯·狄龙在其翻译论著《论译出的诗》中对诗歌译者应具备的条件提出了自己的观点。他认为译诗的人不仅自己必须是诗人，而且还必须具备所译诗人那种特殊的天赋。此外，译者还必须了解自己的情趣，在从事翻译之前，应该像选择志趣相同的朋友一样选择题材和作者，同作者建立起一种“友谊”。他认为只有这样译者才能在思想、言语、风格和灵魂上与原作者保持一致，译出像原作一样的优秀译作。（谭载喜，2000：150）英国作家和诗人德莱顿的观点与狄龙的观点有相似之处。他认为译诗者必须是诗人，译者最好翻译与自己性格相似的作者。文学译者必须像艺术家一样，具备高超的艺术鉴赏力和表现力。

泰特勒在他的著作《论翻译的原则》（1791）中提出了好的翻译所遵循的三个准则：第一，译作应完全复写出原作的思想；第二，译作的风格和手法应和原作属于同一性质；第三，译作应具备原作所具有的通顺。在此基础上，他将译者的能力与翻译的准则联系起来，进一步论述说，要实现第一个准则，译者必须精通原作的语言，熟悉所译题材。要实现第二个准则，译者必须具备辨认原作风格特色的本领，能够准确判断出原作风格是高雅华丽的还是朴素无华的，并且有能力在译文中明显地表达出来。如果译者缺乏鉴赏力，表现不出原作的风格特征，那么即使他对原作的意思了如指掌，也只能译出歪曲原作意象的译作。要实现第三个准则，译者就必须做到“既用原作者的灵魂、又以自己的发音器官来说话”，能够像画家一样，用的虽然不是与原作相同的色彩，但却能够给译作的“画面”以同样的力量和效果。此外，泰特勒在书中还专门论述了衡量优秀译者的标准问题，指出一个优秀的译者必须具备近似于原作者的才华，能够用原作者所用的体裁进行创作。

当代翻译理论家奈达在《翻译科学探索》（Nida，1964）一书中对译者提出了六条基本要求：第一，译者应精通原语；第二，译者应能够娴熟运用译入语；第三，译者应透彻理解相关的题材；第四，译者应具备移情的能力；第五，译者应具备文学表达的能力；第六，《圣经》译者还应对上帝有敬仰、虔诚之心。对于以上六条，奈达逐条做了详细的阐述。他认为，精通原语不仅意味着译者要理解原文中的信息内容，而且也要了解意思的细微涵义、词语的主要感情价值以及决定信息“感觉和风味”的文体特征。相较于对原语的要求，奈达对于译者掌握译入语的程度更为强调。他认为译者可以通过字典等途径获得对原语信息的理解，但对于要精通译入语这项工作却是没有什么可以替代的。他进一步指出，人们懂一种语言并不等于他对该语言中的某一特定题材非常了解。所以，译者在翻译过程中还需要熟悉所译内容涉及的相关主题知识。第四和第五条都与文学翻译密切相关。前者强调译者与原作者要感情上相通，后者强调译文要有文采。第六条虽然是针对《圣经》译者而言的，但对于一般翻译来说，也可以看作是对译者的翻译态度和责任心的强调。

综上，通过梳理中西方翻译史有关文学翻译能力的论述，可以看到，不少论述强调译者从事文学翻译所应具备的条件，或对翻译主体应该具备怎样的文学修养和素质。在此基础上，我们认为文学翻译能力是译者能够胜任文学翻译任务所必需的潜在的知识和技能体系，主要包括译者的双语能力、对所翻译的文学作品主题知识的掌握、文学审美和文学语言表达能力。

二、国家文学翻译能力定义及其构成要素解析

目前国内外学界所探讨的文学翻译能力大多聚焦于个体翻译能力，而非国家文学翻译能力。从历史的长河来看，大多数情况下文学翻译能力都是指个体的文学翻译能力。但是，就宏观的国家层面而言，一个国家的文学翻译能力显然不是个体译者文学翻译能力的简单相加所得出的总和。我们根据任文和李娟娟（2021）对国家翻译能力的定义，结合中国的国家文学翻译活动，尝试界定国家文学翻译能力，并进一步探讨其构成要素。

与其他类别的国家翻译行为相同，国家文学翻译活动的主体并不仅仅是文学译者，还包括文学翻译的管理者、出版社的编辑、译文发行者等参与并影响文学翻译和传播活动的任何行动者。作为国家文学翻译活动的主体，这些参与者的行为都以某种方式体现了一个主权国家的利益。也就是说，国家文学翻译能力是指一个国家为了实现本国的国家利益，由国家主管部门制定并实施有关文学翻译的相关规划和政策法规、掌控文学翻译相关资源、开展文学翻译实践、提升文学翻译传播效果及培养文学翻译人才等发展翻译及相关事业等方面能力的总和。具体来说，国家文学翻译能力包括文学翻译管理能力、文学翻译实践能力、文学翻译传播能力和文学翻译发

展能力四个子能力。

鉴于国家文学翻译能力可以指任何国家的文学翻译能力，包括译入和译出两个方向，涵盖内容丰富。为了讨论的方便和深入，下面我们主要以中国的文学翻译能力为例，从文学翻译管理能力、文学翻译实践能力、文学翻译传播能力和文学翻译发展能力四个方面阐释国家文学翻译能力的构成要素。因篇幅所限，论述主要聚焦于新中国成立后创建的两本国家级文学期刊《世界文学》和《中国文学》的文学翻译活动。

在具体展开讨论之前，我们先简单介绍一下《世界文学》和《中国文学》这两本期刊。之所以选择这两本期刊，是因为它们都是我国政府长期以来一直赞助的国家级文学翻译刊物，是"涉外的两家（期刊）唯一中央一级，一主内，一涉外"（王友贵，2015：19），其翻译活动可以充分体现我国国家文学翻译能力的各个子能力。

《世界文学》创刊于1953年，其前身是《译文》，1959年易名为《世界文学》，办刊宗旨是向中国读者介绍外国文学，也是中国大陆很长一段时间以来唯一一份正式公开发行的翻译外国文学期刊。《中国文学》创刊于1951年，隶属于中国外文局，其创办宗旨是向国外读者介绍中国文学。在新中国文艺发展史上，两份期刊一直受到中央相关部门的领导，比如《世界文学》的前身《译文》和《中国文学》早期的主编都曾由当时担任文化部长和作协主席的茅盾一人兼任。

（一）文学翻译管理能力

就中国的国家文学翻译活动来说，自20世纪50年代以来，文学翻译不论是译入还是译出，都是由中央政府的主管部门负责管理，主要包括中共中央宣传部、国务院文化部和出版总署等。国家层面的文学翻译行为和出版，都由国家统筹规划，而出版社之间有明确的分工，如商务印书馆主要负责引进和翻译外国哲学和社科著作，外文社主要负责对外宣传和翻译。《世界文学》（其前身《译文》）负责外国文学汉译，《中国文学》负责中国文学外译。通过对翻译出版分工的管理，国家开始有计划、有组织地进行外国文学的汉译和中国文学的外译工作。新中国成立之前的乱译现象和译文质量问题得到了纠正，中国的文学翻译活动在政府的管理下逐步走向有序管理，译文质量得到了保障。

在具体实施层面，国家文学翻译管理主要体现在出版社和期刊编辑部负责人就有关文学翻译活动所做出的相关规定和决策：包括对文学翻译的选材、文学翻译所遵循的原则以及对文学翻译人员的聘用和管理等。以《中国文学》期刊的翻译管理来说，《中国文学》译介什么样的内容很少是由译者来决定，而是由《中国文学》的中文编辑根据作家协会的要求和指示进行翻译选材。被选择翻译的中国文学作品大多数是新中国成立以来的社会主义现实作品，作品内容需要符合毛泽东主席在延安文艺座谈会上讲话的指导精神即“文艺为政治服务”。译者所遵循的翻译原则也是由该期刊的上级主管部门外文出版社制定的。外文出版社为翻译人员所制定的翻译工作条例非常具体，包括翻译标准、中文编辑和翻译人员的合作方式以及有关翻译问题的处理等都有详细的规定。汉学家杜博妮曾经以外来译者的眼光，回顾了自己在外文局做翻译工作的体会，指出了中国国家文学翻译强大的管理能力。（McDougall，2011）在人员的聘用和管理上，译者大多数是体制内的专业译员，由国家提供薪酬和相关福利待遇；译者的稿酬和署名等也都遵循中宣部、文化部、出版署等主管部门颁布的规章制度。

（二）文学翻译实践能力

国家文学管理能力影响着国家翻译实践能力。国家主管部门通过有计划、有组织的文学翻译活动，可以在较短时间内集中全国的优秀文学译者出版高质量的文学译作。翻译作品的数量和质量可以很好地体现国家文学翻译实践能力。就汉英文学翻译作品的数量而言，《中国文学》从20世纪50年代创刊，到2000年停刊，其英译的文学作品数量巨大。据不完全统计，《中国文学》期刊共出版590期，英译中国文学作品3,000多篇。（郑晔，2012：7）80年代初，杨宪益担任《中国文学》主编时，策划并精选《中国文学》翻译的中国文学作品，出版或再版《熊猫丛书》英译文学作品单行本约149部。（耿强，2010a：46）就代表性的外汉文学翻译工程而言，20世纪五六十年代人民文学出版社和商务印书馆推出的四大外国文学译丛（即“外国文学名著丛书”、“外国文艺理论丛书”、“马克思主义文艺理论丛书”和“汉译学术名著丛书”）至今影响深远，“取得了中国译史上前所未有的成绩；为西洋学术和世界文学菁华高质量地进入中国写下了华彩篇章”（王友贵，2015：63—64）。

就文学翻译的质量而言，不论是外译汉还是汉译外，翻译质量都因出版部门所聘请的全国优秀文学译者和出版社严格的编辑把关得到了最大保障。《中国文学》和《世界文学》两个国家期刊上发表的译作大多数都是名家名译，译文质量可靠上乘。例如，杨宪益、戴乃迭夫妻联手翻译的众多中国文学作品，译文忠实，语言流畅，可读性强。他们翻译的《鲁迅小说作品选》不仅在国内多次印刷，而且在英美国家也被多次翻印，成为国外不少高校中国文学教学的教材。《世界文学》发表的外国文学译作，很多都是我国“各种语言学译场首屈一指的人物”。例如，卞之琳译莎士比亚、罗念生译希腊喜剧、周作人译日本文学、纳训译《天方夜谭》等等。（王友贵，2015：302）可以说，通过国家组织的文学翻译实践活动，国外古代、近代的经典文学作品，现当代优秀的域外作品都通过《世界文学》译介到了中国；而与此同时，中国优秀的文学作品也通过《中国文学》被译成英语和法语，介绍到了世界。

但是另一方面，由于国家文学翻译实践具有体制化和自利性特点，文学翻译有时受国际国内政治环境的影响，导致文学作品翻译的选篇和质量都存在着一些问题。例如，《世界文学》前身《译文》的选篇，其原文大多选自苏联，直接选自西欧、北美或拉美的文学作品少；有时又配合国家外交和政治，选译了一些文学价值不是很高的作品。（王友贵，2015：307—309）就汉译英而言，《中国文学》上发表的有些译作质量较差，有些原作被随意改写或删减，破坏了作品的整体性；有些翻译过于意译，翻译腔重，没有译出原作的文学韵味。作为长时期以来新中国唯一的国家级对外文学译介刊物，《中国文学》所聘用的翻译人员既有国内一流大学的高校毕业生、国外留学归来的学者，也有外聘的外国专家。遗憾的是，除了戴乃迭和沙博理等少数译者是以译入语为母语外，绝大多数翻译人员都是中国人，所做的都是译出翻译，其译入外语的能力影响了文学翻译的质量。

（三）文学翻译传播能力

《世界文学》创刊的目的是向中国读者介绍外国的优秀文学；而《中国文学》创刊的目的则是向英语读者介绍优秀的中国文学。所以，将一国的文学作品翻译成另一种语言还只是传播他国文学作品的第一步。翻译文学作品要受到他国普通读者和专业读者的欢迎，还需要关注文学翻译的传播能力。

自《译文》创刊到易名《世界文学》，大量的外国文学作品被译成汉语。它们不仅滋养了一代又一代的外国文学爱好者，也影响和培育了无数优秀的中国作家。在《20世纪下半叶中国翻译文学史：1949—1977》（2015）中，王友贵专辟一章（第八章）从普通读者和专业读者两个维度阐述了翻译的外国文学作品对读者的巨大影响：对普通读者而言，翻译文学是他们业余文化娱乐活动的一个重要部分；对专业读者而言，翻译文学是点燃和启发他们创作文学之火的明灯。当代作家如王蒙、赵丽宏、王小波、莫言、余华等的文学创作无一不受到翻译外国文学的影响。正如王家新所指出的，现代中国作家虽然用汉语写作，但他们的成才之路多半“取道斯德哥尔摩”，即他们的文学营养里多半有翻译文学。（转引自王友贵，2015：229）窥一斑而见全豹。由此可见，《世界文学》上发表的优秀外国文学作品对中国读者产生的持久的、深刻的影响，说明了国家组织的文学翻译活动所具有的强大的传播能力。

与外国文学作品的汉译相比，中国文学作品的英译传播能力和效果要弱一些。外文局作为国家外宣机构，将外文出版社出版的《中国文学》纳入到其国际销售网络中去，由设立在国外的专门国际书店负责销售。然而，由于当时西方对中国的冷战政策以及中外意识形态的不同，《中国文学》很难在英美国家通过正常的途径进行销售，而为数不多的购买者大多也是对中国友好的人士或对中国感兴趣的读者。相当一部分《中国文学》期刊都是通过使馆等驻外机构以赠送的方式发放给感兴趣的英语读者。总体而言，中国文学作品在海外的传播受制于国际大环境的影响。当然，影响《中国文学》翻译作品在国际上传播的因素还有很多。例如，该刊的目标读者虽然是英语读者，但是长期以来一直缺乏明确的读者对象：是对中国文学感兴趣的普通读者还是受过高等教育的知识分子？其次，由于刊物所选择翻译的文学作品主要是由作家翻译协会和编辑部的中文编辑负责挑选的，不甚了解译入语国家读者的需求，很少西方读者会对与自己国家文学作品阅读趣味迥异的《中国文学》英译作品感兴趣。第三，是我们前面所谈的翻译质量问题。翻译质量不好的中国文学作品对中国文学的国际传播只能起反作用，把外国读者拒之于千里之外。《中国文学》2000年停刊也从一个方面反映了该刊的传播能力受挫。

（四）文学翻译发展能力

任文和李娟娟认为，国家翻译发展能力主要包括“翻译语种和人才储备、翻译教学与研究、翻译技术研发等方面的能力”（2021：11）。《世界文学》和《中国文学》作为国家级涉外期刊，其文学翻译的管理能力、实践能力和传播能力都有着鲜明的国家机构特点：不仅具有强大的行政管理能力，庞大的产出能力和全国官方渠道/国际渠道的传播能力，还有很强的文学翻译发展能力。无论是译入还是译出，国家文学翻译的主管部门都曾注意到文学翻译的传播效果问题，并通过编辑部进行了相应的改进和调整措施，如在发行期刊中附有读者意见反馈表，调整翻译人员的管理、修订翻译规定等等。例如，80年代改革开放后，《中国文学》曾邀请著名翻译家杨宪益担任编辑部主任。在其任职期间，杨宪益效仿英国出版社出版的“企鹅丛书”，将《中国文学》出版的优秀中国文学翻译作品加以甄选，由外文出版社出版了系列“熊猫丛书”，推动了中国优秀文学作品的对外传播。《世界文学》前身《译文》发表的一些外国文学作品早期都是从英语和俄语等转译为汉语的，但是随着国家对非通用语种人才的培养，自80年代以来，更多的翻译摆脱了转译，基本上实现了从原文翻译的“历史性突破”（王友贵，2015：229），保障了译文的质量，很好地体现了国家文学翻译能力的发展。目前，我国高校对更多非通用语种人才的培养，也为未来储备了更多的国家翻译人才。

另一方面，国家作为文学翻译实践活动的管理者和赞助者，其对翻译发展能力的影响也是显而易见的。管理者若对文学翻译的特点不够了解，对文学翻译的原则、标准的制定和对翻译人员的管理等则有可能违背文学翻译活动的基本规律。作为国家文学翻译活动，无论在原文选材、译者聘用、对翻译作品的要求以及销售和传播等方面都需要服务于国家的需求，而某种程度上忽视了接受方读者的需求，所以，文学翻译的传播效果有时会受制于国内政治政策和国际大环境的影响。

三、国家文学翻译能力的现状及未来发展方向

一个国家的文学翻译能力取决于本国翻译人才的培养。很难想象国家的文学翻译完全依赖于别国的翻译人才。而且这样的假设也不现实，国家翻译需求的满足更多地取决于本国翻译人才的培养。

在全球化的大背景下，各国对高水平翻译人才的需求日益增长，目前全球开设翻译口笔译教学项目的高校就多达300多所。中国的翻译教学自新世纪以来，更是突飞猛进，取得了令世人瞩目的成绩。目前翻译学在中国已成为一门独立的二级学科，不少高校形成了本科、硕士和博士三个等级的翻译教学和研究体系。此外，除

了学术型翻译学硕士和博士研究生外，还专门成立了翻译硕士和翻译博士专业学位，招收翻译专业硕士的高校已多达300多所。从高校翻译教学设置和翻译人才培养的角度来看，国家出台的一系列政策和规定一定程度上保障了国家文学翻译人才的培养。与之相适应的是，近些年来文学翻译教学研究和翻译能力研究已成为学界关注的研究热点，取得了一些显著的成果，如南开大学出版社出版的谢天振任总主编的《中国文化外译：典范化传播实践与研究》和浙江大学出版社出版的许钧、李国平任总主编的《中国文学译介与传播研究》系列文学翻译研究丛书。

但是与译入能力的研究相比，我国学界目前关于译出能力的研究较少，基于文学翻译人才培养的文学外译能力研究更少。国际上最早对译出能力进行研究的是澳大利亚学者Campbell（1998）。Campbell强调，译出能力的重点是系统获得目的语语篇能力，即"能用目的语写出合乎规范的各种文体文章的能力"。目的语语篇能力的习得对于文学翻译译者来说尤其重要，是保障文学翻译作品质量的一个基本条件。

西班牙翻译能力专项研究小组（The PACTE group）自90年代起对翻译能力和翻译能力习得进行了持续的实证研究。该项目小组最新的研究结果包括：第一，翻译能力是后天习得的，不同于双语能力；第二，翻译能力影响翻译的过程和翻译的结果（翻译质量）；第三，策略能力是翻译能力中最核心的分项能力；第四，翻译方向（译入母语还是译入外语）影响翻译能力的习得（Albir，2015：259）。可以说，深入研究翻译能力与翻译方向的关系，特别是针对具体的语言对（如汉语和英语）及特定体裁的翻译能力进行研究，不仅可以使高校的翻译课程设置更有针对性，而且对国家需要的高水平翻译人才的培养更具有现实指导意义。

就国家文学翻译人才的培养而言，当前高校本科和硕士层面的翻译教学不论是从课程设置还是师资的角度来看，都是远远不够的，如少有高校专门开设汉英文学翻译实践课程。另一方面，文学翻译能力的培养，也不是仅仅依靠课堂教学就能够解决的，更多的是个人对译入语文学作品的大量阅读和翻译实践。可以说，国家文学翻译能力的发展和高水平的文学翻译人才的培养还需要国家有关部门根据国家的实际需要，从长远出发，进行整体设计和规划。

本节根据中西方传统翻译理论中对文学翻译能力的探讨，尝试对文学翻译能力进行界定。在此基础上，对国家文学翻译能力的概念进行界定并对其构成要素进行了阐释。随后主要以两本涉外国家级期刊《世界文学》和《中国文学》为例探讨了中国的国家文学翻译能力及可能存在的问题，指出国家文学翻译能力的发展和高水平文学翻译人才的培养需要个人、高校和国家三方面的共同努力，以保障国家文学翻译能力的良性发展。篇幅所限，本节只聚焦于中国的文学翻译，主要是从宏观的视角论述两本翻译期刊所展现的文学翻译能力，没有能够结合具体的翻译内容对国家文学翻译能力进行更深入的探讨。希望未来研究可以就不同时期不同国家机构的国家文学翻译能力进行更为深入的探索。

第七节　国家军事翻译能力

军事史研究者在论述冲突时，一般都采用一种“民族国家的本体论”，回避战争中的“文化融合与杂合”（cultural mixing and hybridity），倾向于采用一种“国家对国家、我们对他们的框架……”（Footitt & Kelly，2012：1）。这种做法虽然反映出军事史研究对语言和翻译问题的轻视，但也说明了翻译与军事的紧密联系。既然战争是民族国家之间的敌对行为，那么参战军队必然使用不同的语言。军队之间的沟通必然需要借助翻译。当然，那些主要打内战，且对手也使用同一种语言的军队，其军事活动大多用不到翻译。但即便是这样的军队，往往需要与使用不同语言的他国政府或军队打交道，仍然需要使用翻译。从这个意义上说，军事与翻译天然就是联系在一起的。对于一个国家或是一支军队来说，军事翻译具有非同寻常的意义，军事翻译能力因而与军队的战斗力以及国家的战争和外交能力都有着直接的关系。

对于军事翻译的这种价值，各国军队都有着比较清醒的认识。我军就一直高度重视军事翻译工作，军委原副主席曹刚川上将就指出，“军事翻译是研究世界军事发展，加强我军对外交流的重要桥梁和纽带”，是“推进中国特色军事变革、加快我军现代化建设的需要”（《外国军事学术》特约评论员，2004）。美国传统上虽然不重视军事翻译，但“9·11事件”之后，政府和军方都完全转变了态度，出台了《国防语言转型路线图》（*Defense Language Transformation Roadmap*）等影响深远的政策文件，对包括军事翻译在内的国防语言工作做出了细致的规划与安排，美国国防部甚至把翻译看作是“关键武器系统”（Rafael，2012：6）。

不过，虽然当今世界主要国家都高度重视军事翻译能力建设，但还没有人从国家翻译能力的高度进行梳理与分析，对于国家军事翻译能力的相关概念及构成，我们有必要做一番探讨。

一、文献综述及概念辨析

军事翻译虽然意义重大，但学界的关注却很少，就连“军事翻译”这一概念，目前也还没有一个广为接受的定义，多个与之相近的概念在学界和业界使用。

（一）军事翻译

“军事翻译”（military translation）是使用最广泛的说法，但却很少有人加以明确的定义。在一部影响广泛的军事翻译教材中，作者对“翻译”进行了明确的定义，但却没有对什么是“军事翻译”加以解释，只是结合“军事”的定义，对军事翻译的特点与要求进行了阐述。（杨仕章，2004）《中国翻译词典》中虽然有专门的“军事翻译”词条，但只是对军事翻译进行了分类，对军事翻译需要注意的几个方面进行分析，但并没有解释到底什么是军事翻译。（方梦之，1997：347—348）军队相关部门虽然高度重视军事翻译，但《中国人民解放军军语》等权威文件中并未收录翻译相关词条，自然也没有“军事翻译”。国内文献中只能找到两个“军事翻译”的定义，一个是“军事翻译是指将国外军事文献和其他信息资料，按照其原本的意思，用本国的语言文字表达出来并用于军事理论研究，或将本国军事文献和其他信息资料，按照其原本的意思，用外国语言文字表达出来并用于对外军事交流的一种研究方法和方式”（李效东，2004：93）。另一个是“军事翻译是指在国防建设、战争的准备与实施、非战争军事行动、军事科学研究等与军队或战争相关的活动事项中，牵涉到的把一种语言文字的意义用另一种语言文字通过各种形式表达出来以及把代表语言文字的符号、数码、手势等用语言文字表达出来的社会实践活动”（穆雷、王祥兵，2014：82—83）。

“军事翻译”（military translation）在西方的使用不太频繁，往往与“国防翻译”（defense translation）通用。政府机构，尤其是国防部委托军事翻译任务，或者是专业翻译机构介绍其翻译业务时，有时会用到“军事翻译”的说法，但学界却很少使用这一说法。有一些英美学者在研究军队或军事活动中的翻译活动时，会提及“军事口译”（military interpreting）或“军事口译员”（military interpreter），（Footitt & Tobia，2013）但“军事翻译”的说法很少见，少数使用“军事翻译”的学者大多来自英美之外的国家（如 Jalabneh，1994；Kujamäki，2012；Al-Ma’ani，2015等）。这些学者所说大多是军事机构内的翻译，但未对军事翻译进行定义。频繁使用“军事翻译”且给出定义的，主要是苏联学者。有学者在综合多个定义的基础上，给出了简明和扩展两种定义，前者是“为向武装部队提供语言支持而开展的一种特殊的有中介的跨文化交流”，后者是“武装部队内部一种特殊的有中介的跨文化及双向交流，以军事—政治、军事—技术和军事专业文本作为对象，由职业军事译员在常规或极端军事服务过程中完成”（Balabin，2018：45）。

从军事翻译的实践，尤其是我国的军事翻译实践以及各界对“军事翻译”这一术语的使用情况来看，穆雷和王祥兵的定义最为全面，更加贴近实际，尤其是定义前半部分把国防建设、非战争军事行动、军事科学研究等多种因素均纳入进来，有明显的合理性。李效东把军事翻译定义为“研究方法和方式”，范围太窄，不符合军事翻译的实际。苏联学者把军事翻译局限为服务于武装部队且由职业军事译员完成，也不尽合理，与世界多数国家的现状都不相符。就我国情况来看，军事翻译有两大部分，一是涉及军事内容的翻译，如装备技术资料、军事理论思想、涉军文献（如涉及国防和军队建设的中央文献）等的翻译，服务对象主要是军队，但不局限于军队，也不完全由军队的翻译人员完成；二是为满足军队或国防需求而进行的翻译，内容不一定与军事直接相关，可能由军队人员完成，也可能由地方人员完成。

（二）国防翻译

国防翻译（defense translation）的说法主要见于美国军方，以及一些国家的翻译行业。美国军方通常用“国防语言”（defense language）来指称军队相关的语言事务，具体到翻译事务时，则会使用“国防翻译”或“国防语言翻译”的说法。在专门刊登美国政府承包合同信息的GovCon Wire网站上，就有一些美国军方将其军事翻译任务外包给一些翻译公司的信息。比如2017年12月该网站就发表了一条消息，称美国陆军将一份总额近10亿美元的10年期“国防语言笔译和口译”业务外包给了9家翻译机构。（Hoffman，2017）还有新闻报道称，有翻译公司向美国政府问责局（Government Accountability Office）投诉，抗议美国国防部没有接受其“国防翻译”的投标，但遭到政府问责局驳回。（Burton，2020）其他许多国家的翻译机构，如印度和土耳其的许多翻译公司，在介绍相关的翻译业务时，也都使用“国防翻译”的说法（如Tridindia，2023）。

因为全部由军队或国防部门委托，国防翻译因此属于前述“军事翻译”的第二种情况，涵盖范围比军事翻译要窄一些。

（三）冲突背景下的翻译

进入新世纪以来，西方学界对军队或军事相关翻译的关注度与日俱增，其讨论的内容多数以“翻译”和“冲突”为题，他们讨论的冲突背景下的翻译，与军事翻译有时也比较接近。1999年Roland在分析口译员在国际关系中的重要作用时，就多次提到了战争时期的口译活动；（Roland，1999）2004年英国召开了“翻译与冲突”国际研讨会，同名会议论文集于2007年出版，会上多个发言均考察了战争中的翻译，涵盖了南斯拉夫内战、伊拉克战争、第二次世界大战以及鸦片战争等战争。（Salama-Carr，2007）2006年Baker在其《翻译与冲突》一书中用了较大篇幅分析了武装冲突，尤其是巴以冲突和伊拉克战争中的翻译问题。“假定笔译和口译是战争建制的一部分，在冲突管理中发挥重大作用，受到包括战争贩子及和平活动人士的各方普遍使用。”（Baker，2006：1—2）2012年起帕尔格雷夫·麦克米伦出版公司启动了“帕尔格雷夫战争中的语言研究”系列丛书，直接讨论战争情境中的语言问题，其中多数都是翻译问题，有些书更是直接以“口译冲突”（*Interpreting Conflict*）（Todorova & Rosendo，2021）、“翻译战争”（*Translating War*）（Kershaw，2019）为题。

非战争冲突背景下的翻译，大多不是军事翻译，如文化冲突背景下的文学翻译，既不直接为军方服务，内容也不涉及军事。一些战争背景下的翻译，同样不是军事翻译，既非军方委托，内容与军事也无关。但战争背景下的翻译大多是军事翻译。

（四）国防语言能力

“国防语言”这一说法来自美国。“9·11事件”后，美国出台了《国防语言转型路线图》等多个政策文件，对军队相关语言能力问题做出了规定。国内学界很快接受了“国防语言”这一说法，并开展多项研究。综合美国相关文件及国内学者的研究来看，“国防语言”指的就是军队和国防相关的语言，国防语言能力则表现为“应对国防和军队建设以及国防和军队军事行动（战争和非战争军事行动）所应该具备的与语言相关的能力”。具体而言，这种能力覆盖了“国家和平时期的多样化涉外军事行动、军援军贸、对外军事交流与合作……”以及“军事斗争时期的军事情报收集、战场俘虏审讯、作战地区语言文化与国情分析、军事斗争对内对外宣传、心理战、舆论战、法律战实施等的全过程”（梁晓波，2021：84）。这样看来，国防语言能力是军事翻译能力的一个上位概念，范围更大。

二、国家军事翻译能力构成及现状分析

在军事翻译的定义中，“军事”、“军队”和“国防”这三个关键词都与国家有关。《中国人民解放军军语（2011版）》对这三个词的定义分别为：“一切与战争、国防、军队直接相关的事项”、“国家或政治集团为准备和实施战争而建立的正规武装组织”和“国家为防备和抵抗侵略，制止武装颠覆，保卫国家的主权、统一、领土完整和安全所进行的军事及与军事有关的政治、经济、外交、科技、文化、教育等方面的活动”（全军军事术语管理委员会，2011：1、17、19）。因此军事翻译天然就是一种国家行为，军事翻译能力也是一种国家翻译能力。参考国家翻译能力的研究成果（任文、李娟娟，2021），国家军事翻译能力也可分为管理能力、实践能力、传播能力和发展能力。

（一）国家军事翻译管理能力

翻译管理能力一般可通过“翻译立法规划（相关法律、政策、

规划、标准等）的制定和执行、翻译考评体系的建立及实施、相关资源掌控等方面的能力来衡量”（任文、李娟娟，2021：9）。由于军事翻译的高度组织性和政策性，管理机构的设置情况也是管理能力的一个重要构成。

就现有文献来看，还没有国家颁布过与军事翻译直接相关的法律。虽然少数国家颁布了一些翻译相关的法律，如美国的《法庭口译员法》和奥地利的《鉴定专家与口译员法》等，但都不直接涉及军事翻译。我国虽然有学者2011年就呼吁要推动翻译立法，并在全国政协的会议上提交了相关提案，（黄友义，2011b：30）但直到目前也没有出台专门的翻译法律，现有法律中也没有涉及军事翻译的内容。中国翻译协会发布的多部规范尚未细化到具体领域，也没有军事翻译的内容。翻译政策方面，欧美国家大多有针对军队和国防的语言政策，其中许多内容都涉及军事翻译，如上述美国的《国防语言转型路线图》等。英国针对军队和国防语言需求，也制定了较为完备的政策，（Lewis，2012）而且从二战以来，英国在不同历史阶段还推出了不同的军事翻译政策。（王玉珏，2017）此外，近些年英美等国发动了多场战争，为了满足战场需求，在译者选择、译者管理等方面也都制定了相应的政策。相比而言，我国目前还没有出台全国或全军统一的军事翻译政策，虽然在军事翻译标准、流程、译者/译员选拔与管理等方面，承担翻译任务的单位都有自己的规章制度，但不同单位之间的制度并不统一。

由于法律和政策的缺位，专门的军事翻译考评体系在各国都没有真正建立起来。各国军队在战时征召翻译人员时，都会出台一些具体的选拔标准，但这些标准有时难以得到有效执行。即便执行，往往也比较随意，或者主要并不按照翻译技能来甄选翻译人员。比如在阿富汗战争等几次当代战争中，英美军队聘用的翻译人员大多没有接受过专业的翻译训练。值得注意的是，北约对于军事翻译人员虽然有较为具体的分类标准，反映出该组织对于军事翻译有一定的考评体系。在南斯拉夫的军事行动中，其军事口译人员分为口语能力者（colloquial）、语言专家（linguist）和翻译人员（interpreter）等不同类别。（Kelly & Baker，2013：42–61）不过，英美等国整体上不重视军事翻译，翻译能力考评在一些重要的语言能力指标中也缺位，比如在《北约标准协议6001》（STANAG 6001）这个语言能力量表中，只有听、说、读、写四种指标，没有翻译指标。西方各国的翻译资格考试，比如澳大利亚的NATTI考试，目前都没有军事翻译的内容。我国目前也没有全国或全军统一的翻译考评体系，全国翻译资格（证书）考试目前也没有推出军队版，相关外语能力量表，如《中国英语能力等级量表》中虽然有翻译的指标，但没有涉及军事翻译。有学者建构的《军事英汉口译能力等级量表》尽管专门针对军事翻译，（张蓉，2022）但只是学术构想，尚未真正实施。

之所以出现上述情况，与缺乏专门的军事翻译管理机构有很大的关系。西方各国政府普遍缺少专门的翻译部门，因而没有军事翻译管理机构。但无论是战时还是平时，军队或国防部都有相关部门来管理翻译事务。比如美国的联邦新闻署（Federal News Services）就经常发布国防部或各军种的翻译需求，并公布军事翻译招标结果。相比而言，我国的军事翻译管理机构要明确一些，比如国防部外事办公室就设有翻译室，协调全军的口译业务；中国翻译协会军事翻译委员会负责协调军事研究中的军事翻译，并负责军事资深翻译家评选等工作。不过，我国也没有统管全国或全军军事翻译的管理机构。因为缺少专门的管理机构，各国对军事翻译相关资源的掌控都不是很强。

（二）国家军事翻译实践能力

翻译实践能力“具体表现为笔译、口译、手语传译和机译（机助人译、人助机译、AI/机器翻译）的产出能力”（任文、李娟娟，2021：11）。军事翻译由于其特殊性，通常不包括手语传译，但国家军事翻译实践能力同样可以从“行业翻译能力、机构翻译能力、应急翻译能力”等方面加以考察。

军事翻译可以分为多个领域，社会大众最熟悉、在许多国家最为常见的领域是军事外交外事翻译。西方学者所研究的冲突背景下的翻译，多数都是这一类。整体来看，西方各国，尤其是英美两国，在军事口译建设方面，走的都是非职业化路线，要么依赖具有一定外语能力的军人，要么将口译任务委托给承包商（contractor），也就是各大翻译公司，要么就是在战争所在地聘用当地人，其军队内部很少有专职的翻译人员。从前述苏联学者有关军事翻译的定义来看，苏联有专门的军事翻译人员，军事外交外事口译自然也应该是由军队内部的职业译员来完成。我军也有专门的军事翻译人员，军事外交外事口译大多由这些人员完成。

军事翻译的另一个重大领域是装备技术资料翻译。无论是国外装备的引进，还是国内装备的出口，装备技术资料翻译都是关键的一环。此类军事翻译以笔译为主，也有稳定的口译需求，比如武器装备引进或出口谈判，装备使用培训等场合，都需要借助口译进行。在英美等国承担此类军事翻译任务的大多是地方的翻译公司，这些公司在谈及其业务范围时，往往会有此类翻译。我国对此类军事翻译的重视程度远超西方。早在洋务运动时期，我国几大主要翻译机构的翻译业务中，军舰、枪炮等装备资料的翻译就占了相当大的比例。（闫俊侠，2007）此后引进国外武器装备一直是我国国防建设的重要内容，把外语的装备技术资料翻译为汉语成了军事翻译的主要内容之一。近些年来，随着我国军事科技的进步，我国武器装备的出口和对外援助稳步增长，把汉语的装备技术资料翻译为外语，成为新的军事翻译业务。

军事情报翻译历来是各国最主要的军事翻译类型之一，也是无论平时还是战时都有稳步开展的军事翻译。西方学者研究过历史上一些国家的军事情报翻译，比如二战期间英国针对德国的军事情报翻译，对于军事情报翻译人员的选拔和培训等，做了细致的回顾。（Footitt & Tobia，2013）当前英美等国都维持有规模庞大的军事情报机构，对包括其盟友在内的世界各国进行监视与侦察活动，每天收集的海量信息只有经过翻译，才会最终成为情报。“9·11事件”后，美国政府反思其情报失误，尤其是因为外语人才不足而未能将相关外语信息翻译为英语，其实凸显了军事情报翻译的极端重要性。此外，军事理论翻译和军事政策翻译也是各国长期坚持的军事翻译类型。针对主要对象国的军事理论研究是各国军事研究的重要内容，这种研究必然牵涉到翻译，前述学者将军事翻译定义为“一种研究方法和方式”，原因就在于此。军事政策翻译则既包括把他国军事政策翻译为本国语言，以便作为决策参考，也包括将本国军事政策翻译为外语，以便开展军事外宣。

机构军事翻译能力应从军队内部、政府部门和社会机构三个角度来考察。西方国家的军队大多不设专门的翻译机构，但会指派具有外语能力的军人承担翻译任务，其机构军事翻译能力并不强。不过到了战时，这些国家的军队也会招募翻译人员，在特定战区或部队内设置翻译机构；西方国家政府部门的军事翻译能力，主要是指一些非军队序列的情报机构的军事翻译，比如美国的中央情报局虽然不是军队，但负责大量的军事翻译；社会机构主要是承担军事翻译的各种翻译公司，比如上文提到的从事“国防翻译”的翻译公司。我军设有多个专业翻译机构，机构军事翻译能力较为突出。我国一些政府部门也会承担一些军事翻译任务，比如一些军事政策的对外翻译，就是主要由政府相关部门完成的。社会机构承担军事翻译在我国刚刚起步，但发展势头良好，一些地方翻译公司纷纷成立专门的部门，用于承接军事翻译任务，如北京一家翻译公司就成立了“国防语言服务中心”，全力投身军事翻译。（刘桢珂，2020）

应急军事翻译能力主要用于战时和平时的专项应急任务。无论是战前、战中还是战后，凡是国家间的战争，在每个阶段都有大量的军事翻译需求，用于情报收集、战场喊话、对敌谈判、战俘管理、占领区治理等多种目的，数量和时效性的要求都远超平时，原有的军事翻译人员和工作机制都难以满足需要。这时就需要扩大军事翻译队伍，修订军事翻译政策，改革军事翻译机制。上述英国在二战期间的做法，就体现了这一点。非战时的应急军事翻译任务大多用于大规模的非战争军事行动，或者一些军方负责的国际军事活动。非战争军事行动中的反恐维稳、抢险救灾、国际救援等突发性军事活动，如果牵涉多个国家，就需要军事翻译的支持。这种应急军事翻译的量一般不太大，对日常的军事翻译队伍和工作机制通常不构成挑战，但这种军事翻译往往要求短时间内完成，对翻译技术应用和工作机制安排是一个考验。军方负责的大型国际军事活动，特定时间内对军事翻译的需求巨大，相关部门必须突破常规的工作机制，做出一些专项安排，也具有明显的应急性特征。如2019年在我国举办的第七届世界军事运动会，对军事翻译的需求就非常大，军队翻译专家、地方翻译公司、高校师生共同组成庞大的翻译团队，完成了军事体育翻译任务，组织形式和工作机制都具有应急翻译的特征。

（三）国家军事翻译传播能力

国家翻译传播能力“突出体现国家翻译实践的效果与影响力”，具体包括“翻译产品媒介能力、译入译出产品影响力和国内语言互译产品影响力”（任文、李娟娟，2021：11）。由于军事翻译通常发生在国与国之间，因此国家军事翻译传播能力通常不包括“国内语言互译产品影响力”。

“媒介能力指翻译产品能以何种或多少媒介发布，包括印刷媒介、电子媒介、互联网媒介，或是多种媒介融合。”（任文、李娟娟，2021：10—11）前文所述第二种军事翻译，即为满足军队和国防需求而进行的翻译，通常具有高度的保密性，无论是通过纸质媒介还是电子媒介进行交付，都不会通过大众传媒进行传播。不过此类翻译服务对象明确，传播效果往往有保证。不保密的军事翻译，比如部分军事外事外交翻译和军事外宣翻译，大多都利用多种媒介，向尽可能广泛的受众群体传播。第一类军事翻译，即不一定直接服务于军队，但涉及军事内容的翻译，传播媒介则由传播对象决定。如果服务于军队，则大多有保密要求，很少通过大众传媒进行传播，更不会在互联网上传播；如果不服务于军队，则基本没有保密要求，会通过各种媒介进行传播，尤其是越来越依赖互联网传播。一些智库机构的军事理论翻译，如国内知远防务研究所翻译的一些外文军事理论，通过其网站传播的效果也很可观。

译入产品的影响力之所以体现国家军事翻译能力，原因在于军事翻译的译文可以对本国相关人士和机构产生影响，提升其对外国外军的了解，改变其思想和认识甚至行为，对于提升战斗力乃至赢得战争具有至关重要的作用。比如军事情报翻译的产品往往对战争有着重大影响，其影响力自然毋庸置疑。译出产品的影响力主要表现为外宣翻译的有效性，其意义在于能够构建某一国军队的正面形象，增强国家军事软实力。在战时，译出产品的影响力则主要表现为舆论战和心理战的有效性。一些用本国语言设计的舆论战和心理战素材，翻译为外语后，能否为自己营造有利的舆论环境，瓦解对方军队的信心，甚至不战而屈人之兵，是检验此类翻译影响力的标准。

（四）国家军事翻译发展能力

翻译发展能力主要包括"翻译语种和人才储备、翻译教学与研究、翻译技术研发等方面的能力"（任文、李娟娟，2021：11）。这些方面的能力对于国家军事翻译能力的可持续发展同样至关重要。

对于军事翻译来说，翻译语种和人才储备有两种。一是平时的语种和人才储备。根据国际军事形势的变化，培养或雇用当前没有需求但未来战争可能需要的一些语种的翻译人才，或是针对未来战争的可能需求，对现有语种的翻译人才进行培训，做到战争来临时有备无患。如果像其他领域的翻译那样，等到翻译需求出现时才四处寻找特定语种的翻译人才，或是掌握某种特定技能的翻译人才，大概率会困难重重。这方面成功与失败的例子都很多。沙皇俄国早在19世纪末就设立了东方学院，开设汉语、日语、朝鲜语、蒙古语等语言的学习班，从这些班毕业的军官在后来的日俄战争中"发挥了相当大的作用”（牛立伟，2013：99），这是成功的例子。美国在“9·11事件”前对军事翻译不够重视，相关语种，尤其是阿拉伯语军事翻译人才严重不足，则导致情报翻译迟缓，造成“情报失误”，则是失败的例子。另一种情况是在战前准备阶段组织或征召相关语种的翻译人才，为开战后的翻译需求提前做准备。比如在对印自卫反击战前夕，我军就组织了大量英语、印地语乃至藏语翻译人才，赶赴前线，仅藏字419部队就从内地征调了100多名翻译。（魏碧海，2005：8）相比而言，第一种情况更能体现一个国家的军事翻译发展能力，这种情况更考验决策者的战略眼光和对军事翻译的认识。

军事翻译的教学与研究大多依托院校，但中外情况有所不同。教学方面，苏联和俄罗斯曾经有比较悠久的军地联合培养的传统，形式有两种，即在地方高校设立军事语言系，依托地方高校的强势学科和师资力量，或是聘请地方高校著名专家、学者到军事外语学院等军队院校任教。（牛立伟，2013：95）美国同样注重军地联合培养，除了有专门的国防语言学院培养军事翻译人才外，还在地方高校广泛资助军事翻译所需的外语人才培养。比如1991年美国在其开展的“旗舰语言计划”中，就依据相关法令，对开展外语训练且符合国防部部长认定标准的高校给予拨款，给符合条件的学生颁发奖学金或研究基金，（焦新平，2021：2）其国防语言能力建设走的是一条院校为主体、“军地联合、国内外联合培养、培训和研究”（梁晓波，2018：10—11）的路子。我国的军事翻译教学主要在军队院校进行，军事色彩浓厚，整体教学水平高，但培养的人才数量有限，军队需要从地方高校吸收数量可观的翻译人才，但这些人才在地方高校学习期间，均未接受过军事翻译方面的训练。研究方面，苏联及俄罗斯等苏联成员国家对军事翻译研究比较重视，有一批学者对军事翻译的多个方面开展了较为深入的研究。英美等西方国家总体来说不重视军事翻译研究，现有的研究大多在历史学或国际政治学的框架下开展，军事翻译本身并不是学者们关注的焦点。我国的军事翻译研究虽然规模尚可，但研究人员主要局限于军队院校的教师和军队翻译机构的专业翻译工作者，比较关注军事翻译技巧。近年来一些青年学者在战俘管理中的口译（陈昕，2021；徐珊珊、穆雷、侯新飞，2021等）、军事翻译政策（如王玉珏，2017等）等方面也做了有益的探索。可喜的是，地方高校近年来不断有学者投身军事翻译研究，在军事翻译史研究方面推出了一批有影响的成果。（如罗天、李毅，2014；张旭，2020、2021等）

翻译技术对于特别注重时效性的军事翻译来说意义重大，因此各国军方往往积极资助或组织翻译技术研发，军事翻译通常也比其他领域的翻译更愿意应用翻译技术。事实上，当代翻译技术最早就是由军队资助的，有学者就把美国20世纪五六十年代的翻译技术探索说成是“政府驱动、军方资助”（government-driven and military-supported）（Wong，2015：238），原因即在于此。还有学者指出，美国早期的机器翻译技术研究主要得到了军方和中央情报局的资助，苏联早期的机器翻译技术研究则由克格勃资助。（Quah，2006：59）。之所以如此，是因为二战后美苏两国针对对方的军事情报界都面临海量信息的翻译问题，而且这样的翻译要求快速完成，完全依靠人力不仅成本高，有时也难以满足要求。时至今日，其他类型的军事翻译，如装备技术资料翻译，大多也都面临总量大、时间短、要求高的挑战，对翻译技术的需求同样迫切。另外，随着翻译技术的发展，传统上一些使用人力翻译的场合，也开始使用翻译技术产品。据报道，早在2006年，驻伊拉克美军就为医务人员、特种部队和海军陆战队配备了由IBM研发的翻译机，主要满足美军人员与当地人的口头交流。（新浪网，2006）目前来看，各国军事翻译都迫切需要翻译技术，但对于许多国家来说，新一代的翻译技术大多需要连接互联网才能运行，对军事翻译的保密性提出了较大的挑战，因此有些最新的翻译技术，尚无法直接用于军事翻译实践。

三、国家军事翻译能力发展前瞻

随着各国军事交流的不断深入和国际军事安全形势不稳定因素不断增加，各国对军事翻译的需求也将不断增加，同时信息技术，尤其是人工智能的快速发展，将对军事翻译的各个方面产生难以估量的影响与冲击。可以预见，国家军事翻译能力在今后一段时期将产生显著变化。

军事翻译管理能力方面，各国为了应对不断增长的军事翻译需求，尤其是顺应人工智能的发展，将优化现有的翻译管理机制。翻译立法有望扩展至所有军事大国，以确保军事翻译工作的正规化和法制化，各国的军事翻译政策也将越来越完善，覆盖军事翻译的主要方面。军事翻译管理机构有望更加健全，特别是成立统一管理军事翻译的相关机构。就目前的情况来看，单独的翻译考评体系短期内还不太可能设立，但在现有通用翻译考评体系之上，增加军事知识和军事翻译内容，还是有可能的，也是必要的。军事翻译资源，尤其是双语或多语的军事翻译语料库建设，将成为各国相关机构的重要工作内容。翻译实践能力方面，军事外交外事翻译、装备技术资料翻译和军事情报翻译的数量都将急速增长，各国都将不得不大力提升这几个领域的军事翻译实践能力，具体措施除了加强军队内部的翻译能力之外，还将优化军事翻译外包机制，提高翻译公司承担军事翻译的能力，并加强与非军队的政府部门合作。由于突发武装冲突数量居高不下，反恐维稳等非军事行动越来越频繁，大型国际军事活动越来越多，应急军事翻译需求越来越高，各国都将加强这方面的建设。国家军事翻译传播能力，尤其是译出产品在国外的传播能力，将越来越成为各国军事翻译建设的一个重点，舆论战、心理战等战时的军事翻译传播将仍然受到高度重视，平时的军事外宣翻译将成为各国努力的一个重点，以便推进军事软实力建设和正面军队形象建构，为战时取胜提供重要保证。军事翻译发展能力方面，美国的一些做法将被许多国家借鉴，比如相关语种人才的储备与动态管理、军地联合甚至是国内外联合培养军事翻译人才、高强度的翻译技术研发等，都将在许多国家得到实施。尤其值得一提的是，军事翻译技术的发展，将对多数国家的军事翻译形成挑战。随着ChatGPT等大模型的推出，融合此类模型的翻译技术必将成为军事翻译技术的主流，但个别国家在此类技术上处于绝对领先地位，这样的翻译技术对于其他国家来说就有可能不安全，甚至于其他国家要想研发此类军事翻译技术，也会面临被“卡脖子”的问题。

军事翻译虽然平时社会关注度不高，但一直是国家翻译实践的重要形式，无论是平时和战时都一直在进行，其重要性并不低于其他任何领域的翻译，在特定时期甚至高于所有其他的翻译，军事翻译能力在国家翻译能力中的地位是显而易见的。我们借鉴国家翻译能力研究的相关框架，从四个方面梳理国家军事翻译能力的构成、相关概念及我国与世界主要军事大国的能力现状与做法，不仅有利于我们了解军事翻译及国家军事翻译能力，也为相关部门开展军事翻译能力建设提供一定的决策参考，尤其是对照有关其他国家军事翻译能力的发展历史与现状，查找我国军事翻译能力的优势与不足，有针对性地加强建设，以确保我国拥有足够的军事翻译能力，满足军事斗争准备及国防和军队建设的需要。

第八节　国家医学翻译能力

随着人类卫生健康共同体理念的提出、“一带一路”倡议的推进，中医药的国际化传播和我国对外医疗援助逐步增加，（王云屏等，2017）多边和双边卫生外交和医药科技交流、国际医药贸易、药品监管合作等活动频繁开展，讲好中国医疗卫生故事、展现中国医疗卫生制度大国形象成为时代的需要，医学翻译随之变得更加重要。因此，国家医学翻译能力的现状及发展也得到学界的关注。

一、国家医学翻译能力概念界定

在探讨国家医学翻译能力之前，有必要对其进行定义。我们尝试在国家翻译能力框架内，以医学翻译的定义为基础，推演出国家医学翻译能力的定义。医学，广义讲包括临床医学、基础医学、公共卫生、药学、护理学、医学人文等方向，各方向下又有若干科目，科目下会有更多的主题（图3-7，见下页）。因此，按广义医学的概念，广义的医学翻译应指涉及上述各医学方向、科目、主题的翻译。由于医学的多学科性，我们将医学翻译定义为：为了维护健康、预防疾病所采取的与临床医学、预防医学、基础医学、药物治疗学、护理学等一系列卫生和诊疗手段、生物技术、制药等相关的翻译活动（包括多媒体融合性翻译，如字幕加工、配音等）。

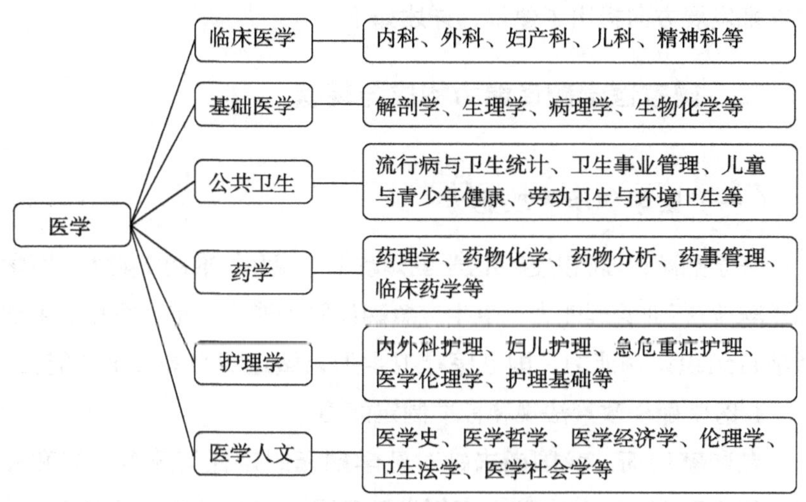

图3-7　我国典型西医院校学科分类

有鉴于上述定义，我们结合国家翻译能力的概念界定，将国家医学翻译能力定义为：一个国家制定实施医学翻译相关规划和政策法规、掌控医学翻译相关资源、开展医学翻译实践、提供医学翻译服务、处理医学翻译问题、发布医学翻译产品、提升医学传播效果，并通过医学翻译教育与翻译研究、语种人才储备、技术产品研发等手段进一步发展医学翻译及相关事业等方面能力的总和。其目的是维护健康、预防疾病，其翻译实践和研究涉及临床医学、预防医学、基础医学、药学、护理学等一系列卫生和诊疗手段、生物技术、药品和器械制造和贸易等相关的翻译活动。

具体来讲，国家医学翻译能力包括医学翻译管理能力、医学翻译实践能力、医学翻译传播能力和医学翻译发展能力等四个子能力。我们通过文献回顾、参与式观察、非正式访谈、内容分析等研究方法调查总结了我国的国家医学翻译能力构成及现状，并基于此对未来发展方向提出了建议，详述如下。

二、国家医学翻译能力构成与现状

（一）医学翻译管理能力

医学翻译管理能力包括医学翻译政策法规和标准制定能力、医学翻译职业/行业管理能力、卫生应急翻译服务能力、重大医疗卫生翻译项目组织协调能力、国家医疗卫生形象塑造能力等五个子能力：

1.医学翻译政策法规和标准制定能力

在国家层面，我国尚未针对医学翻译制定任何政策法规和标准。相比而言，国外在这方面领先于我国，如美国国家医疗翻译委员会制定了医疗翻译行为准则，对从业者素质、医疗翻译的服务对象等，均做出了详细规定。此外，还以立法方式确立联邦公立医院为英语语言水平有限的患者提供诊疗翻译的义务。（朱珊等，2015）我国的医学翻译政策法规和标准制定能力亟待提高。

2.医学翻译职业/行业管理能力

建立翻译人才资格考试制度，是面向规范化管理的第一步。目前，我国只有面向通用翻译人才资格认定的考试（CATTI）。但值得庆贺的是，中国外文局已经开始着手调研医学翻译资格考试实施的可行性。2021年11月，中国外文局翻译院召开全国医学翻译资格（水平）考试线上调研论证会。会上，与会专家围绕《关于推行全国医学翻译资格（水平）考试的调研报告（初稿）》进行了充分交流，对推出医学翻译考试的可行性与必要性进行论证研讨，并针对考试管理与运行方式提出了切实可行的意见建议。[①]可见，我国有望在不远的将来建立起医学翻译人才资格考试和认证制度，推动医学翻译人才职业化、专业化发展，促进社会对医学翻译人才的认可。

3. 卫生应急翻译服务能力

尽管新世纪以来，我国已经经历过两次较大的疫情，虽然学界开展了一些研究，（见后文研究力部分）但目前我国尚未形成系统完善的卫生应急翻译服务机制和能力。（参见国家应急翻译能力一节）

4. 重大医疗卫生翻译项目组织协调能力

重大医疗卫生翻译项目目前仍然由各个机构自行组织，尚未建立医学翻译专家库、语料库、翻译记忆库等大型翻译项目协调参考机制。这里有两个问题，第一是如何确定重大医疗卫生翻译项目，其次是如何组织协调。按目前的形势看，可能都需要国家卫健委、国家中医药管理局等国家级主管部门来负责。

值得注意的是，中华医学会主办的《英国医学杂志中文版》办刊20余年来，组建了一支由500多名医药卫生专家组成的翻译队伍，由杂志编辑部组织翻译相关文稿，此外，还定期召开翻译能力研讨会。（《英国医学杂志中文版》编辑部，2018）此外，临床顾问（up-to-date）数据库所属公司中国办公室组织了国内几百位医学专家和医师，对其数据库进行了系统性翻译。这些实践，积累了人才队伍，形成了一定的语言资产，后期国家可以考虑如何加以利用。

5. 国家医疗卫生形象塑造能力

国家医疗卫生形象塑造在近年来得到了国家相关部委的重视，

---

① 中国外文局翻译院微信公众号消息，http：//www.catticenter.com/fyzgksrzxd/3186。

各方面的学者更是早已行动了起来。2012年，由国务院新闻办公室监制，卫生部编写了*Healthcare in China*（Ministry of Health of the People's Republic of China，2012）的专著，系统性介绍中国的医疗卫生制度发展与成就。20世纪90年代起，中国医药卫生学界学者开始在英文医学学术杂志上发表文章，介绍中国医疗卫生服务体制，（如Dong & Phillips，2008；Liu & Wang，1991；Xian，1992；Shi，1993；Hillier & Shen，1996；Li & Li，2019；Wang et al.，2013；Li et al.，2017）并在相关医学专科杂志上发表文章，介绍专科卫生服务发展成就，如乔杰院士在*Lancet*发表的生殖、孕产妇、儿童、青少年健康的重大特邀报告（Qiao et al.，2021）[①]，再如Xu et al.（2021）介绍中国精神卫生服务的文章。此外，《英国医学杂志》中国卫生制度专辑（*China's health system reforms: review of 10 years of progress*）[②]、Asia Pacific Observatory on Health Systems and Policies发布的*People's Republic of China Health System Review*[③]专著中，都有我国医疗卫生专家的广泛参与，其中也涉及大量翻译工作。

（二）医学翻译实践能力

医学翻译实践能力包括行业医学翻译能力、机构医学翻译能力、应急医学翻译能力等三个子能力。

---

① 该报告有中文译文版。

② https：//www.bmj.com/china-health-reform.

③ https：//apo.who.int/publications/i/item/9789290617280，该书有中文版。中文版作者包括北京大学中国卫生发展研究中心、国家卫生计生委卫生发展研究中心、复旦大学公共卫生学院、山东大学卫生管理与政策研究中心的专家。

1.行业医学翻译能力

根据任文和李娟娟（2021）的定义，行业医学翻译能力主要包括语言服务企业的医学翻译和本地化服务等提供能力，通常通过产值呈现出来。然而，医学翻译行业产值长期缺乏可靠的供求数据。只有周恩（2016）和穆雷等（2017）调查发现医学笔译需求旺盛，人才供不应求。我们尝试以“医学翻译”为关键词进行搜索，截至2022年12月6日，在全国企业信用查询系统“企查查”中可找到51,453条相关结果，在百度推出的企业信用查询工具“爱企查”中可找到52,629家符合条件的企业。大量企业的存在一定程度上反映了医学翻译产业的潜在需求。

2.机构医学翻译能力

根据任文和李娟娟（2021）的定义，机构医学翻译能力主要体现为由政府机构、学校、非政府组织、社会团体等完成的医学翻译任务。以新冠防控相关翻译活动为例，国家卫健委、各外事部门等政府机构、学校、非政府组织、社会团体均有组织翻译，但缺乏一支编制化的队伍，译者基本都是临时受邀参与翻译。（李俊等，2021）组织方包括国家卫生健康委员会国际交流与合作司、世界卫生组织中国办公室等，主要通过熟人网络联系译者。

从出版发行机构的翻译能力来看，在医学译著出版方面各出版社由于经营重点和策略的差异，出版发行量差异较大。以北京大学医学出版社为例，每年大约出版100部医学译著，而清华大学出版社则仅有10到15部。

3.应急医学翻译能力

应急医学翻译由行业、机构或个人共同完成。在2020年新冠疫情应对过程中，医疗卫生行业、机构和医疗卫生人员在积极应对疫情、开展医疗工作的同时，还承担了部分翻译工作（如论文和专著翻译）。此外，外语、外事、翻译机构和从业者也参与了应急医学翻译。但总体来看，条块分割、各自为战的情况比较突出。（李俊等，2021）

此外，新冠疫情发生后，我国学界对疫情应急语言术语翻译和管理（穆雷等，2022）、应急语言服务翻译人才培养（阙红玲等，2022）、应急语言服务视角下的术语表开发（李龙兴、王宪，2021）、应急语言服务响应与人才准备（王立非等，2020）等开展了广泛的研究，其中也涉及了卫生应急语言服务问题。国家卫生健康委员会下设卫生应急办公室，主要职责包括：承担卫生应急和紧急医学救援工作，组织编制专项预案，承担预案演练的组织实施和指导监督工作；指导卫生应急体系和能力建设；发布突发公共卫生事件应急处置信息等。外语和翻译学界应主动与之接触，建立卫生应急语言服务预案，建立卫生应急语言服务体系和能力建设。

（三）医学翻译传播能力

医学翻译传播能力包括：医学翻译产品媒介能力、译入译出产品影响力、国内互译产品影响力等三个子能力。

1.医学翻译产品媒介能力

根据任文和李娟娟（2021）的定义，医学翻译产品媒介能力指医学翻译产品能以何种或多少媒介发布，包括印刷媒介、电子媒介、互联网媒介，或是多种媒介融合。这方面学界研究不足。下文列举几个较为典型的案例：中华医学会主办的《英国医学杂志中文版》杂志和《国外医学》系列杂志，中国出版集团公司主管、世界图书出版有限公司主办的世界顶尖临床医学杂志*Lancet*中文版《世界临床医学》以及荣获第七届全国对外传播理论研讨会优秀案例奖的《新冠肺炎防治手册》汉英翻译项目。

创刊于1998年5月的《英国医学杂志中文版》初期以印刷方式传播，后期结合电子、互联网、微信公众号等多种方式融合传播BMJ系列杂志发表的重要学术论文。（李力、齐文安，2019）《国外医学》系列杂志[①]，以纸质版和电子版形式系统介绍国外医学卫生各方面的最新进展。《世界临床医学》以纸质版和电子版形式介绍国外医学进展。而《新冠肺炎防治手册》汉英翻译项目英文译本则以电子版和纸质版传播至全球20多个国家，并被转译为西班牙语、意大利语等多国语言文字，帮助全球读者了解该疾病的防控与治疗。

2.译入译出产品影响力

“影响力可通过销量、图书馆藏量、阅读/观看次数、媒体关注度、评论、著述引用、进入课堂等方式得以体现”（任文、李娟娟，2021）。我国学界在医学译入译出产品影响力方面的研究尚待提高。目前的文献总体不足，大部分相关研究都是围绕着中医典籍的翻译。（殷丽，2017a、2017b、2017c）自1979年实行“改革开放”政策以来，我国引进了《西氏内科学》等大批英文版医学著作，出版发行汉译本，有的甚至多次再版，但其销量、读者反馈、引用等情况均无可公开查阅的数据。此外，人民卫生出版社等机构摸索出了参考我国高等医学教学大纲、以国外已经获得英文版权的相应教材作为具体资料、编写适合我国教学实际的双语医学教材的新模式，出版了一批双语教材。

① 包括《国外医学病毒学分册》等24种国外医学系列杂志，自2006年第1期起统一变更刊名为《国际×××杂志》，如《国外医学病毒学分册》更名为《国际病毒学杂志》。

《英国医学杂志》等以翻译文章为主的医学刊物的主要办刊目的是为我国英文水平较低的医务人员提供了解国际医学进展的渠道。（李力等，2009）尽管这些杂志办刊经历了许多坎坷与变迁，（李君等，2012）但客观上却提高了西方医学传播至我国的效果和效率。此外，《英国医学杂志中文版》还推出了人文专辑，向我国医务界传播了西方的医学人文思想，（齐文安，2017）并从2013年9月起，开辟“聚焦中国”专栏，专门发表我国学者在《英国医学杂志》系列杂志中发表的原创论文。（李力、齐文安，2019）自栏目开辟后，每期都有文章发表，提高了发表文章的可读性和传播效果。

《新型冠状病毒肺炎预防手册》英译版于2020年3月9日正式向北美地区推广发行。此外，来自加拿大、俄罗斯、西班牙、德国、新加坡、菲律宾、泰国、印度尼西亚等十多个国家和地区的出版机构先后申请合作出版该书。[①]该书在海外由三家出版社先后出版后，得到国际读者的广泛关注，销量与搜索量较好（表3-5，见下页），在美国、英国、德国、日本、马来西亚和泰国等多家网上书店或图书馆均可获取。天马出版公司的英译版本销量达6万。使用谷歌搜索引擎检索三个英译版本的书名，总计有4,064个搜索结果。

从中文译出的，还有大量的学术文献。如李俊承担的《胃食管反流病多学科诊疗共识》、《超声内镜快速现场评估共识》、《慢性阻塞性肺病急性加重抗感染治疗中国专家共识》、《北京市肿瘤统计年报2020》、*Introduction of the Concept of Depression into China* 等。此外，还有大量SCI医学论文在写作投稿过程中运用了翻译服务。

① 中国翻译协会，《中国翻译协会助力中国战“疫”经验国际传播》，http：//www.tac-online.org.cn/index.php?m=content&c=index&a=show&catid=395&id=3657，2020年3月6日。

目前SCI论文在大多数医疗卫生专业人员的职称评审中具有重要作用，有公司专门从事SCI论文翻译和润色等业务。

药品监管申报资料[①]也是汉英医学翻译的主要内容之一。国内已经有数家公司利用人工智能翻译技术辅助+核心审稿团队+兼职译员的方式完成这方面业务。

表3–5 《新冠肺炎防治手册》英译版国际传播效果

出版日期	英译版本名称	出版社	读者购买途径	谷歌搜索结果量
2020/3/10	*The Coronavirus Prevention Handbook：101 Science-based Tips That Could Save Your Life*	Skyhorse Publishing Inc.	亚马逊、Dolly's Bookstore、Blackwells、Dussmann das KulturKaufhaus 书店、Walmart、纪伊国屋书店等	2,390
2020/3/25	*Prevention and Control Coronavirus: The Experts' Guide*	Austin McCauley Publishing	亚马逊、Waterstones、Brown Books 等	304
2020/5/1	*A Handbook of COVID-19 Control and Prevention*	Kanyin Publications	Borders、MPH Online 网上书店、马来西亚商务印书馆、泰国国立法政大学图书馆等	1,370

3. 国内语言互译产品影响力

国内语言互译产品主要涉及民族医药翻译。民族医学自古以

① 如药厂向FDA递交的药物临床试验结果报告等。

来就通过翻译等方式产生相互影响。以藏医为例，文成公主入藏带去中原医学知识在当地经过翻译后融入了藏医，藏医的脉诊就受到了中医脉诊的影响。（崔箭、唐丽，2007）此外，藏传佛教向蒙古地区传播的过程中也翻译和传播了大量藏医知识和实践。（Pitschmann et al.，2013）如今的蒙医中，仍有不少和藏医共用的药物和疗法。（崔箭、唐丽，2007；色・哈斯巴根、张淑兰，2008）

在当代，民族医药翻译工作开展较少，例如，以“侗族医药英译”为关键词进行文献全文检索，均无相关文献。（董捷、易永忠，2020）苗医药对外译介不足，苗医药译者稀少。（王红莲等，2022）至于其影响力，则更是缺乏数据支持。部分论著（如春香，2018）用民族文字写成，但无汉文译本，不利于不懂民族语言的学者研究相关问题。

不过，民族医药翻译方面也有一些好的迹象。如强巴赤列、格央、次旦久美（2013）编写的《中国的藏医》，以藏语、汉语、英语对照形式，介绍了藏医发展史、基本理论、诊断学、治疗学等内容，并附有译名汉藏对照。罗达尚（2018）编写的《晶珠本草正本诠释》有汉、藏、拉丁文对照的数千种药材名称。傣医、蒙医等民族医学方面，也有一些学者进行翻译传播。（色・哈斯巴根、张淑兰，2008）中央民族大学的罗秉芬、容观澳等（2014）对古代藏医文献书名汉英文翻译进行了探讨。其他民族医药翻译工作可借鉴参考。在民族医药翻译工作开展起来后，才有可能对影响力进行深入调查。值得庆贺的是，位于广西的右江民族医学院开设了民族医药翻译MTI，开了我国民族医药翻译硕士人才培养的先河。

此外，国内语言翻译方面，还要关注汉语方言间的翻译交流问题，这涉及跨地区诊疗中的患者安全和医疗质量。新冠疫情防控中，还出现了其他地区援助武汉的医务工作者听不懂武汉话，需要翻译的现象，这说明了即便在如今传媒高度发达的背景下，仍然存在国内汉语方言交流障碍的现象，值得深入研究。

（四）医学翻译发展能力

医学翻译发展能力包括医学翻译语种人才储备力、医学翻译教学力、医学翻译研究力、医学翻译技术研发力等四个方面的子能力。

1.医学翻译语种人才储备力

国内尚无医学翻译人才库。因此，我们从开设有医学翻译的院校的教学语种来探讨语种人才储备。目前来看，已开设的语种包括英—汉（多家院校）、日—汉（西安交通大学、辅仁大学）。此外，上海第二医学院（今上海交通大学医学院）从20世纪80年代起开设临床医学八年制法语班，至今共招生三十届，每届三十名学生。黑龙江中医药大学开设俄—汉中医药翻译课程。至于其他非通用语种与汉语间的医学翻译教育项目，目前尚未见报道。

新冠疫情防控中，我国翻译员随医疗队前往意大利、阿拉伯语国家开展翻译，这说明在未来的疫情防控中有非通用语种医学翻译人才需求。因此，国家至少应储备世界卫生组织工作语言（英语、汉语、阿拉伯语、俄语、法语、西班牙语）译者，但现状是非通用语种医学翻译人才相当缺乏。如新冠疫情期间，广东外语外贸大学派出的阿拉伯语译者是从事阿拉伯文学翻译研究的，在翻译过程中，阿拉伯语—汉语医学术语对译方面面临了极大的挑战。四川大学派去意大利执行翻译任务的教师并非医学翻译出身。派往俄语国家的医学翻译也碰到了类似问题。

建议有翻译教学基础的院校尝试和医学院校联合举办相关的人

才培训项目。此外，在医护人员中，部分人员具备非通用医学外语的能力，应将这部分人员登记在册，录入人才库中，并定期开展相关的研讨（如术语制定工作）。

2. 医学翻译教学力

我国开办医学翻译培训硕士项目的学校有北京中医药大学、上海中医药大学、南京中医药大学、河南中医药大学、湖北中医药大学、广西中医药大学、西安交通大学、重庆医科大学、南方医科大学、台湾辅仁大学、右江民族医学院（民族医药翻译）等。广东外语外贸大学前后开展了三期医学口译工作坊，吸引了大批学生和爱好者。北京大学医学部、北京协和医学院等均建有医学翻译社，面向学生开展医学翻译培训活动，北京外国语大学翻译学院开设医学口译专栏讲座。

西安交通大学和北京大学医学人文学院有较为系统的医学翻译教学。西安交通大学开设的医学方向MTI要求学生口笔译融合发展，教授学生一般性MTI课程，并辅以医学方向翻译课程，此外，该校在翻译硕士教学阶段，不重复本科课程，[①]学生以实践为导向学习，教师以实践为基础教学，师资力量包括早前西安医科大学科技（医学）英语专业培养的人才等。（聂文信等，2013）北京大学医学部自2002年起，举办医学英语专业5年制本科项目，并在招生简章中明确提出将合格的医学翻译员培养作为其培养目标之一，同时教授学生医学和英语知识（医学课程和英语课程大约各占总学分33%左右），此外还设有部分医学与语言融合课，如医学文献编辑、医学英语词汇等。医学课程由医学专业老师教授，英语和翻译课程由

① 该校生源中，约三分之一本科在医学英语专业就读。

该系英语教师教授。学生从二年级下学期开始接受口笔译教育。共开设翻译理论课一门，实践课6.5门，包括英汉笔译、汉英笔译、医学文献翻译、口译基础、医学同声传译、医学交替传译等。在口译课程设置上，分基础口译和医学口译、工作坊和口译实习三个阶段。基础口译阶段，主要介绍口译的基本技巧并提高学生的英汉双语能力，练习材料主题覆盖传统口译练习话题，如政治、经济、文化、社会、外交、科技、教育等。医学口译阶段教学从社会医学和医学人文入手，逐步过渡到临床医学和生物医学，以科普节目和学术会议录音录像为主要教学材料。医学口译教学主题包括流行病学、全球健康、医学社会学、医学伦理学、内科疾病治疗、外科疾病治疗、肿瘤靶向治疗、基因编辑技术等。由于教学时间有限，从各个主题中选取一两个案例进行教学，如内科疾病选择慢阻肺的治疗进行教学。在这个阶段的教学重点包括六个方面：强化双语术语听说、会议语言及英汉会议文化对比、医学各专科和疾病专题知识、生物统计学、流行病知识、医学科研方法。之所以重视统计学知识和医学科研方法是因为国际医学会议大多数学术性较强，交流过程常常涉及这两个方面。在教学过程中，注意强化交传、视译、同传技巧，课堂口译练习和课后笔译、口译练习结合，并按认知模块和知识结构梳理词汇和表达。医学口译工作坊和口译实习等实践教学项目为高水平和对医学口译感兴趣的学生开放。

医疗口译人才培养方面，我国台湾辅仁大学国际医疗口译学程的培养模式和课程设置较为典型。台湾辅仁大学外语学院/跨文化研究所国际医疗口译学程为二年制硕士研究生课程。包括汉英、汉日两个方向，其必修课程包括笔译、文件管理等，共8学分；还有汉英、汉日共同选修课程6门：医疗服务礼仪、国际医疗概论、医疗程序与医务概论、医疗口笔译与医院评鉴、国际医疗保单与核保、医院文件管理（医疗名词解释）（6门课程，总共17学分，要求学生选够8学分课程即可）。针对汉英方向，要求学生在每门2学分、总共17学分的单独选修课中，选到4学分，备选课程包括中英医疗对话口译、中英医疗文件视译、中英医疗逐步口译[①]、中英医疗进阶口译（1学分）、医疗科技翻译等。

3.医学翻译研究力

在国内近30年来针对医学翻译开展的研究中，中医药翻译研究论文发表数量较大，而西医翻译研究发表数量较少。（郭靓靓，2022）这可能跟中医药翻译发表渠道较多、翻译过程中文化负载词较多，国家近年来大力鼓励中医药等传统文化的国际传播，以及西医翻译主要由医学人员而非翻译、外语专业人员完成有关。

在学会协会发展建设方面，近年来，我国先后建立了多个医学翻译相关学会，如世界翻译教育联盟医学翻译与教育研究会、中国中医药研究促进会传统文化翻译与国际传播专委会、中国中医药研究促进会中医药翻译与国际传播专委会等。

在论著发表渠道方面，中医药翻译研究发表渠道较多，西医翻译研究发表渠道较少。在《中国翻译》、《上海翻译》、《中国科技翻译》等翻译学杂志及外语类刊物上均无医学翻译专栏，只有《医学语言与文化研究》学术辑刊设有医学翻译研究专栏，每辑刊载几篇文章。而开设中医翻译专栏的杂志则较多，包括《中国中西医结合杂志》、《西部中医药》、《世界中医药》、《环球中医药》、《时珍国医国药》、《中西医结合学报》等，部分中医院校学报也刊登中医翻译文章。

① 即大陆所称“交传”。

此外，医学翻译教材数量较少，特别是口译、会议口译教材较少，市面上仅有《医学英语实用翻译教程》、《药学英语翻译实践教程》、《医学口译》等少数几本教材，部分院校使用自编讲义授课。

在中国知网中检索可见，近年来，有十多篇硕士、博士论文探讨医学翻译相关内容，这说明医学翻译研究开始逐渐得到学界重视。

4. 医学翻译技术研发力

医学翻译技术研发在国内尚未得到充分重视。多个在线翻译引擎开始关注生物医药领域，用户可选择生物医药作为翻译领域，部分平台还推出了医学文献翻译功能。在语音识别平台上，用户也可选择生物医药作为待识别录音的领域。

医患翻译技术研究方面我国较为滞后。在我国对外援助医疗（Daly et al.，2020）、大型国际赛事（如奥运会）等中（张贺等，2021），跨语言、跨文化医患沟通存在较大障碍，值得深入研发。在国外，日内瓦大学翻译学院已经和日内瓦大学医院合作研究出支持多种语言间的医患沟通翻译平台系统，使用效果检验结果良好。（Bouillon et al.，2017）

三、国家医学翻译能力未来发展

在国家医学翻译管理能力方面：医学翻译政策法规和标准制定能力亟待提高，有望在不远的将来建立起医学翻译人才资格考试和认证制度，推动医学翻译人才职业化、专业化发展，促进社会对医学翻译人才的认可。尚未形成系统完善的卫生应急翻译服务机制和能力，但学界已经开始重视并开展了一些研究。虽然重大医疗卫生翻译项目目前仍然由各个机构自行组织，但部分项目积累了人才和语料，可继续加以开发利用。国家医疗卫生形象塑造在近年来得到了国家相关部委的重视，各方面的学者更是早已行动了起来，可继续保持良好态势。

在国家医学翻译实践能力方面：虽然有大量涉及医学翻译的企业，但翔实的医学翻译市场调查数据尚未见报道，未来可依托相关学会、协会开展抽样调查或普查，摸清供求状况。机构医学翻译能力方面，目前尚不是很清楚，需要进一步调查研究。应急医学翻译能力方面，可以在学界研究基础上，联合国家卫生健康委员会应急办公室探索建立相应的机制和人才网络，以便提高能力。

在国家医学翻译传播能力方面：各种电子和纸媒传播渠道都得到了广泛运用，但传播效果还值得进一步研究。译入译出产品方面，目前只能了解到产品的类别，至于影响力，可能需要联合传播学界开展定量研究，以获取证据。在国内语言互译产品影响力方面，首先需要加强国内语言互译，然后才能对其影响力开展深入研究。

在国家医学翻译发展能力方面：语种人才储备力有限，仅有英汉、英日、俄汉等少数语言对，但我国存在大量外语人才，可考虑外语院校与医学院校联合举办教学项目，补齐稀缺语种人才。医学翻译教学力方面，在英汉、日汉等语种方面，具有较好的基础，可继续保持，中医药翻译硕士教学项目开展较多，民族医药翻译硕士项目已经兴起，诊疗口译、医学会议口译已经开始进入系统化、规范化教学阶段，未来应继续保持。医学翻译研究力方面，中医药翻译研究开展得较好，未来需要鼓励西医翻译研究、民族医药翻译研究，拓宽发表渠道。翻译技术研发力方面，目前已经得到产业界重视，未来可通过产学研结合方式，改善医学翻译技术，拓宽和改善医学翻译技术在各种医学交流场景中的应用。

我们通过文献回顾、参与式观察、非正式访谈、内容分析等研究方法调查总结了我国的国家医学翻译能力构成及现状，并基于此对未来发展方向提出了建议。研究发现我国在国家医学翻译能力的四个方面均有待提高，尤其是医学翻译传播能力方面研究不足、数据缺乏，是未来研究的重要方向。在国家医学翻译实践能力方面，存在条块分割的现象，需要加强顶层设计和协调。国家医学翻译发展能力具有较好的基础，应继续保持并发扬。国家医学翻译管理能力方面有望通过资格考试制度促进行业规范化发展，得到加强。

结语

本书首次从国家层面系统讨论翻译能力问题，相较于过往聚焦个体译者翻译能力研究的zoom-in的视角，这是一种zoom-out的视角，可以让研究者以一种既见树木又见森林的方式，对同一时代、同一文化系统、同一国家的译者和翻译活动进行聚合式、整体性的考察，全面了解国家翻译能力的构成要素，以及一国翻译能力建设如何助力其软硬实力提升，拓展了翻译能力研究的层级和维度。全书通过绪论和三章十九节内容对国家翻译能力这一概念所关涉的核心要素、拓展维度和细分领域进行了探讨和详述。

绪论部分对国家翻译能力这一关键概念进行了定义，将其视为一国依靠机构、个人、机器/人工智能等多元主体，通过翻译实践与传播，以及翻译管理与发展等活动，推动国内外不同语言间开展对话交流与知识互鉴，服务一国软硬实力建设的能力。国家翻译能力由相互关联、相互影响的四个子能力组成：翻译实践能力、翻译传播能力、翻译管理能力和翻译发展能力，它们是国家翻译能力的核心要素。

第一章对这四个核心要素逐一阐发。国家翻译实践能力为一国翻译实践主体履行涉译职能过程中应具备的能力总和，包括机构翻译能力、个体翻译能力和机器/人工智能翻译能力。机构翻译能力表现为机构的翻译项目管理能力，个体翻译能力指译者个人的翻译专业能力。如果说机构翻译能力和个体翻译能力均已包括翻译技术的应用能力，含机助人译、人助机译、译前译后编辑能力等各种形式的人机互动能力，那么此处的机器翻译能力主要指无须人工进行译前译后干预、自动完成全机器交付的翻译任务的能力。

从实质上讲，国家口译实践能力隶属于国家翻译实践能力，但由于本书中的国家翻译实践能力分析更多聚焦于笔译和机译能力，且口译实践能力确有区别于笔译实践能力的鲜明特征，故本书专辟一节讨论国家口译实践能力。国家口译实践的主体同样包括机构、个体和机器。机构口译能力主要指向机构的口译实践筹备、运行和总结能力；个体口译实践能力主要包括双语转换、人机协调与职业发展能力；机器/人工智能口译能力指信息处理、应急实践和综合服务能力。

国家翻译传播能力中的“翻译传播”是指一国翻译产品的传播，该能力指经由翻译将客观上有益于国家治理、对外话语影响和国家立场、利益的信息转化为用国内外不同语言符号表征的信息，并通过有效媒介在国内外受众中传递、接受并进一步获得反馈的能力。

基于绪论框架，国家翻译管理能力可定义为一国制定和实施翻译相关政策、规划、法规和标准，开展翻译职业/行业管理，建设和发展应急翻译服务，组织与协调重大翻译项目，以助力国家形象塑造等方面能力的总和。国家翻译发展能力则指国家通过翻译教育、翻译研究、翻译技术等手段推动国家翻译能力发展的动力与能量，是国家翻译能力发展的条件与路径。

上述几种子能力彼此关联、互动互促。国家翻译实践能力产出不同模态的翻译产品，国家翻译传播能力推动翻译产品的价值实现，两者都属显性能力。国家翻译管理能力为其他三个子能力提供政策法规的指导、基础设施的改善以及各种资源的调配；国家翻译发展能力则为其他三种子能力的可持续性提供语种、人才、智力、技术及其他资源的保障，可被视为隐性能力，但同样十分重要。

第二章是在不同维度上对国家翻译能力的拓展研究。各节基于绪论提出的总体框架，对产业、机构和应急翻译能力，以及翻译教育、研究和技术能力进行了定义。

虽然从广义上看，产业主要由商业机构构成，国家产业翻译能力也可被视为国家机构翻译能力的一部分，但在如中国这样的国家，有大量机构（如政府机构、社会团体、非政府组织等）属于非商业性质，故对两者进行了区分。国家产业翻译能力包含国家产业翻译管理能力、产业翻译需求能力、产业翻译服务能力和翻译技术能力四项子能力。国家机构翻译能力则至少包括翻译管理能力、翻译生产能力和翻译传播能力。国家应急翻译能力定义为一国在面对具有重大社会危害性的自然灾害、事故灾难、公共卫生事件和社会安全事件时，能及时发布并传播应急翻译产品、处理应急翻译问题，有效降低事件社会危害性的能力的总和。

国家翻译教育能力由投入、过程、产出三个维度的要素框架构成。其中投入主要指国家制定的翻译教育政策和规划，过程指标主要体现国家翻译教育培养过程的相关情况，产出指向国家翻译教育所获得的成果。

国家翻译研究能力界定为一国相关研究主体利用研究资源、采用相应的研究方法，发现、分析和解决与翻译实践和翻译认识相关问题的能力，是一个国家在翻译研究方面整体创新实力的体现。

国家翻译技术能力是指一国综合运用各种翻译技术手段、工具和资源发展翻译事业能力的总和，是由翻译技术规划能力、翻译技术标准化能力、翻译技术研发能力、翻译技术应用能力和翻译技术传播能力等五个主要子能力构成的系统。

如果说产业和机构是介于国家和个体层面的“中位主体”[①]，是国家主体的下位概念，那么国家翻译教育能力、翻译研究能力和翻译技术能力则是国家翻译发展能力的向下延伸，也是国家翻译能力多维视角的拓展。

第三章是国家翻译能力在垂直细分领域的探索。第三章各节基于国家翻译能力理论框架，分别对国家法律翻译能力、外宣翻译能力、商务翻译能力、科技翻译能力、影视翻译能力、文学翻译能力、军事翻译能力和医学翻译能力进行了定义，不仅从翻译实践、翻译传播、翻译管理、翻译发展等四个子能力分别进行了阐述，而且在每个子能力下衍生出若干二级子能力，十分具有启发性。

至此，本书作者作为一个学术共同体，围绕绪论提出的国家翻译能力概念框架开展钩深索隐的进一步探索，为国家翻译能力这一研究领域初步搭建了一个具备一定系统性的知识框架。当然，由于参与撰写的作者多达30多位，各自的思路、视角和知识结构不尽相同，研究者们虽已尽力虑周藻密，仍可能存在概念内涵外延阐释不足、各章节之间衔接呼应不够等情况。同时，本书搭建的国家翻译能力的概念系统和知识框架只是雏形，在这一领域开疆拓土仍任重道远，绝不可就此画地为界、闭门造车。无论是对已有研究的纠偏补正、修订改进、拓展深入，还是对尚未触及领域的创新探索，

① 需要指出的是，任东升（2019）所言之“中位主体”专指以国家或政府名义组织、管理国家翻译实践项目实施的机构，并未包括民间机构、非政府组织等，而此处的“中位主体”则包括所有类型和性质的机构。

仍有许多工作要做。比如，国别翻译能力研究以及不同国家翻译能力的比较研究，同一国家不同历史时期（如中国明清时期）的翻译能力研究，首都和国际大都市翻译能力研究，不同机构类型（如超国家机构、国家机构、非政府机构）翻译能力研究，以及更多细分领域的研究，等等，都是尚未开垦的处女地。在一定程度上，国家翻译能力研究才刚刚开始，我们期待更多研究者加入这一学术共同体，在不断丰富深化国家翻译能力研究的同时，也为国际译学理论话语贡献更多中国学者的声音。

参考文献

白玲、冯莉、严明（2018）中国英语笔译能力等级量表的构念与原则，《现代外语》第1期：101–110+147。

彼得·埃文斯、迪特里希·鲁施迈耶、西达·斯考克波编著（2009）《找回国家》，方力维、莫宜端、黄琪轩等译，生活·读书·新知三联书店。

蔡基刚（2020）应急语言服务与应急语言教学探索，《北京第二外国语学院学报》第3期：13–21。

蔡声霞、池洁如（2008）发展中国家技术能力的层次分析，《科技进步与对策》第1期：118–120。

曹韵之（2022）论外宣翻译中自我与他者的对话性，《湖北经济学院学报（人文社会科学版）》第7期：114–117。

常红星（2021）释道安译经“失本”态度问题补证，《中国翻译》第1期：41–47+190–191。

陈福康（1992）《中国译学理论史稿》，上海外语教育出版社。

陈林俊（2020）当代日本灾害应急语言服务研究，《语言文字应用》第2期：69–78。

陈敏（2022）传播学视角下的外宣翻译方法初探——以《今日中国》英译版为例，《新闻传播》第13期：4–7。

陈明明（2015）揭秘两会翻译官，提前三个月起准备材料，《新京报》3月9日A11版，http：//edu.sina.com.cn/en/2015-03-09/151688149.shtml。

陈姗姗、林春培、张向前（2023）面向2035年我国青年科技人才发展机制研究，《科学管理研究》第1期：129–138。

陈劭锋、杨多贵、方新、田野（2001）西部地区科技能力建设的政策取向，《中国软科学》第12期：74–79。

陈巍、王永进（2022）我国科技国际影响力的现状、提升困境及纾困策略，

《东岳论丛》第5期：168–176。
陈小慰（2007）外宣翻译中“认同”的建立，《中国翻译》第1期：60–65+96。
陈昕（2021）抗美援朝战争中的翻译活动研究，《翻译史论丛》第1期：20–41+197–198。
陈勇（2022）政治文献外译的“三维”话语互动：内涵、模式和动因，《中国翻译》第3期：157–164。
陈众议、叶隽等（2014）《外国商业电影及其影响研究》，中国社会科学出版社。
春香（2018）《赫依希拉巴达干三种体质类型者尿液代谢组学研究》，内蒙古民族大学硕士学位论文。
崔箭、唐丽（2007）《中国少数民族传统医学概论》，中央民族大学出版社。
崔启亮（2012）高校MTI翻译与本地化课程教学实践，《中国翻译》第1期：29–34+122。
崔启亮（2017）《全国翻译硕士专业学位研究生教育与就业调查报告》，对外经济贸易大学出版社。
崔启亮（2019）MTI翻译技术教学体系设计，《中国翻译》第5期：80—86。
崔启亮（2021）翻译技术教学案例资源建设和应用研究，《外语界》第3期：22–29。
戴曼纯（2019）国家语言能力的缘起、界定与本质属性，《外语界》第6期：36–44。
戴拥军（2009）论法律翻译者的翻译能力，《安徽工业大学学报（社会科学版）》第6期：81–83。
董捷、易永忠（2020）“一带一路”背景下广西侗族医药文化英译初探，《大众标准化》第15期：121–123。
董璐（2016）《传播学核心理论与概念》（第二版），北京大学出版社。
董晓波、胡波（2018）面向“一带一路”的我国翻译规划研究：内容与框架，《外语学刊》第3期：86–91。
杜磊、许钧（2021）翻译教学与翻译人才培养——许钧教授访谈录，《外语教学》第3期：1–7。
杜占元（2022）推动国家翻译能力建设，服务党和国家工作大局——在中国译协第八届理事会第一次会议上的讲话，《中国翻译》第3期：5–10。
段作章、傅岩（1983）教育的本质究竟是什么？，《学术研究》第2期：116–121。

方梦之（1997）军事翻译，载林煌天主编《中国翻译词典》，湖北教育出版社。

方梦之（2016）当今世界翻译研究的格局——兼论21世纪中国翻译研究的崛起，《外语教学理论与实践》第3期：55-63。

封一函、方之（2022）自由译者职业能力的基本构成，《上海翻译》第2期：39-45。

冯全功、许钧（2018）青年学者如何做翻译研究——许钧教授访谈录，《中国外语》第4期：104-111。

冯正斌、苏攀（2021）我国翻译学研究整体特征、热点问题与发展趋势——以国家社科基金与教育部人文社科基金项目为考察中心，《燕山大学学报（哲学社会科学版）》第6期：1-11。

冯志伟（2004）《机器翻译研究》，中国对外翻译出版公司。

傅敬民、刘金龙（2021）中国特色应用翻译研究的特色问题，《外国语（上海外国语大学学报）》第2期：80-85。

傅敬民、张开植（2022）翻译的社会性与社会的翻译性，《解放军外国语学院学报》第1期：120-127+161。

高迟（2015）浅谈文化走出去中的“对内传播”，《对外传播》第6期：65-66。

高雷（2019）构建“人类命运共同体”的翻译之维，《淮阴师范学院学报(哲学社会科学版)》第3期：296-300+324。

高玉霞、任东升（2018）“国家翻译实践”的实与名——任东升教授访谈录，《翻译界》第2期：131-140+154-155。

高玉霞、任东升（2021）基于国家治理的翻译史书写：理据与路径，《当代外语研究》第5期：30-39。

高玉霞、任东升（2022a）国家翻译制度：内涵和类型，《外语教学》第5期：85-90。

高玉霞、任东升（2022b）国家翻译规划：概念界定与体系探究，《翻译界》第1期：26-40。

葛红（1994）中国四大发明的西传及其影响，《历史教学问题》第5期：58-61。

耿强（2010a）《文学译介与中国文学“走向世界”——“熊猫丛书”英译中国文学研究》，上海外国语大学博士学位论文。

耿强（2010b）文学译介与中国文学“走出去”，《解放军外国语学院学报》第3期：82-87+128。

耿强（2012）国家机构对外翻译规范研究——以“熊猫丛书”英译中国文学为例，《上海翻译》第1期：1–7。
耿强（2019）中国文学：新时期的译介与传播——〈熊猫丛书〉英译中国文学研究，《东方翻译》第5期：80。
顾维忱、张军英、包桂影（2015）法律文本翻译的“准确性”与译者综合素质，《河北大学学报（哲学社会科学版）》第3期：150–152。
顾忆青、吴赟（2021）国家对外话语体系的译介与传播研究：评述与展望，《同济大学学报（社会科学版）》第1期：113–124。
郭济主编（2004）《政府应急管理实务》，中共中央党校出版社。
郭力嘉、张丽、李砚颖（2011）口译职业化趋势下的西部口译人才培养探究——一项基于川、渝两地口译职业调查的研究报告，《外语电化教学》第5期：54–59。
郭靓靓（2022）《中国医学翻译研究30年（1992—2021）：演进、内涵与方向》，第四届全国医学语言与翻译学术研讨会，同济大学，9月24日。
郭荣茂（2016）转译社会学视角下的技术治理研究，《科学学研究》第11期：1608–1614。
国务院（2021）“国务院关于印发‘十四五’国家应急体系规划的通知”，12月30日，http：//www.gov.cn/zhengce/content/2022-02/14/content_5673424.htm?spm=C73544894212.P59511941341.0.0。
国务院第七次全国人口普查领导小组办公室编（2020）《2020中国人口普查年鉴》，中国统计出版社。
国务院学位委员会、教育部（2022）《研究生教育学科专业目录（2022年）》，http：//www.gov.cn/zhengce/zhengceku/2022-09/14/content_5709785.htm。
哈罗德·拉斯韦尔（1948）《社会传播的结构与功能》，何道宽译，中国传媒大学出版社，2013年。
韩莹莹、胡晓东（2013）《行政管理学》，华中科技大学出版社。
何得桂、赵倩林（2022）市域社会治理质量的概念建构和多维认识，《改革与战略》第6期：98–108。
何恩培、闫栗丽（2019）改革开放40年语言服务行业发展与展望，《中国翻译》第1期：130–135。
胡安江（2021）翻译专业教学管理与人才培养：新趋势、新变局与新思路，《中国翻译》第1期：68–74+191。

胡波（2022）作为国家翻译实践的法律翻译，《外语教育研究》第3期：27–33。
胡芳毅（2014）操纵理论视角下的外宣翻译——政治文本翻译的改写，《中国科技翻译》第2期：40–42+39。
胡芳毅、贾文波（2010）外宣翻译：意识形态操纵下的改写，《上海翻译》第1期：23–28。
胡开宝（2023）国家外宣翻译能力：构成、现状与未来，《上海翻译》第4期：1–7+95。
胡卫伟、张旭（2023）Science概念汉译和接受史考辨，《自然辩证法研究》第2期：110–116。
胡正荣（2022）新时代中国国际话语权建构的现状与进路，《人民论坛》第3期：119–122。
华云鹏、李晶（2021）应急语言翻译之能力考辨，《天津外国语大学学报》第4期：43–50+158。
黄宏纯编著（2018）《突发事件全面应急管理》，北京理工大学出版社。
黄立波、朱志瑜（2012）晚清时期关于翻译政策的讨论，《中国翻译》第3期：26–33+128。
黄敏、刘军平（2017）中国翻译资格考试二十年：回顾、反思与展望，《外语电化教学》第1期：49–54。
黄友义（2011a）推动翻译立法，促进翻译行业的健康发展，《中国翻译》第3期：29–30。
黄友义（2011b）翻译立法是促进我国翻译行业健康发展的根本途径，《东方翻译》第3期：4–6。
黄友义（2015）中国站到了国际舞台中央，我们如何翻译，《中国翻译》第5期：5–7。
黄友义（2018）服务改革开放40年，翻译实践与翻译教育迎来转型发展的新时代，《中国翻译》第3期：5–8。
黄友义（2019）“家是最小国，国是千万家”——谈谈国家翻译实践，《翻译界》第1期：1–3。
黄友义（2022a）强化国家对外翻译机制，助力国际传播能力提升，《英语研究》第1期：12–19。
黄友义（2022b）开设专博教育：翻译人才培养迎来崭新时代，《中国翻译》第6期：14–17。

黄友义等（2010）应规范翻译从业人员，提高翻译质量与水平，《人民政协报》7月5日第5版。

黄友义、黄长奇、丁洁（2014）重视党政文献对外翻译，加强对外话语体系建设，《中国翻译》第3期：5–7。

黄忠廉、孙敏庆（2021）外译学管论与外译详解，《中国外语》第1期：91–97。

季羡林（1995）从《大中华文库》谈起，《群言》第8期：34–35。

贾磊磊（2012）中国电影产业的战略变局——增加美国影片进口配额对中国电影未来的影响，《当代电影》第5期：4–7。

蒋剑峰（2022）《机构翻译与翻译政策——中国外文局图书翻译研究（1949—2000）》，北京外国语大学博士学位论文。

焦新平（2021）从旗舰语言计划看美国国防语言能力建设战略与举措，《外国语文》第4期：1–8。

金海娜（2017a）中国影视作品对外译制模式探析——以坦桑尼亚为例，《中国翻译》第4期：33–37+44。

金海娜（2017b）中国电影走出去的雏形：中国无声电影外译模式探析，《现代传播（中国传媒大学学报）》第8期：99–102。

金海娜（2017c）粉丝翻译与中国影视的跨境传播——以Viki视频网站为例，《电视研究》第10期：85–88。

金海娜（2020a）我国民族语译制的历史进程与基本特征，《当代电影》第2期：148–152。

金海娜（2020b）影视外译推动中国文化“走出去”，《中国社会科学报》9月18日艺术学版。

金海娜、邵海静（2015）中国无声电影英译原因初探，《当代电影》第8期：118–121。

孔令翠、刘巧玲（2018）翻译亦营销——基于SWOT分析法的外宣翻译策略研究，《外国语文》第1期：127–133。

蓝红军（2018）面向问题的翻译理论研究，《上海翻译》第3期：1–6+94。

蓝红军（2019）五四运动与中国现代性翻译思想的发生，《外国语（上海外国语大学学报）》第5期：87–95。

蓝红军（2020）国家翻译实践——从现实需求到理论建构，《外国语文》第5期：112–118。

蓝红军（2021）国家翻译能力的理论建构：价值与目标，《中国翻译》第4期：20–25。

蓝红军（2022）国家翻译实践研究的基本理论问题，《上海翻译》第2期：61–65。

冷帅、苏晓凌、董燕清、栾姗、刘克江（2017）中国涉外法律服务业探析（上），《中国律师》第5期：73–76。

黎昌抱、王佳（2021）李善兰科学翻译成就及其对中国科学近代化的贡献，《上海翻译》第6期：78–82。

李春光（2012）论外宣翻译中受众中心化与译者主体性的和谐统一，《天津外国语大学学报》第4期：54–57。

李健、杭宏（2021）翻译政策体系的建构路径，《外文研究》第4期：61–68+105。

李君、顾佳、游苏宁（2012）翻译类医学期刊盈利模式初探——以《英国医学杂志》（中文版）为例，《编辑学报》第5期：468–470。

李俊、朱珊、陈庆、沈琳、王瑾、乔玉玲（2021）多语言风险沟通：我国新冠肺炎疫情中的实践反思及政策建议，载周程主编《疫病的医学人文之思》，科学出版社。

李力、齐文安（2019）《英国医学杂志（BMJ）中文版》创刊20周年回顾（1998—2018），《英国医学杂志中文版》第1期：19–27。

李力、孙燕、王辰、翁心植、钱寿初（2009）如何办好翻译类生物医学期刊——以《英国医学杂志中文版》为例，《中国科技期刊研究》第5期：893–896。

李琳、王立非（2019）论经济话语的理论体系与研究领域，《外语教学》第6期：7–13。

李龙兴、王宪（2021）应急语言服务视角下的新冠肺炎医学英语专题术语表开发，《中国科技术语》第2期：32–41。

李庆明、张恒（2021）秦腔剧本翻译之读者意识关照，《外语学刊》第4期：95–100。

李文龙、韩功华（2021）法律翻译的主体性思维，《语言与法律研究》第1期：103–115。

李文龙、胡晓凡（2021）法律术语译名的约定俗成研究，《天津外国语大学学报》第3期：53–62+159–160。

李文龙、张法连（2022）国际传播导向下的法律翻译思维探究——以《民法典》英译为例，《外语与外语教学》第6期：122-132+149。
李文中（1993）中国英语与中国式英语，《外语教学与研究》第4期：18-24+80。
李效东（2004）《国际军事学概论》，军事科学出版社。
李鑫（2018）政府记者会汉英口译中情态偏移的描述性研究，《外语教学》第4期：86-91。
李雪峰（2022）统筹推进国家应急管理体系和能力现代化，《中国应急管理》第2期：24-35。
李宇明（2011a）提升国家语言能力的若干思考，《南开语言学刊》第1期：1-8+180。
李宇明（2011b）语言也是"硬实力"，《华中师范大学学报（人文社会科学版）》第5期：68-72。
李宇明主编（2020）《应急语言问题研究》，商务印书馆。
李宇明、饶高琦（2020）应急语言能力建设刍论，《天津外国语大学学报》第3期：2-13+156。
李籽莹、姚欣芊（2022）"高级翻译学院口译教师雷中华专访"，"北语高翻学院"微信公众号4月11日，https：//mp.weixin.qq.com/s/Pv8sh2ivj3_toRCVwP8l5Q。
梁红涛（2021）《贾平凹小说英译研究（1978—2018）》，西北大学博士学位论文。
梁华萍（2017）《容县高级中学文言文教学问题与对策研究》，广西师范大学硕士学位论文。
梁晓波（2018）世界一流军队国防语言能力建设研究，《解放军外国语学院学报》第6期：10-18+157。
梁晓波（2021）论国防语言能力的构成与配置，《云梦学刊》第3期：83-93。
刘嫦（2021）价值学视角下的对外型国家翻译实践价值实现体系，《当代外语研究》第5期：51-58。
刘法公（2013）论实现法律法规术语汉英译名统一的四种方法，《中国翻译》第6期：82-86。
刘唤宇（2022）突发事件来临时，如何破解"十里不同音"？，《中国应急管理报》11月7日第3版。
刘建明主编（1993）《宣传舆论学大辞典》，经济日报出版社。

刘立胜（2017）新时期中国译学的国际化现状研究——基于国外七种权威译学期刊的统计分析，《上海翻译》第2期：51–57+94。

刘宓庆（2003）《翻译教学：实务与理论》，中国对外翻译出版公司。

刘宓庆（2019）《新编当代翻译理论》，中译出版社。

刘铁民（2012）应急预案重大突发事件情景构建——基于“情景—任务—能力”应急预案编制技术研究之一，《中国安全生产科学技术》第4期：5–12。

刘小林（2007）从事法律法规翻译工作者应具备的素质探讨——参编《高级商务口笔译：笔译篇》有感，《浙江理工大学学报》第6期：707–711。

刘晓峰、马会娟（2020）社会翻译学视域下的译者能力及其结构探微，《外语教学》第4期：92–96。

刘桢珂（2020）“‘国防语言服务社会化新形势、新探索、新模式’研讨会在京召开”，中国网8月14日，http：//photo.china.com.cn/2020-08/14/content_76598914.htm。

龙晶晶、宫齐（2023）我国翻译教材建设反思：现状、问题与对策，《外语电化教学》第1期：93–99+118。

卢小军（2012）外宣翻译“译＋释”策略探析，《上海翻译》第2期：40–43。

卢信朝（2021）英汉同声传译信息成分损耗原因及机制研究，《中国翻译》第3期：157–167。

卢信朝（2022）译员与机器汉英同声传译质量和过程对比研究，《外语教学与研究》第4期：600–610+641。

罗秉芬、容观澳（2014）古代藏医文献书名汉、英文翻译中的体会，《民族翻译》第2期：32–39。

罗达尚主编（2018）《晶珠本草正本诠释》，四川科学技术出版社。

罗列、杨文瑨（2015）论作为国家文化战略的翻译政策——以京师同文馆的翻译活动为例，《山东外语教学》第2期：91–97。

罗天、李毅（2014）《抗战时期的军事翻译史》，外文出版社。

罗宗宇、言孟也（2020）少数民族文学的译介及启示——《人民文学》英文版《路灯》(2011—2018)，《南方文坛》第4期：104–110。

吕和发、邹彦群（2014）“外宣”宣何？“外宣翻译”译何？，《上海翻译》第4期：24–27。

吕红周、单红（2018）从翻译符号学看新时期外宣翻译，《中国科技翻译》第2期：44–46。

吕璐成、张博、王燕鹏、赵亚娟、钱力、厉瞳瞳（2021）自然语言处理全球专利计量分析，《科学观察》第2期：84–95。
马会娟（2013）《汉译英翻译能力研究》，北京师范大学出版社。
马士奎、倪秀华（2017）《塑造自我文化形象——中国对外文学翻译研究》，中国人民大学出版社。
马万钟、刘俊华、朱小杰（2020）人工智能机器翻译能力等级评估标准化研究，《信息技术与标准化》第Z1期：21–26。
茅国平（1985）科技统计指标体系内容初探，载上海科学学研究所统计指标课题组编《现代统计研究》，中国展望出版社：152–156。
梅阳春（2014）古代科技典籍英译——文本、文体与翻译方法的选择，《上海翻译》第3期：70–74。
苗菊（2006）《翻译教学与翻译能力发展》，天津人民出版社。
穆雷（2015）我国少数民族语言翻译研究现状分析，《外语教学与研究》第1期：130–140+161。
穆雷（2019）《中国翻译硕士教育研究》，浙江大学出版社。
穆雷（2020）我国翻译硕士专业学位现状与问题——基于《翻译硕士专业学位发展报告》的分析研究，《中国翻译》第1期：87–96。
穆雷（2021）我国翻译教育的理念转变与体制建构，《语言教育》第4期：2–9。
穆雷主编（2011）《翻译研究方法概论》，外语教学与研究出版社。
穆雷、傅琳凌（2016）翻译职业的重新定位与定义：过去、现在与未来，《东方翻译》第4期：13–16。
穆雷、李雯、刘馨媛（2022）新型冠状病毒肺炎疫情应急语言术语翻译和管理，《北京第二外国语学院学报》第1期：98–114。
穆雷、李希希（2019）中国翻译教育研究：现状与未来，《外语界》第2期：24–32。
穆雷、刘馨媛（2022）从知识生产模式转型看翻译博士专业学位，《当代外语研究》第6期：22–29+161。
穆雷、沈慧芝、邹兵（2017）面向国际语言服务业的翻译人才能力特征研究——基于全球语言服务供应商100强的调研分析，《上海翻译》第1期：8–16+94。
穆雷、王祥兵（2014）军事翻译研究的现状与展望，《外语研究》第1期：79–

83。
穆雷、仲伟合、王巍巍（2013）从职业化角度看专业翻译人才培养机制的完善，《中国外语》第1期：89–95。
倪秀华（2012）建国十七年外文出版社英译中国文学作品考察，《中国翻译》第5期：25–30。
聂文信、陈向京、白永权（2013）MTI医学口笔译方向人才培养模式探讨，《外文研究》第2期：89–94+108。
牛立伟（2013）俄罗斯军事外语人才培养：历史考察、现状解读与基本经验，载王松亭、张金生主编《军事外语教学与研究（第二辑）》，军事科学出版社。
潘政旭、王蕾（2017）MTI朝鲜语同声传译教学案例库建设研究，《韩国语教学与研究》第1期：58–63。
彭建娟（2006）《区域科技能力及其对产业结构调整和主导产业选择的影响研究》，吉林大学博士学位论文。
彭建娟、李建华（2005）科技能力及其区域化特征浅论，《科学管理研究》第6期：51–53。
皮伟男、赖春梅、蓝红军（2023）国家翻译研究能力：概念及指标体系建构，《外国语言与文化》第2期：88–98。
齐文安（2017）关注医学人文，关注英国医学杂志中文版医学人文专辑，《中华医学信息导报》第1期：4。
钱春花（2011）基于扎根理论的译者翻译能力体系研究，《外语与外语教学》第6期：65–69。
钱春花（2012）翻译能力构成要素及其驱动关系分析，《外语界》第3期：59–65。
钱春花、徐剑、胡洁雯（2015）译者胜任力构建：共词分析、翻译行为事件访谈与实证研究，《外语界》第4期：18–24+33。
强巴赤列、格央、次旦久美（2013）《中国的藏医》，科学出版社。
曲艳红、张艳臣（2014）功能对等翻译理论视角下学生法律翻译能力的培养，《教育探索》第6期：73–74。
屈哨兵主编（2016）《语言服务引论》，商务印书馆。
屈文生、石伟（2007）论我国近代法律翻译的几个时期，《上海翻译》第4期：58–62。
屈文生、万立（2019）中国封建法典的英译与英译动机研究，《中国翻译》第1

期：51-59+190。
全军军事术语管理委员会（2011）《中国人民解放军军语》，军事科学出版社。
阙红玲、沈雨雷、李丹（2022）后疫情时代应急语言服务翻译人才培养研究，《中国多媒体与网络教学学报（上旬刊）》第5期：53-56。
任东升（2019）国家翻译实践概念体系构建，《外语研究》第4期：68-73+112。
任东升（2022a）国家翻译的对外话语实践：内涵和框架，《上海交通大学学报（哲学社会科学版）》第1期：33-42。
任东升（2022b）翻译与治理：中华人民共和国四次国家翻译实践解析，《英语研究》第1期：32-42。
任东升、高玉霞（2014）试论国家翻译实践，载《中国英汉语比较研究会第11次全国学术研讨会暨2014年英汉语比较与翻译研究国际研讨会摘要集》。
任东升、高玉霞（2015a）国家翻译实践初探，《中国外语》第3期：92-97+103。
任东升、高玉霞（2015b）翻译制度化与制度化翻译，《中国翻译》第1期：18-23+126。
任东升、高玉霞（2016）翻译市场化与市场化翻译，《外语教学》第6期：96-100。
任东升、高玉霞（2022）国家翻译实践学科体系建构研究，《中国外语》第2期：4-10。
任东升、高玉霞（2023）国家翻译学的建构理据，《外国语（上海外国语大学学报）》第1期：77-85。
任东升、马婷（2014）汉语经典翻译"中国英语"的文化主体地位，《当代外语研究》第2期：40-44+77。
任东升、曲畅（2022）中国文化走出去与去西方中心主义——以中国文化经典《水浒传》赛珍珠英译本为案例的分析，《思想战线》第4期：156-164。
任东升、张玉凌（2016）国家翻译实践伦理探究，《中国海洋大学学报（社会科学版）》第1期：105-110。
任文（2018）新时代语境下翻译人才培养模式再探究：问题与出路，《当代外语研究》第6期：92-98。
任文（2021）不断加强中译外能力建设，《人民日报》4月6日第18版。
任文、蒋莉华（2022）国际传播视阈下翻译人才的能力要素与培养——任文教授访谈录，《山东外语教学》第5期：1–7。

任文、李娟娟（2021）国家翻译能力研究：概念、要素、意义，《中国翻译》第4期：5–14+191。

任文、赵田园（2023a）跨学科视角下国家翻译能力概念再思与指数构建研究，《中国翻译》第1期：44–52+188–189。

任文、赵田园（2023b）国家对外翻译传播能力研究：理论建构与实践应用，《上海翻译》第2期：1–7+95。

色·哈斯巴根、张淑兰（2008）《生命的长调：蒙医》，广西师范大学出版社。

沈骑（2015）“一带一路”倡议下国家外语能力建设的战略转型，《云南师范大学学报（哲学社会科学版）》第5期：9–13。

沈苏儒（2004）《对外传播的理论与实践》，五洲传播出版社。

盛丹丹（2021）汉英会议口译中的旅程隐喻——基于语料库的研究，《上海翻译》第1期：65–70。

石一宁（2004）文学输出需解人才之“结”，《文艺报》10月21日第1版。

司罗红、王晖（2020）重视生存普通话在紧急救援中的作用，《光明日报》2月22日第12版。

司显柱、姚亚芝（2014）中国翻译产业研究：产业经济学视角，《中国翻译》第5期：67–71+128。

苏伟（2011）以过程为导向的口译职业能力评估研究，《上海翻译》第3期：47–51。

谭载喜（2000）《西方翻译简史》，商务印书馆。

陶友兰、刘敬国（2015）以提高译者能力为中心的翻译硕士笔译教学综合模式新探，《外语教学理论与实践》第4期：87–91+43。

滕梅（2008）《1919年以来的中国翻译政策问题初探》，复旦大学博士学位论文。

滕梅、吴菲菲（2014）国家翻译机构对翻译活动的规范——以中央编译局马列著作及“毛著”翻译为例，《中国海洋大学学报（社会科学版）》第6期：110–115。

滕延江（2018）美国紧急语言服务体系的构建与启示，《北京第二外国语学院学报》第3期：31–43+128。

滕延江（2020）论应急语言服务规划，《语言战略研究》第6期：88–96。

滕延江（2021）应急语言服务者胜任力与应急语言人才评价，《天津外国语大学学报》第4期：20–31+157–158。

同济大学（2022）“‘语言大白’来了！同济大学联合上海17所高校发起外语志愿者行动”，同济大学新闻网5月9日，https：//news.tongji.edu.cn/info/1002/80942.htm。

《外国军事学术》特约评论员（2004）认真贯彻落实军委首长指示，努力开创军事翻译工作新局面，《外国军事学术》第12期：1。

汪宝荣（2022）《中国文学译介与传播模式研究：以英译现当代小说为中心》，浙江大学出版社。

王斌华（2021）从口译能力到译员能力：专业口译教学理念的拓展，《外语与外语教学》第6期：75–78。

王春辉（2020）突发公共事件中的语言应急与社会治理，《社会治理》第3期：42–49。

王春梅（2022）“作为赛时口译员，我的一天这样度过”，“译•世界”微信公众号3月30日，https：//mp.weixin.qq.com/s/75DYNddbP55b55S_W8–X9g。

王恩冕（2005）“口译在中国”调查报告，《中国翻译》第2期：57–60。

王海萍（2019）论法律翻译能力的构成要素，《外语界》第2期：50–57。

王红莲、蒋建勇、刘杉（2022）苗医药对外翻译的现状及对策研究，《海外英语》第5期：7–9。

王宏志（2021）作为文化现象的译者：译者研究的一个切入点，《长江学术》第1期：87–96。

王沪宁（1993）作为国家实力的文化：软权力，《复旦学报（社会科学版）》第3期：91–96+75。

王华树（2012）信息化时代背景下的翻译技术教学实践，《中国翻译》第3期：57–62。

王华树（2023）国家翻译技术能力研究：概念内涵、要素分析和主要特征，《中国翻译》第2期：35–43+189。

王华树、李智（2019）《口译项目管理》，商务印书馆。

王华树、杨承淑（2019）人工智能时代的口译技术发展：概念、影响与趋势，《中国翻译》第6期：69–79+191–192。

王辉（2019）全球治理视角下的国家语言能力，《光明日报》7月27日第12版。

王辉（2020）“提升适应国家治理现代化的应急语言能力”，光明网2月18日，https：//m.gmw.cn/baijia/2020-02/18/33566988.html。

王立非（2016）《商务语名物化研究》，对外经济贸易大学出版社。

王立非（2022）《北京冬奥会语言服务大数据报告》，对外经济贸易大学出版社。

王立非、陈香兰、葛海玲（2013）论商务英语语言学的理论体系，《当代外语研究》第5期：25–31+77。

王立非、栗洁歆（2022）主动服务高质量发展，加快建设中国特色“新文科语言学”，《北京第二外国语学院学报》第1期：3–10。

王立非、穆雷、廖荣霞等（2020）全球抗疫中应急语言服务响应与人才准备的多维思考，《当代外语研究》第4期：46–54。

王立非、任杰、孙疆卫、蒙永业（2020）应急语言服务的概念、研究现状与机制体制建设，《北京第二外国语学院学报》第1期：21–30。

王立非、王新玲、任杰（2022）《经济话语新发展研究》，清华大学出版社。

王立非、张斐瑞（2016）论商务英语二级学科的核心概念及理论基础，《外语学刊》第3期：63–66。

王茜鑫、曹洁、杨延国、徐飞、夏磊、胡晓文、刘寰忠（2021）新型冠状病毒肺炎患者康复后心理健康状况的随访性调查研究，《中国全科医学》第26期：3343–3348。

王树恩、陈士俊主编（2001）《科学技术论与科学技术创新方法论》，南开大学出版社。

王树槐、王若维（2008）翻译能力的构成因素和发展层次研究，《外语研究》第5期：80–88。

王巍巍、许艺、穆雷（2018）中国英语能力等级量表中的口译能力，《现代外语》第1期：111–121+147。

王向远（2016）“翻”、“译”的思想——中国古代“翻译”概念的建构，《中国社会科学》第2期：138–156+207。

王晓农（2021）令文义圆通，使微言不坠——鸠摩罗什佛经翻译“圆通论”诠释，《中国翻译》第2期：29–36+189。

王烟朦、梁林歆（2021）丁文江的科技典籍译介活动钩沉，《上海翻译》第3期：70–75。

王友贵（2015）《20世纪下半叶中国翻译文学史：1949—1977》，人民出版社。

王玉珏（2017）《战争情境下的军事译员管理研究——以二战至冷战初期英国相关政策为例》，解放军外国语学院博士学位论文。

王昱（2019）中国译学国际影响力可视化分析（2010—2019），《上海翻译》第6期：29–36。

王云屏、金楠、樊晓丹（2017）中国对外援助医疗卫生机构的历史、现状与发展趋势，《中国卫生政策研究》第8期：60–67。

王震勤、王维才（2012）基于主成分分析的我国区域技术能力测度研究，《科技进步与对策》第4期：31–35。

韦忠和（2012）2012年及未来几年语言服务行业的发展趋势，《中国翻译》第3期：71–74。

魏碧海（2005）中印边境自卫反击战亲历者述说历史秘辛藏字419部队与中印边境自卫反击战刘伯承元帅亲自指导第二阶段作战方针——雄狮搏鸡：阴法唐将军访谈录，《军事历史》第2期：6–13。

魏晖（2015）国家语言能力有关问题探讨，《语言文字应用》第4期：35–43。

魏江、王铜安、刘锦（2008）企业技术能力的要素与评价的实证研究，《研究与发展管理》第3期：39–45。

魏江、许庆瑞（1995）企业技术能力的概念、结构和评价，《科学学与科学技术管理》第9期：29–33。

魏向清、冯雪红（2021）医学术语ECMO汉译探微与译名规范化再思考，《外语研究》第1期：69–75+112。

文军（2004）论翻译能力及其培养，《上海科技翻译》第3期：1–5。

文秋芳（2016）国家语言能力的内涵及其评价指标，《云南师范大学学报（哲学社会科学版）》第2期：23–31。

文秋芳（2017）国家话语能力的内涵——对国家语言能力的新认识，《新疆师范大学学报（哲学社会科学版）》第3期：66–72。

文秋芳、张天伟（2013）美国国家外语能力建设模式分析，《外语教学与研究》第6期：854–864+960。

文秋芳、张天伟（2018）《国家语言能力理论体系构建研究》，北京大学出版社。

汶川县人民政府（2010）“藏族语言”，汶川县人民政府网5月14日，http://www.wenchuan.gov.cn/wcxrmzf/c100133/201005/92f42a1dac2b440498e89d6a4424961d.shtml。

吴苌弘（2013）法律翻译与法律移植——以晚清法律翻译实践为例，《上海翻译》第4期：21–24。

吴赟（2015）翻译能力建构与中译外人才培养，《外语学刊》第1期：148–153。

吴赟（2019）国家形象自我建构与国家翻译规划：概念与路径，《外语研究》

第3期：72–78。

吴赟（2020）中国特色对外话语体系译介与传播研究：概念、框架与实践，《外语界》第6期：2–11。

吴赟、顾忆青（2019）国家对外话语战略的内涵与规划，《语言文字应用》第4期：44–53。

吴赟、蒋梦莹（2018）改革开放以来我国对外翻译规划与国家形象构建，《中国外语》第6期：16–22。

习近平（2018）在中国科学院第十九次院士大会、中国工程院第十四次院士大会上的讲话，《人民日报》5月29日第2版。

习近平（2022）《习近平谈治国理政》（第四卷），外文出版社。

新浪网（2006）"驻伊美军将配备翻译机"，10月31日，https：//news.sina.com.cn/w/2006-10-13/153010228164s.shtml。

熊道宏（2018）国家能力视角下的边境外宣：特征、问题与对策，《对外传播》第11期：39–41。

熊欣（2014）音译理论及音译产生的背景，《中国科技翻译》第1期：39–41+27。

徐珺、自正权（2020）基于语料库的企业外宣翻译与企业形象语义构建研究，《外语学刊》第1期：93–101。

徐珊珊、穆雷、侯新飞（2021）对印自卫反击战中的翻译叙事竞争，《翻译史论丛》第1期：42–54+198。

许多（2017）论翻译硕士法律翻译人才培养的困境与对策，《中国外语》第4期：14–20。

许多、屈文生（2014）关于建立法律翻译职业准入制度的若干思考，《外语与外语教学》第4期：86–90。

许多、许钧（2015）中华文化典籍的对外译介与传播——关于《大中华文库》的评价与思考，《外语教学理论与实践》第3期：13–17+94。

许光清、邹骥（2006）系统动力学方法：原理、特点与最新进展，《哈尔滨工业大学学报（社会科学版）》第4期：72–77。

许宏（2018）外宣翻译：叙事学对译者操作的启示，《解放军外国语学院学报》第3期：123–130。

许钧（2006）《翻译论》，湖北教育出版社。

许钧（2009）《翻译概论》，外语教学与研究出版社。

许钧（2022）当下翻译研究的前沿问题与未来趋势——在曲阜“全国第二届‘译者行为研究’高层论坛”上的报告，《北京第二外国语学院学报》第3期：4–11。

许明武、聂炜（2021）中国科技翻译（学）的演进与旨归，《自然辩证法研究》第3期：91–97。

闫俊侠（2007）《晚清西方兵学译著在中国的传播（1860—1895）》，复旦大学博士学位论文。

研究组（2000）《中国科技发展研究报告——科技全球化及中国面临的挑战》，社会科学文献出版社。

阳琼（2018）翻译技术产业新动向：术语库商品化，《上海翻译》第6期：26–29+93。

杨枫（2021）国家翻译能力建构的国家意识与国家传播，《中国翻译》第4期：15–19。

杨明星（2008）论外交语言翻译的“政治等效”——以邓小平外交理念“韬光养晦”的译法为例，《解放军外国语学院学报》第5期：90–94。

杨牧之（2017）《我的出版憧憬》，湖南人民出版社。

杨仕章（2004）《俄汉军事翻译》，军事科学出版社。

杨仕章（2013）异化视域中的文化翻译能力，《解放军外国语学院学报》第1期：100–106。

杨晓荣（2008）《汉英翻译基础教程》，中国对外翻译出版公司。

杨亦鸣（2015）“一带一路”建设面临语言服务能力不足问题，提高国家语言能力迫在眉睫，《人民日报》11月24日第7版。

杨正军、何娟（2021）翻译课程价值取向的发展态势研究，《上海翻译》第2期：65–69。

姚艳玲（2021）日本“平易语言”政策及应急语言特征研究，《日语学习与研究》第5期：21–28。

殷健、陶李春（2021）交际术语学视角下的中华典籍术语英译策略探索，《外语研究》第4期：89–94。

殷丽（2017a）《黄帝内经》海外译介模式研究与中医药文化“走出去”，《解放军外国语学院学报》第6期：53–61。

殷丽（2017b）国外学术出版社在我国科技类典籍海外传播中的作用——以美国两家学术出版社对《黄帝内经》的出版为例，《出版发行研究》第4期：

87–90。

殷丽（2017c）中医药典籍国内英译本海外接受状况调查及启示——以大中华文库《黄帝内经》英译本为例，《外国语》第5期：33–43。

尹飞舟、谢清风（2019）图书翻译出版的五R评价，《出版发行研究》第6期：87–90。

尹飞舟、余承法、邓颖玲（2021）《翻译传播学十讲》，湖南师范大学出版社。

尹佳（2019）《外宣翻译过程中的话语生产、传播与接受研究：以2017年政府工作报告英译为例》，天津外国语大学博士学位论文。

英国医学杂志中文版编辑部（2018）英国医学杂志中文版第五届编委会工作会议暨创刊20周年学术会议在京召开，《英国医学杂志中文版》第12期：696。

于涛（2022）加快培育高层次翻译专业人才，推进国家翻译能力高质量发展，《中国翻译》第6期：5–9。

于洋（2022）国家发展能力在中国经济发展模式中的作用探讨，《决策与信息》第7期：44–53。

余秋平（2016）国家形象视阈下外宣翻译策略刍议，《西安外国语大学学报》第1期：126–129。

袁辉、徐剑（2011）翻译学的三个维度，《上海翻译》第3期：13–17。

袁晓宁（2005）外宣英译的策略及其理据，《中国翻译》第1期：75–78。

袁亦宁（2005）翻译技术与我国技术翻译人才的培养，《中国科技翻译》第1期：51–54。

曾剑平（2018）外宣翻译的中国特色与话语融通，《江西社会科学》第10期：239–245。

查明建（2021）以课程思政引领翻译专业内涵建设与创新发展，《中国翻译》第5期：77–80。

翟翠霞、吴宏伟（2011）国家技术能力理论的产生与发展，《辽宁工程技术大学学报（社会科学版）》第2期：153–157。

翟翠霞、郑文范（2009）国家技术能力理论研究综述，《东北大学学报（社会科学版）》第1期：13–18。

张保国、周鹤（2022）石声汉的农学典籍译介模式及其启示，《解放军外国语学院学报》第5期：119–127。

张成智、王华树（2016）论翻译学的技术转向，《翻译界》第2期：104–118+139。

张法连（2017）《中西法律语言与文化对比研究》，北京大学出版社。
张法连（2019）法律英语学科定位研究，《中国外语》第2期：4–9。
张法连（2020）法律翻译中的机器翻译技术刍议，《外语电化教学》第1期：53–58+8。
张法连（2021）从《民法典》英译看法律翻译质量管控体系建构，《中国翻译》第5期：121–130。
张法连（2023a）国家翻译能力视域下的法治国际传播效能研究，《甘肃政法大学学报》第1期：1–11。
张法连（2023b）国家翻译能力视域下的法律翻译教学，《中国翻译》第2期：78–86。
张法连、李文龙（2021）法律翻译者职业伦理构建探索，《中国翻译》第1期：104–112+191。
张法连、陆贝旎（2022）国际传播视域下翻译教学中的国家意识培养，《浙江工业大学学报(社会科学版)》第3期：283–290。
张法连、马彦峰（2022）《民法典》英译中的文化自信，《解放军外国语学院学报》第1期：128–135+161。
张杲、李德超（2021）词汇触发视角下同声传译的词汇翻译模式——以“问题”为例，《中国翻译》第1期：147–153。
张贺、薛观达、齐佳茵、李鲤、王天兵（2021）冬奥会跨文化医疗工作的回顾与建议，《医院管理论坛》第12期：15–18。
张虹、文秋芳（2020）专业学习共同体对多语种教师发展的影响，《外语界》第2期：27–34。
张建国（2022）教育概念新探——论作为价值的教育，《中国教育科学（中英文)》第3期：41–54。
张健（2016）国际传播视阈下的外宣翻译特点探析，《西南政法大学学报》第6期：110–115。
张峻峰、庞影平（2022）《习近平谈治国理政》英译的忠实——机构翻译视角，《中国地质大学学报（社会科学版）》第5期：148–156。
张美芳（2015），探索翻译教材建设，促进翻译专业教育——《我国翻译专业教材建设：理论构建与对策研究》述评，《上海翻译》第2期：54–57。
张汨（2021）翻译微观史书写：理论与方法，《外语与外语教学》第5期：129–137+151。

张佩瑶（2007）从“软实力”的角度自我剖析《中国翻译话语英译选集（上册）：从最早期到佛典翻译》的选、译、评、注，《中国翻译》第6期：36–41。

张蓉（2022）《军事英汉口译能力等级量表建构及效度验证研究》，广东外语外贸大学博士学位论文。

张若琪、孙晖、刘汉文（2014）论引进片对中国电影发展的推动作用，《当代电影》第2期：10–15。

张士东、彭爽（2016）中国翻译产业发展态势及对策研究，《东北师大学报（哲学社会科学版）》第1期：48–52。

张士东、彭爽（2018）翻译专业学位研究生教育招生院校存在问题与对策，《上海翻译》第2期：54–57。

张天伟（2020）国外应急语言研究的主要路径和方法，《语言战略研究》第5期：67–78。

张天伟（2021）国家语言能力指数体系完善与研究实践，《语言战略研究》第5期：12–24。

张天伟（2022）国家语言能力指数体系的发展与比较研究，《外语研究》第4期：1–8+112。

张威（2007）《同声传译与工作记忆的关系研究》，北京外国语大学博士学位论文。

张炜、周洪宇（2022）教育强国建设：指数与指向，《教育研究》第1期：146–159。

张旭（2020）从隐形走向显形：援越抗美中国翻译人员考（上），《翻译史论丛》第2期：57–93+206。

张旭（2021）从隐形走向显形：援越抗美中国翻译人员考（中），《翻译史论丛》第2期：66–100+167–168。

张潆洁、朱玉犇（2022）多维视角下的国家翻译能力建设——兼评第二届“国家翻译能力：理论建构与实践探索”学术研讨会，《当代外语研究》第5期：155–160。

张政、张少哲（2012）真项目，真实践，真环境，真体验——基于北京师范大学MTICAT案例教学的探索与实践，《中国翻译》第2期：43–46。

赵婀娜、吴月（2020）筑牢国家发展的语言文字基石：我国普通话普及率超80%，文盲率降至4%以下，《人民日报》10月13日第12版。

赵红州（1984）《科学能力学引论》，科学出版社。

赵军峰、寇莹瑾（2017）中国语言服务行业立法现状调查分析，《中国外语》第1期：4–10。

赵军峰、薛杰（2022）我国翻译行业立法要件分析及立法建议，《中国外语》第2期：16–22。

赵启正（2005）国务院新闻办赵启正：努力向世界说明中国，《人民日报海外版》3月25日第3版。

赵启正（2011）通过翻译准确传播"国家关键话语"，《光明日报》8月30日第13版。

赵世举（2014）关于国家语言智库体系建设的构想，《语言科学》第1期：15–23。

赵世举（2015）全球竞争中的国家语言能力，《中国社会科学》第3期：105–118。

赵田园、李雯、穆雷（2021）翻译硕士"翻译职业伦理"课程构建研究：基于语言服务市场现状和MTI教学调研的反思，《外语教育研究前沿》第1期：26–32+88。

赵晓庆、许庆瑞（2002）企业技术能力演化的轨迹，《科研管理》第1期：70–76。

郑晔（2012）《国家机构赞助下中国文学的对外译介——以英文版〈中国文学〉（1951—2000）为个案》，上海外国语大学博士学位论文。

郑晔（2013）国家翻译政策与文学外译的关系——以《中国文学》（1951—2000）为例，载《中国翻译学学科建设高层论坛摘要》。

中国翻译协会（2014）《口译服务报价规范》（ZYF 003—2014），http：//www.tac-online.org.cn/index.php?m=content&c=index&a=show&catid=389&id=1234。

中国翻译协会（2019）《翻译服务采购指南·第2部分：口译》（ZYF 011—2019），http：//www.tac-online.org.cn/uploadfile/2019/0925/20190925102714992.pdf。

《中国科技发展研究报告（2000）》研究组（2000）《中国科技发展研究报告（2000）——科技全球化及中国面临的挑战》，社会科学文献出版社。

中国日报（2022）"《中国数字公益发展研究报告（2022）》重磅发布，Trans On与阿里等企业入选"，9月20日，http：//cn.chinadaily.com.cn/a/202209/20/WS63298330a310817f312eef97.html。

中国社会科学院和澳大利亚人文科学院合编（1987）《中国语言地图集》，香港朗文（远东）有限公司。

中国外文局CATTI项目管理中心（2022）《中国翻译能力测评等级标准》，http：//www.catticenter.com/uploadfiles/files/2022-04-08/edo202204081458280706615.pdf。

中国网（2022）“Trans On发布多种术语库，专项培训聚焦‘语言大白’高效沟通”，7月14日，https：//digi.china.com/digi/20220714/202207141104113.html。

中华人民共和国国家质量监督检验检疫总局、中国国家标准化管理委员会（2005）《翻译服务译文质量要求》（GB/T 19682—2005），http：//www.tac-online.org.cn/index.php?m=content&c=index&a=show&catid=644&id=3231。

中华人民共和国国家质量监督检验检疫总局、中国国家标准化管理委员会（2006）《翻译服务规范·第2部分：口译》（GB/T 19363.2—2006），中国标准出版社2007年版。

中译语通（2022）“中译公司、中译语通召开北京2022年冬奥会和冬残奥会语言服务工作总结表彰会”，4月19日，https：//www.gtcom.com.cn/?c=news&a=view&id=1672。

钟玲俐、张法连（2021）多维语境顺应与法律文本翻译，《北京第二外国语学院学报》第1期：50–66。

仲伟合（2011）高等学校翻译专业本科教学要求，《中国翻译》第3期：20–24。

仲伟合、王巍巍（2016）“国家标准”背景下我国英语类专业教师能力构成与发展体系建设，《外语界》第6期：2–8。

周春悦（2021）青年巴金译者主体性的建立——《夜未央》译本中的“翻译立场”和“翻译冲动”，《中国翻译》第2期：94–101。

周恩（2016）基于医学翻译职业需求的专业类翻译人才培养探索，《外语电化教学》第5期：90–96。

周领顺、高晨（2021）葛译乡土语言比喻修辞译者行为批评分析，《解放军外国语学院学报》第5期：102–110+161。

周忠良、任东升（2023）国家翻译实践研究十年：检视与展望，《上海翻译》第1期：19–24。

朱珊、刘艳芹、冯鸿燕（2015）医学口译的行业现状及执业原则，《中国翻译》

第2期：111–114。

朱义华（2013）《外宣翻译研究体系建构探索——基于哲学视野的反思》，上海外国语大学博士学位论文。

朱义华、张健（2021）学科视野下的外宣翻译之“名”与“实”探究，《上海翻译》第5期：34–38。

朱永新（2014）倡导建立国家翻译院推动翻译事业发展，《出版参考》第16期：1。

朱珠、张威（2021）近20年国际法庭口译研究回顾：兼论中国法庭口译研究的发展方向，《北京第二外国语学院学报》第4期：116–125。

Al-Ma'ani，M.A.(2015) The contextual over the referential in military translation. *English Language Teaching* 8(8)：199–204.

Albir，A.H.(2015) The acquisition of translation competence. Competences, tasks, and assessment in translator training. *Meta* 60 (2)：256–280.

Alves，F.& Gonçalves，J.L.(2007) Modelling translator's competence: Relevance and expertise under scrutiny.In Gambier，Y.，Shlesinger，M.& Radegundis，S.(eds.) *Doubts and Directions in Translation Studies：Selected Contributions from the EST Congress，Lisbon 2004.*John Benjamins.

Baer，B.J.(2020) Nations and nation-building.In Baker，M.& Saldanha，G.(eds.) *Routledge Encyclopedia of Translation Studies* (3rd edition).Routledge：361–365.

Baker，M.(2006) *Translation and Conflict：A Narrative Account*，Routledge.

Balabin，V.V.(2018) Redefining military translation.*The European Journal of Literature and Linguistics* 3：44–47.

Bassnett，S.(2013) *Translation Studies*，Routledge.

Bell，R.T.(1991) *Translation and Translating：Theory and Practice*，Longman.

Beninatto，R.& Johnson，T.(2017) *The General Theory of the Translation Company* (2nd edition)，Nimdzi Insight.

Biber，D.(1988) *Variation Across Speech and Writing*，Cambridge University Press.

Biel，Ł.& Sosoni，V.(2017) The translation of economics and the economics of translation.*Perspectives* 25(3)：351–361.

Bouillon，P.，Gerlach，J.，Spechbach，H.，Tsourakis，N.& Halimi Mallem，

I.S.(2017) BabelDr vs google translate: A user study at Geneva University Hospitals (HUG).20th Annual Conference of the European Association for Machine Translation (EAMT): 6–12.

Bourdieu, P.(1993) *The Field of Cultural Production: Essays on Art and Literature*, Columbia University Press.

Brecht, R.D.& Rivers, W.P.(2005) Language needs analysis at the societal level.In Long, M.(ed.) *Second Language Needs Analysis*, Cambridge University Press: 79–104.

Brecht, R.D.& Rivers, W.P.(2012) US language policy in defense and attack.In Spolsky, B.(ed.) *The Cambridge Handbook of Language Policy*, Cambridge University Press: 262–277.

Brecht, R.D.& Walton, A.R.(1993) *National Strategic Planning in the Less Commonly Taught Languages*, NLFLC Occasional Papers.https: //files.eric.ed.gov/fulltext/ED367184.pdf.

Brecht, R.D.& Walton, A.R.(2000) *Language and National Security for the 21st Century: The Role of Title VI/Fulbright-Hays in Supporting National Language Capacity*, Kendall/Hunt Publishing Company.

Burton, K.(2020) *GAO Shuts Down Translation Deal Protest for Tardiness*, 2020-1-3, https: //www.law360.com/articles/1231194/gao-shuts-down-translation-deal-protest-for-tardiness.

Burukina, O.(2013) The legal translator's competence.*Contemporary Readings in Law and Social Justice* 2: 809–826.

Bywood, L., Georgakopoulou, P.& Etchegoyhen, T.(2017) Embracing the threat: Machine translation as a solution for subtitling.*Perspectives* 25(3): 492–508.

Callon, M.(1986) Some elements of a sociology of translation: Domestication of the scallops and the fishermen of St.Brieuc Bay.In Law, J.(ed.) *Power, Action and Belief: A New Sociology of Knowledge?*, Routledge Kegan & Paul Books.

Campbell, S.(1991) Towards a model of translation competence.*Meta* 36(2): 329–343.

Campbell, S.(1998) *Translation into the Second Language*, Longman.

Cao, D. (2014) Teaching and learning legal translation.*Semiotica* 201: 103–119.

Chmutina, K.& Von, M.J.(2019) A dilemma of language: "Natural disasters" in academic literatures.*International Journal of Disaster Risk Science* 10: 283–292.

Daly, G., Kaufman, J., Lin, S., Gao, L., Reyes, M., Matemu, S. et al.(2020) Challenges and opportunities in China's health aid to Africa: Findings from qualitative interviews in Tanzania and Malawi.*Globalization and Health* 16 (1): 71.

Dong, Z.& Phillips, M.R.(2008) Evolution of China's health-care system. *Lancet* 372 (9651): 1715–1716.

Dos Santos, L.M.(2016) Effect of technological developments on ethical position of translator.*English Language and Literature Studies* 6(3): 42–46.

Eade, D.(1997) *Capacity-Building: An Approach to People-Centred Development*. Oxfam Publishing.

EMT Expert Group (2009) *Competences for Professional Translators, Experts in Multilingual and Multimedia Communication*. https: //ec.europa.eu/info/sites/info/files/emt_competences_translators_en.pdf.

EMT Expert Group (2017) *European Master's in Translation EMT Competence Framework*.https: //commission.europa.eu/system/files/2018–02/emt_competence_fwk_2017_en_web.pdf.

Eser, O. (2022) The quality of translation students' transcriptions for subtitling in healthcare settings.*The Interpreter and Translator Trainer* 16(4): 524-539.

Esfandiar, M.R., Rahimi, F.& Vaezian, H.(2017) The EMT framework: Prioritized competences and what else to add?.*The Journal of Language Teaching and Learning* 7 (1): 79–99.

Fernåndez-Costales, A.(2021) Audiovisual translation in primary education: Students' perceptions of the didactic possibilities of subtitling and dubbing in foreign language learning.*Meta* 66(2): 280–300.

Footitt, H.& Kelly, M.(eds.) (2012) *Languages and the Military: Alliances, Occupation and Peace Building*, Palgrave Macmillan.

Footitt, H.& Tobia, S.(2013) *War Talk: Foreign Languages and the British*

War Effort in Europe, 1940–47, Palgrave Macmillan.

Fransman, M.& King, K.(1984) *Technological Capability in the Third World*, Macmillan.

Genette, G.(1997) *Paratexts: Thresholds of Interpretation*, Cambridge University Press.

Göpferich, S.(2009) Towards a model of translation competence and its acquisition: The longitudinal study "TransComp" .In Göpferich, S., Jakobsen, A.L.& Mees, I.M.(eds.) *Behind the Mind: Methods, Models and Results in Translation Process Research*, Samfundslitteratur Press: 11–37.

Gotti, M.& Šarčević, S.(eds.) (2006) *Insights into Specialized Translation*, Peter Lang International Academic Publishers.

Harding, S.A.(2014) "But we don't read, Professor!" Translation, Bloomsbury Qatar Foundation Publishing, and building a "vibrant literary culture" . *Perspectives* 22(4): 511–533.

Harris, B.& Sherwood, B.(1978) Translating as an innate skill.In Gerver, D.& Sinaiko, H.W.(eds.) *Language, Interpretation and Communication*, Plenum: 155–170.

Hatim, B.& Mason, I.(1990) *Discourse and the Translator*, Longman.

Hermans, T.(1997) Translation as institution.In Snell-Hornby, M., Jettmarová, Z.& Kaindl, K.(eds.) *Translation as Intercultural Communication: Selected Papers from the EST Congress, Prague 1995*, John Benjamins.

Hillier, S.& Shen, J.(1996) Health care systems in transition: People's Republic of China.Part I: An overview of China's health care system. *Journal of Public Health Medicine* 18(3): 258–265.

Hoffman, M.L.(2017) *Army Picks 9 Firms for $10B Defense Language Interpretation, Translation Services Contract*. 2017–12–29, https://www.govconwire.com/2017/12/army-picks-9-firms–for-10b-defense-language-interpretation-translation-services-contract/.

Horbacauskiene, J.& Bartaskevicius, G.(2019) AVT as means for intercultural competence development in translator training.*Journal of Teaching English for Specific and Academic Purposes* 7(1): 95–104.

Huang, J.Y.(2022) Main features of business English translation and teaching model optimization based on the logistic model.*Computational Intelligence and Neuroscience* 4：1–10.

Hung，E.T.H.& Wakabayashi，J.(2005) *Asian Translation Traditions*，St. Jerome.

Hurtado Albir，A.(2015) The acquisition of translation competence.Competences，tasks，and assessment in translator training.*Meta* 60(2)：256–280.

Hurtado Albir，A.(ed.) (2017) *Researching Translation Competence by PACTE Group*，John Benjamins.

Jackson，F.H.& Malone，M.E.(2009) Building the foreign language capacity we need：Toward a comprehensive strategy for a national language framework. https：//www.cal.org/wp-content/uploads/2022/06/building-foreign-language-capacity.pdf.

Jalabneh，M.(1994) Military translation.In Beaugrande，R.，Shunnaq，A.& Heliel，M.H.(eds.) *Language，Discourse and Translation in the West and Middle East*，John Benjamins.

Kang，J.H.(2011) Institutional translation.In Baker，M.& Saldanha，G.(eds.) *Routledge Encyclopedia of Translation Studies* (Second Edition).Routledge：141–144.

Kang，J.H.(2014) Institutions translated：Discourse，identity and power in institutional mediation.*Perspectives* 22(4)：469–478.

Kang，J.H.(ed.) (2014) Translation in Institutions.*Special issue of Perspectives* 22(4).

Kang，J.H.(2020) Institutional translation.In Baker，M.& Saldanha，G.(eds.) *Routledge Encyclopedia of Translation Studies* (3rd edition)，Routledge：256–261.

Kelly，M.& Baker，C.(2013) *Interpreting the Peace：Peace Operations，Conflict and Language in Bosnia-Herzegovina*，Palgrave Macmillan.

Kershaw，A.(2019) *Translating War：Literature and Memory in France and Britain from the 1940s to the 1960s*，Palgrave Macmillan.

Koskinen，K.(2000) Institutional illusions：Translating in the EU Commission. *The Translator* 6(1)：49–65.

Koskinen，K.(2001) How to research European Union translation?.*Perspectives*

9(4): 293–300.

Koskinen, K.(2008) *Translating Institutions*, St.Jerome Publishing.

Koskinen, K.(2011) Institutional translation.In Gambier, Y.& Van Doorslaer, L.(eds.) *Handbook of Translation Studies (Vol.2)*, John Benjamins.

Koskinen, K.(2014) Institutional translation: The art of government by translation.*Perspectives* 22(4): 479–492.

Kujamäki, P.(2012) Mediating for the Third Reich: On military translation cultures in World War II in northern Finland.In Footitt, H.& Kelly, M.(eds.) *Languages and the Military: Alliances, Occupation and Peace Building*, Palgrave Macmillan.

Latour, B.(2005) *Reassembling the Social: An Introduction to Actor-Network Theory*, Oxford University Press.

Leelawat, N., Suppasri, A., Latcharote, P.& Imamura, F.(2017) The evacuation of Thai citizens during Japan's 2016 Kumamoto earthquakes: An ICT perspective.*Journal of Disaster Research* 12: 669–677.

Lefevere, A.(1985) Why waste our time on rewrites? The trouble with interpretation and the role of rewriting in an alternative paradigm.In Hermans, T. (ed.) *The Manipulation of Literature: Studies in Literary Translation*, Croom Helm.

Lewis, J.(2012) Languages at war: A UK Ministry of Defence perspective.In Footitt, H.& Kelly, M.(eds.) *Languages at War: Policies and Practices of Language Contacts in Conflict*, Palgrave Macmillan.

Li, J.& Li, L.S.W.(2019) Development of rehabilitation in China.*Physical Medicine and Rehabilitation Clinics of North America* 30(4): 769–773.

Li, P. (2014) Investigating institutional practice in news translation: An empirical study of a Chinese agency translating discourse on China. *Perspectives* (4): 547–565.

Li, X., Lu, J., Hu, S., Cheng, K.K., De Maeseneer, J., Meng, Q. et al. (2017) The primary health-care system in China. *Lancet* 390 (10112): 2584–2594.

Liu, X.Z.& Wang, J.L.(1991) An introduction to China's health care system. *Journal of Public Health Policy* 12 (1): 104–116.

McDougall, B.S.(2011) *Translation Zones in Modern China*, Cambria Press.

McLoughlin, L.I.(2009) Subtitles in translators' training: A model of analysis. *Romance Studies* 27(3): 174–185.

McLoughlin, L.I.& Lertola, J.(2014) Audiovisual translation in second language acquisition.Integrating subtitling in the foreign-language curriculum. *The Interpreter and Translator Trainer* 8(1): 70–83.

Melitz J.(2008) Language and foreign trade.*European Economic Review* 52(4): 667–699.

Meng, Q.Y., Yang, H.W., Chen, W., Sun, Q.& Liu, X.Y.(2015) People's Republic of China health system review.In Mills, A.& Tangcharoensathien, V.(eds.) *Health Systems in Transition 5(7)*, WHO Press.

Meylaerts, R.(2013) Multilingualism as a challenge for translation studies. In Millán, C.& Bartrina, F.(eds.) *The Routledge Handbook of Translation Studies*, Routledge.

Ministry of Health of the People's Republic of China (2012) *Healthcare in China*, People's Medical Publishing House.

Mossop, B.(1988) Translating institutions: A missing factor in translation theory.*TTR: Traduction, Terminologie, Rédaction* 1(2): 65–71.

Mossop, B.(1990) Translating institutions and idiomatic translation.*Meta* 35(2): 342–355.

Mossop, B.(2006) From culture to business: Federal government translation in Canada.*The Translator* 12(1): 1–27.

Mossop, B.(2014) Motivation and de-motivation in a government translation service: A diary-based approach.*Perspectives* 22(4): 581–591.

Needham, J.(1954) *Science and Civilisation in China.Volume 1: Introductory Orientations*, Cambridge University Press.

Neubert, A.(2000) Competence in language, in languages and in translation.In Schäffner, C.& Adab, B.(eds.) *Developing Translation Competence*, John Benjamins: 3–18.

Nida, E.A.(1964) *Towards a Science of Translating*, Brill.

Nini, A.(2022) Multidimensional Analysis Tagger (Version 1.3.3), https://sites.google.com/site/multidimensionaltagger.

Nye, J.S.(1990) Soft power.*Foreign Policy* 80: 153–171.

Nye, J.S.(2004) *Soft Power: The Means to Success in World Politics*, Public Affairs.

Olohan, M.(2016) *Scientific and Technical Translation*, Routledge.

Orozco-Jutorán, M.(2000) Building a measuring instrument for the acquisition of translation competence in trainee translators.In Schäffner, C.& Adab, B.(eds.) *Developing Translation Competence*, John Benjamins.

Orozco, M.& Alabir, A.H.(2002) Measuring translation competence acquisition. *Meta* 47(3): 375–402.

PACTE Group (2003) Building a translation competence model.In Alves, F.(ed.) *Triangulating Translation: Perspectives in Process Oriented Research*, John Benjamins: 43–66.

PACTE Group (2005) Investigating translation competence: Conceptual and methodological issues.*Meta* 50(2): 609–619.

PACTE Group (2011) Results of the validation of the PACTE translation competence model: translation problems and translation competence.In Alvstad, C., Hild, A.& Tiselius, E.(eds.) *Methods and Strategies of Process Research: Integrative Approaches in Translation Studies*, John Benjamins: 317–343.

Pan, L.(2014) Investigating institutional practice in news translation: An empirical study of a Chinese agency translating discourse on China.*Perspectives* 22(4): 547–565.

Piecychna, B.(2013) Legal translation competence in the light of translation hermeneutics.*Studies in Logic, Grammar and Rhetoric* 34(1): 141–159.

Pitschmann, A., Purevsuren, S., Obmann, A., Natsagdorj, D., Gunbilig, D., Narantuya, S. et al.(2013) Traditional Mongolian medicine: History and status quo. *Phytochemistry Reviews: Proceedings of the Phytochemical Society of Europe* 12(4): 943–959.

Pöchhacker, F.(2004) *Introducing Interpreting Studies*, Routledge.

Prieto Ramos, F.(2011) Developing legal translation competence: An integrative process-oriented approach.*Comparative Legilinguistics-International Journal for Legal Communication* 5: 7–21.

Purtle, J., Siddiqui, N.J.& Andrulis, D.P.(2015) Language issues and barriers.*Encyclopedia of Disaster Relief* (1): 379–382.

Pym, A.(1992) Translation error analysis and the interface with language teaching.In Dollerup, C.& Loddegaard, A.(eds.) *Teaching Translation and Interpreting*, John Benjamins.

Pym, A.(2003) Redefining translation competence in an electronic age.*Meta* 48(4) : 481–497.

Qiao, J., Wang, Y., Li, X., Jiang, F., Zhang, Y., Ma, J. et al. (2021) A Lancet Commission on 70 years of women's reproductive, maternal, newborn, child, and adolescent health in China. *Lancet* 397(10293): 2497–2536.

Quah, C.K.(2006) *Translation and Technology*, Palgrave Macmillan.

Rafael, V.L.(2012) Translation and the US empire.*The Translator* 18(1): 1–22.

Roland, R.A.(1999) *Interpreters as Diplomats: A Diplomatic History of the Role of Interpreters in World Politics*, University of Ottawa Press.

Rush, H., Bessant, J.& Hobday, M.(2007) Assessing the technological capabilities of firms: Developing a policy tool.*R&D Management* 37(3): 221–236.

Salama-Carr, M.(ed.) (2007) *Translating and Interpreting Conflict*, Rodopi.

Šarčević, S.(1997) *New Approach to Legal Translation*, Kluwer Law International.

Schäffner, C., Tcaciuc, L.S.& Tesseur, W.(2014) Translation practices in political institutions: A comparison of national, supranational, and non-governmental organizations.*Perspectives* 22(4): 493–510.

Shi, L.(1993) Health care in China: A rural-urban comparison after the socioeconomic reforms.*Bulletin of the World Health Organization* 71(6): 723–736.

Shreve, G.M.(1997) Cognition and the evaluation of translation competence.In Danks, J.H., Shreve, G.M., Fountain, S.B.& McBeath, M.K.(eds.) *Cognitive Processes in Translation and Interpreting*, Sage Publications: 120–136.

Shuttleworth, M.& Cowie, M.(1997) *The Dictionary of Translation Studies*, St.Jerome.

Sobanke, V., Adegbite, S., Ilori, M.& Egbetokun, A.(2014) Determinants of technological capability of firms in a developing country.*Procedia Engineering* 69: 991–1000.

Talaván, N.(2019) Creative audiovisual translation applied to foreign language education: A preliminary approach. *Journal of Audiovisual Translation* 2(1): 53–74.

Todorova, M.& Rosendo, L.R.(eds.) (2021). *Interpreting Conflict: A Comparative Framework*, Palgrave Macmillan.

Toury, G.(1995) *Descriptive Translation Studies and Beyond*, John Benjamins.

Toury, G.(2012) *Descriptive Translation Studies and Beyond (Revised Edition)*, John Benjamins.

Trindindia (2023) *Why You Should Invest in Defense Translation Today*. https://www.tridindia.com/industries-translation/defense-translation-services/.

Uekusa, S.(2019) Disaster linguicism: Linguistic minorities in disasters. *Language in Society* 3: 353–375.

Wagner, E., Bech, S.& Martínez, J.(2002) *Translating for the European Union Institutions*. St.Jerome.

Wang, C., Rao, K., Wu, S.& Liu, Q.(2013) Health care in China: Improvement, challenges, and reform. *Chest* 143(2): 524–531.

Wang, Z.& Wang, W.(2011) The measurement of regional technological capability in China: An empirical study. In *2011 International Conference on Management Science & Engineering 18th Annual Conference Proceedings*. IEEE: 630–636.

Wolf, M.(2012) *Die vielsprachige Seele Kakaniens: Übersetzen und Dolmetschen in der Habsburgermonarchie 1848 bis 1918*, Böhlau.

Wong, C.S.M.(2015) The teaching of machine translation: The Chinese University of Hong Kong as a case study. In Chan, S.W.(ed.) *Routledge Encyclopedia of Translation Technology*, Routledge.

World Health Organization (2020) *Statement on the First Meeting of the International Health Regulations (2005) Emergency Committee Regarding the Outbreak of Novel Coronavirus (2019-nCoV)*, 01–23, https://www.who.int/news/item/23-01-2020-statement-on-the-meeting-of-the-international-health-regulations-(2005)-emergency-committee-regarding-the-outbreak-of-novel-coronavirus-(2019-ncov).

Xian, H.G.(1992) The rural health care system in China. *Health for the Millions* 18(3): 2–5.

Xu, Z., Gahr, M., Xiang, Y., Kingdon, D., R ü sch, N.& Wang, G.(2021) The state of mental health care in China.*Asian Journal of Psychiatry* 69: 102975.https: //doi.org/10.1016/j.ajp.2021.102975.

Zheng, L.& Ren, W.(2017) Interpreting as an influencing factor on news reports: A study of interpreted Chinese political discourse recontextualized in English news.*Perspectives* 26(5): 691–707.

Zhou, M., Duan, N., Liu, S.J.& Shum, H.Y.(2020) Progress in neural NLP: Modeling, learning, and reasoning.*Engineering* 6(3): 275–290.

后记

从2021年5月22日北京外国语大学国家翻译能力研究中心成立暨首届“国家翻译能力：理论建构与实践探索”学术研讨会的召开，到今天全球首部聚焦国家翻译能力的专著即将付梓，不过两年多一点的时间。“国家翻译能力”作为一个学科概念、一个研究领域、一种社会文化现象、一种国家行为能力，正得到翻译学界业界越来越多人的关注。这得益于近年来国家对翻译教育、翻译实践、翻译研究等整体翻译事业的重视，得益于国家对翻译事业助力国际传播能力建设和软硬实力提升重要性的认知。一路走来，实属不易，需要感谢太多的人和事。

感谢北京外国语大学王定华书记和杨丹校长的支持，使得国家翻译能力研究中心（BFSU Research Centre for Country-Specific Translation and Interpretation Capacity，简称RECTIC）得以顺利成立。成立一个校级翻译研究中心的动议来自王书记，而国家翻译能力指数研究则为杨校长首提。尤记得2020年4月16日，当时还是疫情肆虐期间，杨丹校长在信息楼223教室首次召集全球指数研讨工作会，鼓励各指数课题组勇敢创新，大胆研发，小心求证。于是，我这个传统人文学科背景的“技术小白”和“数据小白”不得不睁着一双茫然失措的眼睛、带着一副几乎一片空白的大脑，去旁听与指数话题相关的讲座，在学院组织和参与指数“扫盲”小组讨论，去研读一篇篇有关和无关的文献。可以并不夸张地说，翻译能力指数是在新文科和数字人文视域下开展的跨学科研究、前沿研究和原创性研究，并无太多可借鉴参考的资料。多亏学院团队小伙伴们的全情投入以及诸多校内外专家的鼎力支持，让我在懵懵懂懂、跌跌撞撞中渐渐进入角色。在经过团队内部无数次讨论修改，以及校内外专家的数轮答疑、建议和论证之后，我们终于得以在2021年5月22日国家翻译能力研究中心成立仪式上正式发布全球193个国家的国别翻译能力指数以及454所中国大学的翻译能力指数。这一成果一经发布，即引起主流媒体关注，央视新闻、《人民日报》、《光明日报》、《中国教育报》、《中国日报》、《新京报》、《中国社会科学报》、《中华读书报》、中国网、人民日报海外网、中新社、人民网、北京电视台、中国教育电视台等媒体均进行了报道。在此特别鸣谢为指数指标体系构建、赋权方法确定、数据采集建言献策，乃至提供数据支持的校内外专家（以姓氏拼音为序）：陈荣杰、陈征、丁丽、高剑波、郭英剑、胡开宝、黄友义、李晶、李宇明、李紫莹、刘云虹、蒙永业、聂磊、宁琦、牛华勇、秦惠民、单伟清、邵珊珊、司显柱、孙莎、唐兴、王建斌、王克非、王立非、王文斌、吴志强、许钧、闫栗丽、杨丹、杨晓光、于洋、俞剑辉、张觅、张天伟、仲伟合、朱宪超等。

在研发指数的同时，我们也同步开展围绕国家翻译能力话题的学术论文撰写，着力搭建国家翻译能力的概念框架和知识体系，并邀请国内学者一并加入相关研究。感谢《中国翻译》主编杨平博士的信任，应允我为期刊2021年第4期组一期国家翻译能力研究的专栏稿件。我和博士生李娟娟、上海交通大学杨枫教授、广东外语外贸大学蓝红军教授基于在2021年5月22日首届国家翻译能力学术研讨会上的发言，分别撰写了三篇国家翻译能力的论文，组成专栏，在国内首次发起对这一译学新话题的深度学理探讨，引发翻译学界较大关注。截止到今天，在CNKI上检索到以“国家翻译能力”为题的论文已有15篇。

我始终认为，如果国家翻译能力相关理论和知识体系是真正具有前沿性和科学性的译学理论话语，那么其适用性和学术价值就不应局限于中国，国际认知十分重要。因此，我们在国内期刊发文的同时，也尝试向SSCI、A&HCI双检索英文期刊*Perspectives*投稿，得到评审专家的积极回应。一位匿名评审人在评语中写道：此研究中的相关框架“可能会对未来的社会/机构翻译研究产生影响（the frameworks laid down here are likely to have an impact on the future development of socio-institutional studies of translation in future）”。这篇文章已于2023年4月13日在*Perspectives*期刊网站上以“网络首发”的方式上线。

如果说围绕“国家翻译能力”开展的相关研究是中国学者对国际译学话语的原创性贡献，其作为一个研究领域和自主知识体系的建构单靠一些零散的学术论文还远远不够。因此我们也开始构思如何在已有研究基础上开展更加深入、更为体系化的探索。感谢学校支持，我们团队申报的项目“国家翻译能力理论框架与国际比较”2022年4月1日获批北京外国语大学“双一流”建设重大（点）标志性项目。正是这一项目让我得以有机会对之前的想法进行进一步整理和拓展，希望通过学术专著的形式丰富细化国家翻译能力的理论框架。从国家翻译能力的概念出发，对这一能力包含的核心要素及其子能力展开进一步探索，特别是对一国之内垂直或细分领域的翻译能力的研究，使得国家翻译能力理论框架更为丰满。我邀请了国内不同高校30余位学者加入，他们中的许多人都是在各自领域深耕多年的知名学者。他们或独立担纲，或带着自己的硕博士生一道探索，敬业精神令人感佩，也给我极大鼓舞。这本专著的面世也在一定程度上标志着国家翻译能力学术共同体的初步形成。以下是每章节作者信息、已经或部分发表的论文刊物信息和资助情况说明。

绪论《国家翻译能力：概念建构与实践应用》，作者北京外国语大学任文、李娟娟。该文部分内容来自任文、李娟娟《国家翻译能力研究：概念、要素、意义》(《中国翻译》2021年第4期）以及任文、赵田园《跨学科视角下国家翻译能力概念再思与指数构建研究》(《中国翻译》2023年第1期)。文章是北京外国语大学“双一流”重大（点）标志性项目“国家翻译能力理论框架与国际比较”（项目编号：2022SYLA002）的阶段性研究成果。

第一章第一节《国家翻译实践能力》，作者中国海洋大学任东升、周忠良。

第一章第二节《国家口译实践能力》，作者中山大学詹成、张晗。

第一章第三节《国家翻译传播能力》，作者北京外国语大学赵田园、任文。该文部分内容来自任文、赵田园《国家对外翻译传播能力研究：理论建构与实践应用》(《上海翻译》2023年第2期)，系北京外国语大学“双一流”重大（点）标志性项目“国家翻译能力理论框架与国际比较”（项目编号：2022SYLA002）的成果之一。

第一章第四节《国家翻译管理能力》，作者北京外国语大学姚斌。该文系北京外国语大学“双一流”重大（点）标志性项目“多语种翻译教学理论与实践”（项目编号：2022SYLPY003）的阶段性研究成果。

第一章第五节《国家翻译发展能力》，作者海南师范大学李雯、北京外国语大学徐秀玲、海南师范大学李孟端。该文系广东外语外贸大学翻译学研究中心2021年度科研招标项目“面向语言服务业的译者能力发展实证研究”（项目编号：CTS202102）的阶段性研究成果。

第二章第一节《国家产业翻译能力》，作者对外经贸大学崔启亮。该文系教育部2018年度人文社会科学研究规划基金一般项目“京津冀协同发展的语言服务基础设施需求与设计研究”（项目编号：18YJA740009）的阶段性研究成果。

第二章第二节《国家机构翻译能力》，作者上海外国语大学耿强。

第二章第三节《国家应急翻译能力》，作者北京第二外国语学院司显柱、朱珊，中国石油大学（华东）谢洪。该文系中国学位与研究生教育学会面上课题“后疫情时代翻译硕士应急语言服务人才培养模式研究”（项目编号：2020MSA111）的阶段性研究成果。

第二章第四节《国家翻译教育能力》，作者广东外语外贸大学穆雷、梁伟玲，上海外国语大学刘馨媛。该文系国家社科基金重点项目“新时期中国翻译教育体系的建设与发展研究”（项目编号：22AYY006）的阶段性研究成果。

第二章第五节《国家翻译研究能力》，作者广东外语外贸大学蓝红军、皮伟男、赖春梅。该文部分内容来自皮伟男、赖春梅、蓝红军《国家翻译研究能力：概念及指标体系建构》（《外国语言与文化》2023年第2期）。

第二章第六节《国家翻译技术能力》，作者北京外国语大学王华树。该文部分内容来自王华树《国家翻译技术能力研究：概念内涵、要素分析和主要特征》(《中国翻译》2023年第2期)。

第三章第一节《国家法律翻译能力》，作者中国政法大学张法连。该文部分内容来自张法连《国家翻译能力视域下的法律翻译教学》(《中国翻译》2023年第2期)，系国家社科基金重大项目“美国国会涉华法案文本整理、翻译与研究（1979—2019)”（项目编号：19ZDA168）和教育部哲学社会科学研究专项“加快建设国家战略人才力量研究”的阶段性研究成果。

第三章第二节《国家外宣翻译能力》，作者上海外国语大学胡开宝。该文来自胡开宝《国家外宣翻译能力：构成、现状与未来》(《上海翻译》，2023年第4期)，系国家社科基金重大项目“中国特色大国外交的话语构建、翻译与传播研究”（项目编号：17ZDA319）的阶段性研究成果。

第三章第三节《国家商务翻译能力》，作者北京语言大学王立非、林旭。该文系2020年北京市社会科学基金重点项目“‘一带一路’语言服务便利度测量模型构建与应用”（项目编号：20YYA002）和国家语委“十三五”科研规划2020年度重大项目“新时代中国特色语言管理理论建构研究”（项目编号：ZDA135—16）的阶段性研究成果。

第三章第四节《国家科技翻译能力》，作者华中科技大学许明武、聂炜。

第三章第五节《国家影视翻译能力初探》，作者中国传媒大学金海娜、河北传媒学院贺晓敏。该文系国家社科基金重大招标项目“《中国电影翻译通史》”（项目编号：20&ZD313）的阶段性研究成果。

第三章第六节《国家文学翻译能力》，作者北京外国语大学马会娟。

第三章第七节《国家军事翻译能力》，作者上海外国语大学韩子满。该文系上海市哲学社会科学规划课题“新时期我国军事外交话语构建、翻译与传播研究”（项目编号：2019BYY023）的阶段性研究成果。

第三章第八节《国家医学翻译能力》，作者北京大学李俊、邹佳函、乔玉玲。

结语及后记，作者北京外国语大学任文。

特别感谢黄友义先生和许钧教授为本书作序。黄友义先生在翻译与传播领域躬行实践40载，是国家翻译能力和国际传播能力建设的领导者和管理者；许钧教授则是知名文学翻译家和翻译理论家，译著及研究著述等身。两位分别代表了翻译业界和学界的大家慷慨应允，在序言中给予本书和相关研究以诸多鼓励与支持，令我深受感动，也备感振奋。

感谢我的研究团队，他们与我一道摸着石头过河，去探索一个几乎是全新的未知领域，以各自不同的方式贡献于国家翻译能力研究。他们是我的同事（以姓氏拼音为序）：樊晶、李长栓、曲强、孙婷婷、王华树、徐秀玲、姚斌、曾佳宁、赵田园、朱玉犇；我的博士生：李娟娟、刘斌、王璐、向俊、谢芮；还有众多参与数据收集的硕士生们，因篇幅所限，无法一一具名。

感谢商务印书馆编辑华莎老师，她耐心细致，认真阅读每个章节的每一个字句，不放过任何一个可能的错误，职业精神令人敬佩。

按照我们的计划，这本专著面世之际，也就是第三届国家翻译能力研究学术研讨会召开之时。我希望以这样一种充满仪式感的方式，既总结高亮既有研究，又开启未来探索之旅。可以说，国家翻译能力是一个宏大的概念，也是一座丰富的宝库，相关“挖掘”才刚刚开始。不少章节都可能是作者在该领域的“初探”和“问路”，因此疏漏、不当、讹错等在所难免；各章节作者风格不完全一致，章节之间的关照呼应也有所欠缺，欢迎读者批评指正。同时，因为我个人的疏忽，为国家翻译能力研究中心及相关工作开展做出了重要贡献，但在致谢名单里挂一漏万、未能提及的师友、同事，也敬请谅解。我们定会将你们的鼓励与支持化为动力，在不断探究与创新的学术之路上上下求索，勇毅前行。我们深信，道阻且长，行则将至；行而不辍，未来可期。

任文
北京外国语大学高级翻译学院
2023年7月19日